デザインマネジメントシリーズ

DESIGNING CREATIVE ORGANIZATIONS
IGOR HAWRYSZKIEWYCZ

実践デザインマネジメント

創造的な組織デザインのための
ツール・プロセス・プラクティス

イゴール・ハリシキヴィッチ 著
篠原稔和 監訳
ソシオメディア株式会社 訳

This translation of Designing Creative Organizations by Igor Hawryszkiewycz is published under licence from **Emerald Publishing Limited** of Howard House, Wagon Lane, Bingley, West Yorkshire, BD16 1WA, United Kingdom.
Copyright © 2017 Emerald Group Publishing Limited.
Translation Copyright © Tokyo Denki University Press, 2019.
All rights reserved.
Japanese translation rights arranged with EMERALD PUBLISHING LIMITED.
through Japan UNI Agency, Inc., Tokyo.

Matthew，Isabella，Michaelに本書を捧げる。

謝　辞

　早期の段階で原稿を入念に読んで数々の貴重な提案をしてくれた Nicholas Bramich に特別な感謝を申しあげる。

日本の読者の皆さんへ

　私はこれまで長年にわたって，デザインプロセスの研究に携わってきました。しかし，今日の複雑な世界にあっては，今までと異なるデザインのアプローチが必要とされていることに気付いたのは，ごく最近のことです。それは，かつてのように問題が明確に定義されていないためです。

　現在のトレンドは，革新力を高めることにあります。そこで本書では，組織のクリエイティビティを刺激するために使われている多数のテクニックをまとめました。革新的なソリューションの開発に取り組んでいる日本の読者の皆さんに興味を持っていただけることでしょう。

　特に本書では，多くの組織が置かれている複雑な環境のなかで問題に対処する方法を提供することに努めました。このような環境には多数のステークホルダーがいて，それぞれに異なる目標を抱え，新しい課題に直面し，相互の関係も常に変化しています。こうした環境に遭遇するのは，スマートシティのためのサービスをデザインする際のほか，環境，貧困，交通，医療といった分野の問題に対応しようとする際などです。

　例えば，多くの国が高齢化社会を迎えていますが，人口成長が停滞したコミュニティで高齢者の貧困問題に対応するための方法を定義する際に，本書で紹介した方法を使用することができるでしょう。このような問題に対するソリューションは，論理や理屈で決められるわけではなく，規定のものに縛られない突飛なアイデアの結果であることも多々あります。このような場合にこそ，デザイン思考のようなメソッドとそこで活躍する協働的なチームが，前進するための道を示すことができるのです。本書では，そうしたメソッドを組織にもたらすことを目指しました。

　究極の目標は，必要な要素を定義して包括的なプロセスを策定することにあります。そして，そのプロセスは，複雑な環境で生じる課題に対応するためのアイデアを考案し，実用的なソリューションへと発展させることから始まります。このプロセスでは，課題に対応するための明確な方法を開発し，対応すべき問題を定義し，具体的にどう対応するかを特定し，そのためのツールとメソッドを提案することが求められるのです。そこで，このプロセスを詳細に解説したのが後半の章で，以下のような内容になっています。

- 第6章：複雑な環境のなかの複雑な関係を理解することがなぜ重要なのか，そのために何が必要かを考察しました。様々なステークホルダーの価値観を知る重要性について説明しています。

- 第7章：集めた情報をどのように使用して重要な課題を特定するかを取り上げています。収集した様々なストーリーを要約してテーマにまとめ，主な懸念の領域を特定する方法です。
- 第8章：個々のテーマに見られる重要な課題を特定する方法を紹介しています。これは主にブレインストーミングを行って，探究的な問いかけをすることで達成します。ここでは，懸念を理解するだけでなく，ソリューションを導くためになぜ，どの課題に対応する必要があるかを理解します。
- 第9章：課題に対応するためにすべきことを取り上げています。ここでの焦点は，共同でバリュープロポジション［提供価値：顧客のニーズに対し，他社が提供できず自社に提供可能なものを明確化したもの］を開発して，行わなければならないことを正確に定義することです。
- 第10章：提案したソリューションがどのように機能するかを，まずは概念モデルとして示し，次にビジネスモデルへと変えていく方法を解説しています。

そして，すべての章に共通するのが，革新的な結果につながる実践方法を活用することにほかなりません。

ますます複雑化するこの世界において，様々な課題に立ち向かっていくためには，クリエイティブかつ革新的な組織文化を創ることが必須となってきています。本書では，どうしてこのような文化形成が必要なのか，また，どのようにしてできるのかを紹介しました。視覚化のツールを使ってアイデアを産み出す方法や，ソリューション実行のためのコラボレイティブな実践方法，そして，ビジネスプロセスについてです。そのようななか，クリエイティブな文化を持つ日本において，この本にある私の考えが役立つと受け止めてくださったことを，とても嬉しく思います。なぜなら，日本は常にクリエイティブ思考の最先端を行き，それを支える知識に富んでいる国だからです。

クリエイティブな実践を促す視覚化ツールを使ってきていることが本書の鍵となっているわけですが，本書のなかの各種のビジュアライゼーションが，日本の文化にさらなる貢献ができればと強く願っています。そして，本書の翻訳の過程では，日本のチームと密にコミュニケーションをとり，日本の方々にとって楽しく，価値の高い本として手に取っていただくための工夫をともに考えてきました。最後に，篠原稔和氏が率いるチームが大変効果的な翻訳をしてくださり，視覚化のツールを日本でも普及させてくださったことに，心より感謝申し上げます。

2019年8月吉日

イゴール・ハリシキヴィッチ（Igor Hawryszkiewycz）

まえがき

　本書では，複雑化する新しい世界において，なぜどのように組織がアジャイル（迅速）にならなければならないかを説明する。今日の新しい複雑な環境では，予期しなかった逆境や機会がしばしば発生し，それに対してクリエイティブに反応するために，アジリティ［敏捷性：動作のすばやさに関する能力］[1]がますます求められるようになっている。第1章と第2章では，この複雑な環境の特徴を解説するとともに，新しい技術が不断の変化に及ぼしている影響を考察する。この絶え間ない変化は，それに対応するためのデザインのビジネスモデルに課題をもたらしている。デザインとは，アイデアを実用へと変えていく作業と見なされるが，その種のデザインこそが，本書の全編に共通する焦点である。

　クリエイティビティは，デザインにおいて大きな役割を担う。不測の状況に反応するにはクリエイティビティが求められ，それには型破りな発想が必要となる。これがクリエイティブ思考の主な特徴である。デザインプロセスの結果が，ビジネスモデルとなる。デザインの文化とは，組織全体から生成されるアイデアが体系的なプロセスでフォローされ，メリットがあると見なされればビジネスモデルをも変えるような仕組みが整備されたような文化のことである。

　ここで重視するのは，デザインのプロセス，そしてデザイナーがどのようにデザイン思考を用いるかである。これは，ビジネスモデルのデザインにどのようにデザイン思考を有効活用するか，という意味でもある。また，体系的な思考がデザインで役割を果たすことも認識したうえで，デザインのプロセスに統合する。デザイン思考は，今や多くの組織で使われるようになっている。これによってデザイン思考の新しいツールがもたらされる。例えば，顧客とのインタラクションをモデル化するジャーニーマップなどである。この種のツールは，状況を見通したうえでクリエイティブなソリューションを導くための新しい方法を提供することによって，クリエイティビティを育む。これらのツールの多くを，第3章で取り上げる。また，第4章では，デザイン思考が業界でどのように応用されているかを，いくつかの事例で示す。

　第5章から第10章では，デザインのプロセスとそこに含まれる活動を解説しながら，組織のデザインプロセスにとってデザイン思考がどれほど欠かせない一部になっているかを見ていく。デザインプロセスとは，デザイン思考のアイデアを基本とするものである。まず出発点として，様々なステークホルダーから集めたストーリーを総合して

---

†1　本文中の用語などの監訳者注は［ ］で記載する。

テーマを定義し，そのテーマに見られる課題に対応するうえで必要となるイノベーションを考案する。次に，バリュープロポジションを共同で定義し，システムを設計して，最後にビジネスモデルを生み出すことで，定義した価値を現実にする。

　また，本書では，技術やマネジメントとリーダーシップにも重点を置いて，これらがデザインで果たす役割も考察する。技術について学ぶだけでなく，画期的なソリューションを実現し，価値を創造する手段として技術をとらえることを意味する。技術は，事業に価値をもたらす変化の担い手である。例えば，最近人気の新しい技術であるソーシャルメディアやクラウドやビッグデータの力をどう利用するのか。ますますモバイル化する世界にこれらの技術をどう当てはめるのか。多くの場合，必要なのは，新しい技術を発明することではなく，既存の技術をもっとクリエイティブに活用することである。技術によって可能になった新しい物事のやり方を見る必要がある。

　デザインを促進するうえでマネジメントとリーダーシップがいかに重要かも，本書を通じて強調している。デザイン中心の文化を醸成するうえでも，画期的なアイデアを引き出す体系的なデザインプロセスを策定するうえでも，マネジメントとリーダーシップは重要である。本書では，イノベーション・バリューチェーンの全段階でクリエイティビティを育むために必要となるマネジメントとリーダーシップの実践について，いくつかのガイドラインを示している。多数の専門領域を代表するメンバーのチームでブレインストーミングを行い，事業価値のあるソリューションを開発してきた経験知に基づくガイドラインである。さらに，クリエイティビティを養うツールについても紹介し，それらをどのように体系的に使用することで，ビジネスソリューションを導き出せるかも解説する。

　本書では，デザイン中心の文化をうまく醸成して，製品そのものや顧客とのかかわり方にイノベーションをもたらしている大小様々な企業の最近の事例を使用していく。デザイン中心の文化とは，何かをするために既存のシステムをどう使用すべきかではなく，物事を改良するために事業をどうデザインすべきかを問う文化である（Kolko，2015）。また，イノベーションを促進するために分析的な思考のブレインストーミングをどう使用すべきかも問うことになる。

　ブレインストーミングは，本書が重視しているデザイン思考の基本的な活動である。特に多数の専門領域にわたるメンバーを含んだチームで行って，異なる視点のアイデアやクリティカル・シンキング（批判的思考）を持ち寄ることで，アイデアが生成され探究される。このイノベーションのプロセスには，様々なステークホルダーから集めたストーリーを総合してテーマを定義すること，そのテーマに見られる課題に対応すること，革新的なソリューションを見つけること，それらのソリューションを実現するビジネスモデルを作ること，といった活動が含まれる。コラボレーションを前提とするチームを構成して，各人の専門知識を持ち寄るとともに，クリエイティビティを重視

するツールで支えるためのガイドラインも，本書では提供する。これらのツールには，ストーリーテリング，ジャーニーマップ，ペルソナ共感マップ，テーマの定義，共同バリュープロポジションなどが含まれる。

目　次

日本の読者の皆さんへ iii
まえがき v

第1章　グローバルな環境がもたらす課題 1
1.0　はじめに 1
1.1　グローバル化された世界 2
1.2　ビジネスモデル 4
1.3　業界の組織 6
1.4　社会的な組織 11
1.5　厄介な問題 13
1.6　ステークホルダーにとっての価値 15
1.7　新しいグローバルな組織にデザインが及ぼす影響 16
1.8　マネジメントへの影響 18
1.9　まとめ 23
演　習 24

第2章　技術からの価値の獲得 25
2.0　はじめに 25
2.1　ビジネスイノベーションのための新しい技術 27
2.2　クラウド 28
2.3　ソーシャルメディア 30
2.4　ビッグデータとデータマイニング 32
2.5　データアナリティクス 34
2.6　IoT 35
2.7　モビリティ 36
2.8　ソーシャルな組織のためのプラットフォーム 36
2.9　まとめ 38
演　習 39

第3章　デザインのプロセス 40

3.0	はじめに 40
3.1	分析的なメソッドからブレインストーミングへ 41
3.2	デザイン思考 43
3.3	視覚化と視点 45
3.4	デザイン思考では何が行われるのか 47
3.5	革新的かつクリエイティブな実践方法をサポートするキャンバス 48
3.6	デザイン思考のプロセス 49
3.7	マップ，図，インターフェースデザイン 51
3.8	システム図 52
3.9	エンタープライズ・ソーシャルネットワーク図 55
3.10	視覚化の開発 57
3.11	ステークホルダーへの共感を構築するためのペルソナ共感マップ 57
3.12	ジャーニーマップ 60
3.13	自由形式のモデル 65
3.14	まとめ 66
演　習	 68

第4章　実践の場で行われていること 69

4.0	はじめに 69
4.1	事業のデジタル化 70
4.2	体系的なデザインプロセスへの移行 72
4.3	組織内の事業体によるコラボレーションの増加とデザイン中心意識の高まり 74
4.4	政府と業界のコラボレーション 76
4.5	複数機関の協力を通じたサービス提供 77
4.6	リースすべきか，購入すべきか 80
4.7	サービス提供のためのプラットフォーム 80
4.8	まとめ 81
演　習	 81

第5章　デザインプロセスの管理 82

5.0	はじめに 82
5.1	イノベーション・バリューチェーン 83
5.2	デザインのプロセス 86
5.3	クリエイティブなデザインチームの構築 89
5.4	ブレインストーミング ― クリエイティブなデザインチームのメンバーによる協働作業 ... 92
5.5	まとめ 96

演　習 96

第6章　ステークホルダーに向けた共感の醸成と価値観の理解促進 97
6.0　はじめに 97
6.1　組織を理解する 97
6.2　ストーリーを収集する 99
6.3　ペルソナ共感マップを開発する 103
6.4　改善の提案 104
6.5　まとめ 105
演　習 105

第7章　テーマの特定 106
7.0　はじめに 106
7.1　テーマ特定のための視覚化 108
7.2　テーマ特定のためのブレインストーミング 109
7.3　ストーリーを整理してテーマにする方法 112
7.4　大きな組織でテーマを定義するためのプロセス 113
7.5　グローバルなプロジェクト管理 ― テーマは何か 114
7.6　例 ― 大都市の生活 117
7.7　まとめ 119
演　習 119

第8章　テーマの課題の特定 120
8.0　はじめに 120
8.1　デザインとは何か 121
8.2　課題と問題を特定するためのブレインストーミング 124
8.3　デジタル化のための情報システムのフレームワーク 128
8.4　複雑性のフレームワーク 130
8.5　順応性のフレームワーク 131
8.6　複数のテーマからソリューションを探す 135
8.7　破壊的な状況に対する順応性 136
8.8　まとめ 137
演　習 138

第9章　革新的なソリューションの開発 139
9.0　はじめに 139
9.1　共同バリュープロポジション 140

9.2	概念的ソリューション	141
9.3	イノベーションの種類	141
9.4	ソリューションの分類	142
9.5	共同バリュープロポジションを開発するためのブレインストーミング	144
9.6	概念的ソリューションを開発する	149
9.7	プロトタイピング	154
9.8	デザインとイノベーションを推進する要因	156
9.9	イノベーションの戦略	159
9.10	これまでのプロセスのまとめ	160
9.11	イノベーションの壁	161
9.12	まとめ	161
	演 習	162

第10章　ビジネスモデルの創造 163

10.0	はじめに	163
10.1	ビジネスモデルとは何か	163
10.2	事業を構成する基本ブロック	167
10.3	概念的モデルからビジネスモデルへ	168
10.4	ビジネスモデルを実践に移す ― 誰が実行するのか	173
10.5	別の例：ピザ店 ― 基本ブロックを使って方向性を確立する	175
10.6	ビジネスモデルの評価に使用する特性	179
10.7	まとめ	179
	演 習	180

第11章　クリエイティブな組織の管理 181

11.0	はじめに	181
11.1	クリエイティビティを奨励する組織体制	182
11.2	組織構造は重要なのか	182
11.3	デザインの文化を醸成する	184
11.4	デザインのプロセスを管理する	185
11.5	デザインチームの焦点を見つける	186
11.6	デザインの環境をもたらす	188
11.7	イノベーションのための能力を開発する	192
11.8	まとめ	193

第 12 章　提案と事業計画の策定 **194**

12.0　はじめに 194

12.1　ソリューションにたどり着くまでのストーリー 194

12.2　事業提案の構成 196

12.3　提案の評価 196

12.4　まとめ 200

参考文献 201

監訳者あとがき 205

索　引.. 220

CHAPTER

グローバルな環境が
もたらす課題

第1章

この章の狙い

- 複雑な状況の特徴と，そうした状況がどのように生じるかを知る
- 複雑な問題や厄介な問題を特定して，それらが情報システムのデザインにもたらす課題を認識できるようになる
- グローバルな組織に新しいビジネス情報システムを導入する際に生じる課題を説明できるようになる
- 新しい組織を構築する際に必要となる知識を特定し，その知識をどこで入手できるかを知る
- デジタルビジネスのトレンドを認識し，未来のビジネスがどこへ向かっているかを意識する
- ビジネスモデルとは何か，ビジネスモデルの破壊とは何かを理解する
- 「厄介な問題」を認識する
- 厄介な環境においてステークホルダーに価値をもたらすうえで，なぜユニークなソリューションが必要かを理解する
- システムとその複雑性の理解を向上させる，リッチピクチャーなどのツールを使い始める
- ステークホルダーを特定できるようになる

1.0　はじめに

　この章では，グローバルな環境とそれが組織に及ぼす影響について説明する。ビジネスのシステムと，ひいては社会全般が，今では相互につながったグローバルな世界の中に置かれるようになっている。さらに新しい技術がもたらす接続性とも相まって，組織は絶え間ない変化と破壊に直面している。この章では，どのような破壊と課題が組織にもたらされているかを特定し，よりクリエイティブな実践方法とプロセスを取り入れて，それらの課題に対応する必要性があることを認識していく。こうしたプロセスや実践方法を創造するために，組織は今まで以上に新しいデザインのメソッドを必要として

いる。具体的なデザインのメソッドについては，本書の後の章で取り上げる。

　この章では，まず最初に，いくつかの業界が直面している環境や破壊の性質を説明する。その後，そうした環境でデザインをサポートするために求められるマネジメントとリーダーシップの実践方法について説明する。課題に対応するクリエイティブなアイデアと，そのアイデアを実用化するためのデザインのメソッドを特に重視する。

1.1　グローバル化された世界

　本書においてグローバルな世界の組織とは，互いのニーズを満たしながら共通の社会目標を達成しようとする複数の企業，事業体，会社の集団を意味する。「事業体」や「会社」とは法的な実体で，通常は何らかの投入（組織内のほかの企業から調達すること）を行い，それを処理したうえで，ほかの企業や個人に販売している。つまり「組織」とは，グローバルな社会目標を達成するために協力している多数の会社体である。組織はしばしば，特定の業界を中心にして形成される。例えば，食品のサプライチェーンは，確実な食糧供給をもたらすという共通目標を掲げた組織である。この組織に含まれる農業生産者は，作物を栽培する事業体，スーパーは消費者に食品を販売する事業体だ。それぞれの事業体が独自の専門性を開発して，社会のニーズを満たすのに使用する。農業生産者は良質な作物を栽培する専門性を，運送会社は作物をスーパーに配送する専門性を開発するといった具合である。

　事業体には，組織に参加するメリットがある。組織が製品やサービスの販売市場をもたらすためだ。この組織に含まれる会社や人は，ステークホルダーと見なされる。組織が存続し繁栄することで恩恵を受けられるという，利害関係（ステーク）の一端を握る者（ホルダー）であるためだ。組織が繁栄しなければ，そこに含まれる会社は事業を失い，存続が危ぶまれるようになる。**組織とは，指図を受けるものではなく，自然発生するものである。**会社はしばしば，組織の変化に合わせて自らの実践方法を変えることで，順応し変化していかなければならない。昨今の事業環境には，以下のような特徴が見られる。

- 組織内に**多数のステークホルダー**がいて，対立するニーズを抱えている。ステークホルダーがバラエティに富んでいる。
- 多数の**密接に**つながったビジネスシステムがあり，そのシステムに関係する人たちが相互に作用し合っている。これには，農業生産者，スーパー，運送会社などが含まれる。事業体や会社は，互いに関係を構築して維持している。例えば，運送会社は，加工工場とスーパーの両方に製品を届けている。
- 組織内の会社間に**強力な関係**がある。これらの関係は**常に変化**していて，多くの場合，その変化の速度が非常に速い。組織内の会社は，ほかの会社の変化にすばやく順応しなければならない。

● それぞれのビジネスシステムに関する知識が，常に追加されている。

つまり，業界や社会の抱える問題が**ますます複雑化している**ことを意味する。**多面的かつ学際的**で，組織の様々な部分間の関係も変化している。財務，技術，組織などの側面すべてをとらえて，そのニーズを満たすことが，ソリューションに要求されている。このため，幅広いステークホルダーをまとめて，集合的なニーズを満たすソリューションを開発するためのデザインプロセスが必要になる。これらのメソッドについては，本書を通して説明していく。紹介するツールには，包括的なソリューションのためのストーリーボードやブレインストーミングなどがある。

1.1.1 複雑性とその影響

デザイナーやほかのステークホルダーにとって，複雑なシステムと煩雑なシステムの区別を理解することは重要だ。煩雑なシステムとは，多数の部品からなっている。ただし，各部の動作が予測可能で分析できるシステムである。よく定義された構成要素を複数組み合わせて予測可能な目標を達成するのは，難しい作業だ。煩雑なシステムには多数の接続点がある。しかし，任意の目標にとってベストの接続方法を見極めることは可能である。

一方，複雑性は複合性ともいい，人々の行動が常に変化することに起因する。あるシステムに誰かが加えた変更によって，ほかのシステムに予測不可能な影響が及ぶことを意味する。複雑なシステムでは，新しい部品の組み合わせがどのように機能するかを予測できる。例えば，車のエンジンがその例だ。ある部品に加えた変更がほかの部品にどう影響するかは，予測可能である。しかし，煩雑なシステムでは，その動作が予測できない。新しい部品を入れることによって，そのシステム内のほかの人が予期しなかった行動を取るようになる可能性がある。つまり，具体的な問題を定義することができず，なおもすべての物事を良くするという目標が課される状態だ。この結果，以下のような要件が生じる。

● あらゆるビジネスシステムが，システム間の関係の変化を通じて，ほかのシステムに常に順応できるようにデザインされなければならない。
● 事業体は，顧客の好みや競合他社の変化にすばやく対応できるようにデザインされなければならない。

ビジネスモデルデザインという言葉は，このような課題に対して組織をどのように運営すべきかを説明する目的で，最近とみに使われるようになっている。

1.2　ビジネスモデル

　ビジネスモデルという言葉がよく使われるようになった。本書では，第10章でビジネスモデルについて詳細に説明する。ここでは基本的な部分に留めておくが，ビジネスモデルとは，会社や組織がインプット（投入）をどのように取り込み，それを処理し，アウトプット（産出）として提供するかを意味する。顧客が誰か，どのようなサービスを提供するか，どのようなパートナーを持つか，社内的にどのように業務を推進するか，さらに知識や製品をほかの事業体とどのように交換するかも，ビジネスモデルに含まれる。例えば，食品加工工場は，原材料を取り込み，それを処理加工して，缶詰の食品やビスケットやチョコレート，そのほかスーパーで売られているような食品として産出する。

　後の章では，協力パートナー，パートナーの活動，その活動に必要な機械などの詳細にわたってビジネスモデルを定義する。今日のビジネスモデルは，複雑な環境の課題に対応できなければならないが，これらの課題は，ビジネスモデルの破壊と呼ばれる現象によって生じることが増えている。

1.2.1　ビジネスモデルの破壊

　ビジネスモデルの破壊という言葉は，変化を説明する際によく使われる。変化は大きく2つに分けることができる。短期的な中断と長期的な破壊である。

- 短期的な中断は，通常，ビジネスプロセスに影響する。例えば，配送の過程で生じる事故は，短期的な中断である。短期的な中断は，たいていはコンティンジェンシープラン（緊急時対応計画）を策定しておくことで対応でき，これはビジネスモデルの一部に含まれる。
- 長期的な破壊は，より恒久的な性質のもので，ビジネスモデルの変更や組織の機能の変更を余儀なくする。例えば，競合他社がドローンを使ったまったく新しい配送方法を導入したならば，こちらも配送業務のあり方を変えなければならないかもしれない。このような状況を，ビジネスモデルの破壊と呼ぶようになっている。**本書では，新規参入者が同一または非常に類似したサービスを提供しながらも，より高い価値をステークホルダーにもたらすビジネスモデルを持っている状況を，ビジネスモデルの破壊と定義する。**

　長期的なビジネスモデルの破壊は，決して新しい現象ではない。例えば，図書館のサービスは，技術によって著しく変化した。多くの人が，今ではあまり図書館に足を向けなくなっている。電子的なライブラリやGoogleなどからコンテンツを入手できるためだ。Googleは，かつては新規参入者だったが，今やすっかり確立した大手となった。その破壊的なメソッドは，コンテンツにすばやくアクセスできるという点で，ユーザーに価値をもたらす。技術はしばしば，破壊を導く要因となっている。

例えば，タクシー業界に破壊をもたらした Uber は，モバイル技術のおかげで実現した。Uber は，安価な運賃という価値をユーザーにもたらしている。デジタルカメラとその後の携帯電話のカメラ機能も，もう 1 つの例だ。フィルムカメラを生産していた企業に広範な破壊をもたらした。自動運転車は，自動車保険業界に破壊をもたらすだろう。車を運転する人ではなく車に搭載された技術が，主なリスク要因となるためだ。このように，1 つのシステムが変化することは，しばしばほかの多くのシステムに影響を及ぼす。

1.2.2　破壊がビジネスモデルデザインに及ぼす影響

破壊が起きることを予測して対応するために，企業は新しい専門性を習得し開発しなければならない。これには，ビジネスモデルについて以下の方法を定義しておく必要がある。

- 自社の置かれた環境を常にモニターして，ビジネスモデルの破壊の可能性が生じた際に察知する。
- 組織内の別部門がビジネスモデルを変更するのに合わせて順応する。
- 自社のスキルをほかの事業に応用して，組織内の複数事業との関係の違いを管理する。
- 不測の事態や破壊的な状況に対応するためのアジリティ［敏捷性：動作のすばやさに関する能力，アジャイルであること］と自己組織力を持つ。

ビジネスモデルには，継続的に学習する方法，トレンドや潜在的な破壊を認識する方法，デザイン中心のアプローチを使用してビジネスモデルを適宜変化させる方法を盛り込まなければならない。本書では，ステークホルダーを巻き込んで，関係の複雑性を理解してもらい，互いへの影響を理解できるようにするビジネスモデルデザインの実践方法について説明していく。ステークホルダーと一緒にビジネスモデルを創造することで，予測しなかった破壊が生じた場合にすばやく自己組織化する能力を持たなければならない。

視覚化することは，デザインにおいて重要と見なされている。システムを完全に視覚化して眼前に示すことで，新しい洞察がもたらされ，複数のオプションを議論できるようになるためだ。視覚化によって複合的な組織内の関係が理解できるようになり，システムのデザインに役立つことが，これまでの研究で証明されている。物事を視覚化して眺めるチームは，各部に目を配り，課題を特定し，オプションを提案し，取るべき行動の方向性を全員で決められるようになる。その視覚化のメソッドでもよく使われるものの 1 つが，リッチピクチャー［物事の関係性などを 1 枚の絵にして表現すること］だ。この章ではリッチピクチャーを使用して，多数の業界の組織について説明する。

1.3 業界の組織

特定の業界を中心に形成された組織は多数ある。ほとんどの業界は，製品やサービスをデザインする事業ユニット，生産する事業ユニット，顧客に提供する事業ユニット，顧客に対応する事業ユニットなどで構成されている。これらの組み合わせが，しばしばバリューチェーンと呼ばれている。個別の事業体には，これらの事業ユニットがいかようにも関与する可能性がある。デザイン専門のこともあれば，生産や流通が専門のこともあるだろう。すべてを手がけていてはコンピタンス［専門的な能力や力量の総称］を開発できないことが，時間をかけて明らかになってきた。このため，どれか1つに特化して，それを中核事業とし，パートナーシップを形成していく必要がある。リッチピクチャーは，ある業界内の主な会社とそれらの間の関係性を視覚化するものだ。結果として，デザインが行われる文脈を定義する。多くの場合，リッチピクチャーは，システムに含まれる物体を示した手描きのスケッチや，その物体を表現するアイコンでモデル化したものとなる。

1.3.1 食品の生産

食品の生産と流通に密接にかかわる多数の会社をリッチピクチャーで視覚化した例が，図1.1である（Dentoni, Hospes, & Ross, 2012）。この業界のグローバルな目標は，食品を生産する農業生産者から最終消費者に至る，信頼性の高い食品供給網を維持することだ。ステークホルダー全員が，この組織における自分の役割を知っていて，その目標を最も効率的に達成するために事業を開発している。これらの事業体が協力することで，可能なかぎりベストの方法で，食品を必要とする場所へ届けなければならない。

図1.1のリッチピクチャーに盛り込まれた主な要素は，以下のとおりである。

- システムに関与するステークホルダー ── 農業生産者，観光客，スーパーの管理者，バイヤー，シニア向けクラブなどのコミュニティ
- 農園，メーカー，レストラン，スーパーなどのビジネスシステム
- ステークホルダー間の主な情報の流れ
- ステークホルダーの考えやステークホルダーにとって重要なこと（フキダシに記載されている ── この部分を詳細に示すペルソナ共感マップは後で作成する）
- ステークホルダーが交換する情報や知識（ステークホルダー間をつなぐ線上に記載されている）

このため，農業生産者の主な事業は最良の作物を栽培すること，レストランの主な事業は顧客のために最良の食事を作ること，運送会社の主な事業は製品を目的地へ配送すること，となる。この組織はしばしば複合的で，複雑性の特徴である絶え間ない変化と順応のニーズを示している。この例では，以下のような変化が生じる可能性がある。

1.3 業界の組織　7

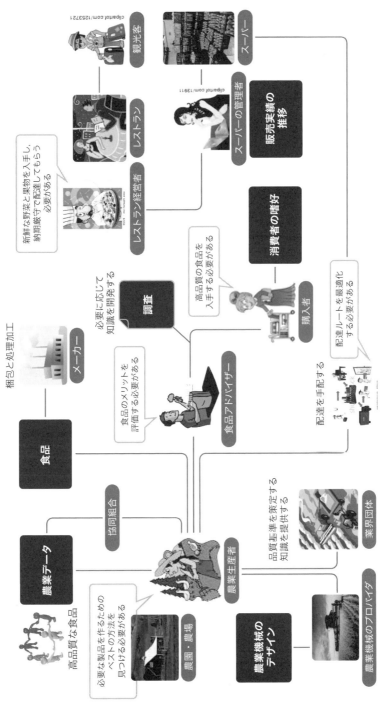

図 1.1　食品を生産する組織のリッチピクチャー

8　第1章　グローバルな環境がもたらす課題

- 市場の変化：例えば，消費者の嗜好が変化して，栽培すべき作物や製造工程を変える必要が生じるかもしれない。
- 需要の変化：例えば，様々な場所からの需要が変化して，配送体制を変える必要が生じるかもしれない。

　リッチピクチャーは，複合的な組織に含まれる様々なステークホルダーを示し，それぞれがどのようにつながっているかを見せるという点で，意義のある最初のステップである。リッチピクチャーを見ることで，ステークホルダーは自分に関係する課題をすばやく見つけて指し示し，ほかのステークホルダーと話し合って，その課題に対応するためのソリューションを特定できるようになる。本書の後の章では，リッチピクチャーに留まらず，最近よく使われるようになった新しいツールや実践方法を紹介していく。いずれも，問題を特定して包括的なソリューションへと導くうえで有益なツールである。
　また，リッチピクチャーは，データも表現できる。最近ますます重要性を高めている構成要素である。組織が利用することのできるデータはきわめて膨大になりつつあり，これがビッグデータと呼ばれるものだ。どんな組織においても，このデータを有効活用して意思決定に必要な知識を生成することが目標になっていて，この活動は，現時点ではデータ分析と呼ばれている。このため図1.1には，食品，消費者の嗜好，農業機械のデザイン，販売実績の推移などの項目が含まれている。これらのなかには，組織内で生成されるデータもあれば，組織外で生成されるデータもある。どちらであれ，組織はニーズに関係するデータを発見し，分析して業務改善の方法を見つける能力を持たなければならない。そのニーズの特定については，本書のテーマに関する部分で後述する。データにアクセスし分析するための技術については，第2章を見てほしい。

1.3.2　食品業界の破壊

　ビジネスモデルの破壊は，組織内のどこにでも起こり得る。例えば食品業界では，以下のような可能性が考えられる。

- スーパーは，ニッチ市場に特化した新規参入者との競争に常にさらされる可能性がある。また，新規参入者が，特定地域での需要を正確に予測する優れた分析技術を持っている可能性もある。例えば，Aldi［ドイツに本拠を置くディスカウントチェーン，https://www.aldi.com/］は，品揃えを絞り込んでコストを下げ，消費者への販売価格を引き下げることで，既存のスーパーのチェーンに挑戦した。また，独自の製品も投入して利用客を引き付けている。
- スウェーデンでは，高層ビル内に畑が造られているほか，米国アリゾナ州フェニックスでは，商業用の倉庫が水耕栽培の温室に改造されつつある。この種の展開が作り出す圧力は，既存の農業生産者に破壊的な影響を及ぼす。新しい事業体は消費者のいる都市に近いため，コストと鮮度の点で高い価値をもたらすことができる。

また，例えば食用昆虫（昆虫食）など，新たな食物源が登場して破壊をもたらす可能性もある。

1.3.3　もう1つの例 ― アパレル業界

この組織のグローバルな目標は，大衆のニーズを満たす衣料品を製造・流通することである。アパレル業界のリッチピクチャーを，図1.2に示す。これはおそらく最も躍動的な業界の1つだろう。ファッションは，顧客の嗜好の変化と競争の激化を受けて，常に変化している。ここではブランドと，ブランドや製品を推奨する人が，大きな役割を果たす。このため，ステークホルダーの別の一群が存在する。

また，ここにもやはり，特定分野の専門性を確立してほかの事業体と協力しなければならない事業体がある。衣料品を製造する事業体は，与えられた素材とデザインを使用して，製品を完成させなければならない。デザイナーは，衣料品のデザインに秀でていなれればならない。また，顧客の嗜好が変化したという情報を受けて，デザインをすばやく変更できなければならない。一般にアパレルの小売店が実践しているプロセスは，定期的なデザインの周期に則って在庫を開発したうえで，広告展開とともに発売し，在庫を販売するというものである。

アパレル業界の事業体は，デザインと生産と流通のいずれかを手がけることができる。一部の大手ブランドは，社内ですべてデザインし，品質を維持するために生産も社内で行っている。一部の製品を外部に発注する場合は，検査官がプロセスをモニターして，品質の水準を確認している。衣料品を生産する事業体の多くは，品質の重要性が高まっていることを認識したうえで，自社のプロセスを継続的に改善している。

ファッション，特に衣料品製造は，常に変化している業界の1つだろう。新しい素材が常に登場していて，新しい繊維や糸が市場に投入されている。また，スポーツアパレルに見られるように，新しいデザインも作られている。この業界にかかわる事業体はすべて，これらの変化を把握するだけでなく，自社のブランドや顧客にどれだけ関係するかをすばやく評価しなければならない。

1.3.4　アパレル業界の破壊

どんな業界にも共通するが，新しいモデルをすばやく導入する能力は，きわめて重要である。新しいファッションを他社よりもすばやく提供できる衣料品メーカーは，市場で好業績を挙げるだろう。例えば，アパレル小売業界に比較的最近参入したZaraは，次のミッションステートメントを掲げている。「**顧客の求めるものを，誰よりも速く顧客に届ける**」（https://www.thebalancesmb.com/department-store-mission-statements-4068552）。

デザインの周期には従わず，わずかな在庫を抱えて，コレクションを頻繁に入れ替えている。

10　第 1 章　グローバルな環境がもたらす課題

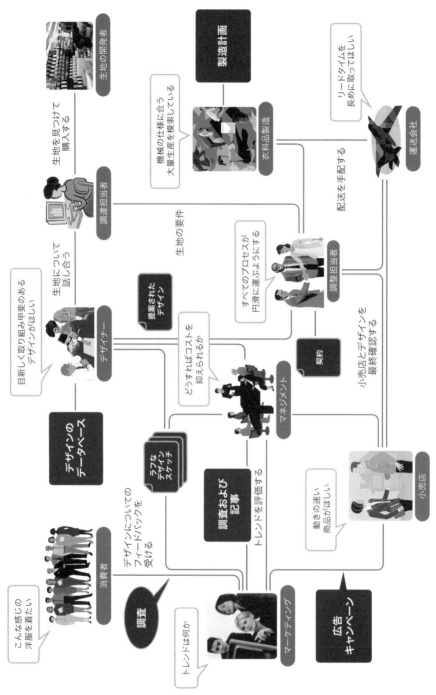

図 1.2　衣料品製造のリッチピクチャー

1.4 社会的な組織

　幅広い社会のニーズに焦点を当て，社会の価値観の変化に伴って破壊に直面している組織も多数ある。なかでも重要性を高めているのが，都市化に伴う変化だ。都市に移り住む人口は増加している。これにより，都市の構造が変わり，現在の都市生活のあり方が破壊される。その結果，都市生活のクリエイティブなソリューションを導き出すためのデザインのメソッドが必要になる。都市化の進行を受けて都市開発の活動も増えていて，これは大都市と新興の衛星都市の両方に当てはまる。都市生活のためのソリューションは，都市に住む人に革新的なサービスを提供するため，また都市を改善し再生するために必要とされている。

1.4.1　大都市の生活

　都市環境や大都市の開発に対し，多くの関心が寄せられるようになった。このトピックに関する報告書も多数発行されていて，EU の地域政策の一環として 2011 年 10 月に発行された『Cities of Tomorrow』や，エンジニアリングコンサルティング会社の ARUP が打ち出した災害に強い都市の研究フレームワークなどがある。ここでのステークホルダーは，都市に住む人，都市で事業展開する事業体，都市の訪問者，そして市政担当者である。

　図 1.3 に示したリッチピクチャーは，これらのステークホルダーとそれぞれの関係を示す最初のステップとなる。様々な役割のステークホルダーが抱える主な懸念や果たす責任を示していて，例えばレストランにとっては，コストを抑えることがこれに該当する。また，レストランは，顧客の嗜好のトレンドを模索して，観光客にとって興味深いメニューをデザインしようとするだろう。

1.4.2　新興都市や衛星都市の開発

　都市化の結果として，都市の再生や新しいコミュニティの開発にも新たな関心が寄せられ，活動が見られるようになっている。再生とは多くの場合，既存の空間の使い方を変えたり，歴史的な建物の内装を改修したりすることを意味する。また，空き地やあまり有効活用されていない土地を開発することもある。

　ここでのステークホルダーには，都市プランナー，開発者，レクリエーション空間プランナー，教育団体，小売団体，道路プランナーなどが含まれる。

12　第 1 章　グローバルな環境がもたらす課題

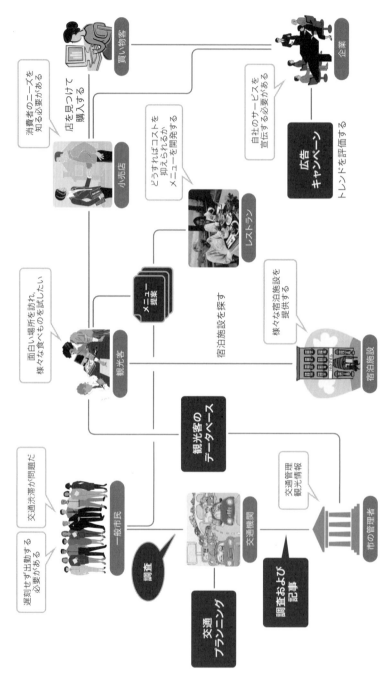

図 1.3　大都市の生活の一部の側面を示したリッチピクチャー

1.5 厄介な問題

　ビジネスのための組織や社会的な組織が，複雑な環境において予測可能な動作を示すことはほとんどない。組織の一部分に生じた変化がほかの部分に予測しなかった変化を引き起こすことがしばしばだ。「厄介な問題（wicked problem）」という用語は，不測の変化に対応する新しいビジネスモデルをデザインし導入する際に，組織が直面する課題を指す場合に使われるようになった。組織が対応しなければならないものの，厳密なソリューションが存在しないタイプの問題である。

1.5.1　ほとんどの組織に厄介な問題が存在する

　厄介な問題の特徴が顕著に見られる分野をいくつか示したのが，図 1.4 である。この図を見て，自分で経験したことがないかどうかを考えてみてほしい。

　いずれかの領域にすでにかかわっていて，その問題が分析的な手段だけでは解決できないと認識している人もいるかもしれない。この種の問題には単純なソリューションが存在しない。ソリューションは，経験するなかで開発し，常に改良していかなければならない。

　厄介な問題について忘れてはならないのが，問題がきちんと定義されていないという点だ。デザインチームは，まず状況を全体として観察したうえで，問題を特定して優先順位を付けなければならない。これは，多くのデザイナーにとって馴染みのある仕事の進め方ではない。デザイナーはしばしば，解決すべき問題を明確に与えられる。しか

厄介な問題の特徴

- 問題の具体的な体系が存在しない。例えば，新市場で売上高を拡大する，飢餓を撲滅する，地域の観光を振興するといった大まかな目標が含まれる。ステークホルダーによって何が問題かについての見方が異なることも多い。
- 限界を決める規則が存在しない。例えば，健康改善のための研究は，際限なく続けることができる。
- ソリューションは，正か誤かで判断されるのではなく，相対的により良いかどうかで判断される。
- ソリューションが機能するかどうかを試験する方法が存在しない。ソリューションによって行動や動作が変化し，その結果，さらなる変化が必要になることも多い。
- すべてのソリューションが異なっていて，ある環境のためのソリューションを別の環境で使うことができない。
- 可能なソリューションがいくつも存在する。
- 厄介な問題はそれぞれに異なっている。例えば，住民のニーズを満たすためのソリューションは，都市ごとに異なる。
- 多くの場合，個人，民間組織，行政組織など，多数の関係者が関与する。

14　第 1 章　グローバルな環境がもたらす課題

組織	組織内の厄介な問題
健康改善 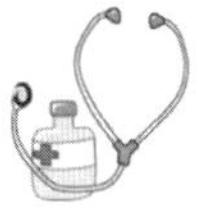	医師，病院経営者，患者管理者など，多数のステークホルダーが存在する。 テーマと対応すべき問題には，予防と特定などがある。 高齢者の介護というテーマは，近年重要性を高めている。 このテーマには，際限を決める規則が存在しない。すなわち，健康は常に改善することができる。新しい治療法や管理の手順が開発され，個別領域の責任が変化する可能性がある。
都市化 	暮らしやすいスマートな都市を創造する。都市には，エネルギー，交通，水道，教育，娯楽，小売り，食料といった様々な要因の強力な関係が存在している。 人の習慣やニーズは常に変化するため，それに合わせていく必要がある。また，習慣やニーズは，他者の活動から影響を受けている。 最近では，IoT（モノのインターネット）が重要な役割を果たすようになっていて，IoT を使って価値をもたらす方法が模索されている。 ステークホルダーは，買い物客，観光客，企業，小売店など幅広い。
災害復旧 	様々な出来事が発生し，いずれも状況が急に変化するという特徴を有している。 発生直後に救援活動を提供することができる一方で，真の復旧には時間がかかる可能性がある。 ほとんどの災害では，多数の機関や省庁が共同で対応に当たらなければならず，しばしば災害の状況展開とともに自然発生的に形成される省庁間のコラボレーションを支える仕組みや体制が必要になる。
オンライン学習 	様々なニーズを抱えた多数のステークホルダーが存在する。 ニーズや学習メソッドが変化している。 オンライン学習には，評価，配信，学習内容などの側面がある。
社会問題 	様々なステークホルダーが存在する。 異なるペルソナに対してサービスをカスタマイズする必要がある。 社会のニーズには，福祉住宅や貧困問題の解決が含まれる。 このプロセスは，何をもって終わりとなるのか。
製品イノベーション 	継続的な競争環境があるため，継続的かつ迅速なイノベーションが求められる。 新しいファッションのデザインはその一例である。 すべての製品を改良し尽くしたといえる状況はあり得るのか。 ユーザーに価値をもたらすうえで必須の付加的な特徴をどうやって特定するのか。
事業体のネットワーク 	新しい関係を特定し構築する。 プロセスがグローバル化している。文化の違いや時差を乗り越える必要がある。 グローバルなチームに対してリーダーシップを提供する。 ソリューションがしばしば明確でない。

図 1.4　厄介な問題を抱えた組織

し，厄介な問題では，ステークホルダーと一緒になって，そもそも問題が何かを見極めたうえで，その解決法を見つけなければならない。その実践方法は，第8章で詳細に説明する。視覚化は，この種のデザインで重要な役割を果たす。ステークホルダーが状況を全体的に見渡したうえで，デザインを変えることにより，ステークホルダーに付加的な価値をもたらせる各部に特化していけるようになる。

1.6　ステークホルダーにとっての価値

　複雑なシステムには多数のステークホルダーが含まれていて，それぞれが，新しいシステムがどのような価値をもたらすかを考えようとする。この結果，ステークホルダーにとっての価値は，正確に特定しにくいにもかかわらず，あらゆるデザインで重要性を高めている。これは，従来の多くのシステムのデザインと異なる点である。従来のシステムのデザインでは，効率やほかの測定可能な要因が主な検討項目となっていて，ゆえにデザイナーが選択を下す際に根拠とすべき具体的な理由が存在した。しかし，複雑なシステムのデザインでは，あまり明確に定義されていないステークホルダーにとっての価値と，理論的かつ測定可能な価値との間でバランスを取らなければならない。

1.6.1　医療のステークホルダーと価値

　医療のシステムは，今やグローバルな組織と見なされるようになっている。このシステムに含まれているのは，病院，開業医，保険会社，研究機関などだ。これらの間の関係が緊密になるほど，医療というシステムの複雑性は高まっている（表1.1）。

表1.1　医療のシステムに含まれる一部のステークホルダー

ステークホルダー	ニーズ	価値
一般市民	健康を維持する	医師の診療を便利に利用できる
	医療措置を受ける	安価な価格で医療措置をすぐに受けられる
一般医	診療するための場所	患者にアドバイスする
		患者の記録を入手する
行政	市民の健康を増進する	医療サービスを実践するための施設を提供する

1.6.2　エネルギー供給のステークホルダーと価値

　安価なエネルギー源を見つけ，エネルギーを最小コストで消費者に提供する方法を見つけることができれば，ステークホルダーにとっての価値は高まる（表1.2）

表1.2　エネルギーのシステムに含まれる一部のステークホルダー

ステークホルダー	ニーズ	価　値
一般世帯	安価な電力を利用する	電力の安定供給を受ける
事業主	昼間に安価な電力を利用する	事業所に電力が供給される
送配電業者	維持管理コストを最小限に抑える	施設の監視および修理が簡単に行える

1.7　新しいグローバルな組織にデザインが及ぼす影響

　グローバルな環境におけるデザインというのは，継続的なプロセスである。デザインが進行するにつれ，ステークホルダーは，事業の継続的な進化に合わせてさらなる価値を手にする方法を学んでいく。また，事業体は常に変化して，進化する複雑な環境で業務を推進していかなければならない。現行のビジネスプロセスを改善して効率を高めるだけでなく，ビジネスモデルのデザインを改め，事業運営の新しい方法をデザインするプロセスを見つけなければならない。ビジネスモデルのデザインを考えることは，ビジネスプロセスを効率化することとは異なり，予測しなかった出来事にすばやく効果的に反応することでもある。そのためには，**最適なワークフローのデザインよりも，ステークホルダーにとっての価値を重視するソリューション**が必要となる。

　価値とは何を意味するのかが問われることも多い。1つには，ステークホルダーにもたらすメリットを考えることが挙げられる。メリットとはしばしば金銭的なメリットで，例えばスーパーへの配送コストを削減するといったことがある。しかし，体験を豊かにするメリットを考えることもできる。例えば，レストランの新しいメニューがもたらす喜びなどだ。このメリットを実現するため，食品の供給網に含まれているレストランは，調理の効率よりも顧客の嗜好を満たすことを優先するだろう。本当においしい料理で，その体験を楽しんだならば，顧客は多少高いお金を払ってでも，その店を頻繁に訪れるようになるからだ。もちろん，顧客によって好みは異なり，価値観も異なる。ゆえに，このばらつきによって複雑性がもたらされる。グローバルな組織にはそれぞれの価値観を持った会社や事業ユニットが含まれるが，そうしたなかでも，良いデザインは常にすべてのステークホルダーにとっての価値を高めなければならない。

1.7.1　ステークホルダーの体験を豊かにする

　では，ステークホルダーにとっての価値をどのように見極めるのか。この問いは，今まで以上に重要になりつつある。顧客が会社と直接的に関係を持ち，個人が会社内や会社間の業務に関与するようになっているためだ。エンゲージメント［ブランドに消費者が積極的に関与することによって構築される，ブランドと消費者との間の絆のこと］への関心は高まっていて，その目的は，顧客をつなぎとめておくこと，および会社内と会社間の生産的な関係を維持することの両方にある。そして，そのための手段が，会社との体験を豊かにすることである。そこで，デザイナーにとっての重要な課題となるの

が，豊かな体験をどのようにして実現するかである。

　第3章では，ジャーニーマップを使ってエンゲージメントを高める方法について説明する。ジャーニーマップは，人が製品とどのようにインタラクションするかを理解し，課題を観察して，そのインタラクションをすばやく改善する目的で，最近よく使われるようになっている。例えば，PepsiCo社は，自動販売機の使い勝手をよくするためのアプローチとして，これを使用した。

　ここで重要な点の1つが，ステークホルダーが学習し，システムの進化に伴ってさらなる価値を継続的に得られるようにすること，それと同時に，システムの進化に関するアイデアを提案できるようにすることである。

1.7.2　グローバルな組織でステークホルダーにとっての価値を創造するために事業体をどのように構築・管理すべきか

　これはデザインにとって重要な問いかけだ。ほとんどのデザインプロセスは，ステークホルダーにとっての価値が何かを発見することから始まる。具体的には，現行の機能や動作を改善して，製品やサービスを改良するとともに，他者との関係を豊かにすることが含まれる。例えば，以下のような例がある。

- 農業に携わる人は，嗜好の変化に合った作物を栽培すると同時に，サプライチェーンで役割を果たし，最良の製品を最低コストかつ最短納期で市場に届ける方法を見つけなければならない。
- グローバルな組織に含まれる会社のある事業ユニットで働く人は，ほかの事業ユニットで働く人たちと関係を構築して，変化に反応する際に，事業全体のことを考えたソリューションを開発する。
- 事業体はそれぞれ，知識を生成するために必要な関係を構築して，関係する事業体の求めるサービスを提供しなければならない。

　これらの例ではいずれも，正しい意思決定を下すためにデータが必要となる。つまり，事業体にとっては以下のことを意味する。

- 環境の変化についての知識を開発しなければならない。
- ほかの事業体との関係を変化させることで，環境の変化に頻繁に順応しなければならない。
- ソリューションは多くの場合，独自のソリューションであって，以前のソリューションに依存することはできない。

1.7.3 新しいメソッド ― フレーミングとリフレーミングによる意味形成

　最近の2つのトレンドは，チームによるデザインを重視すること，そして何が起こっているかを理解したうえで，すべてのステークホルダーを満足させるべく対応方法を考えることだ。この2つのトレンドは，ある意味で関連性がある。デザインチームにすべてのステークホルダーを関与させて，全員が満足するソリューションに到達する必要がある。複雑な問題を理解して意味を形成すること，つまり「センスメイキング（意味形成）」は，今までにも増して重視されていて，経営論の文献でも多数の方法が示唆されている。

　例えば，特定の状況を様々なフレーム（フレームワーク）［枠組みのことで，基礎となる規則・構造・アイデア・思想などの集まりのこと］で見る，すなわち様々な視点から見ることなどがある。また，問題を様々な文脈に当てはめてリフレームすることも提案されている。ステークホルダーが異なれば問題を見る視点も異なる可能性が高いことから，リフレーミングの重要性が注目されるようになってきた。例えば，あるステークホルダーは社会的な関係が重要だと考える一方で，別のステークホルダーはプロセスという視点からシステムを見る可能性がある。このため，複雑な環境で議論をすると，片側はプロセスが十分な詳細度で定義されていないことが問題だといい，もう片側は変化に反応するためのコミュニケーションの仕組みがないため変化に対応できないという，といった事態が生じるかもしれない。このフレーミングについては，第8章と第9章で詳述する。

　異なる視点から問題を眺めることは，以前にも増して重要になっている。異なる視点から問題を解決することも，同様に難しい。また，チームが自分たちの置かれた文脈だけに特化して，グローバルなソリューションではなくローカルなソリューションを出してくることも多々ある。このため，グローバルなソリューションを見つけるためにも，ほかの視点から問題をリフレーミングすることが重要になる。様々な視点については第3章で取り上げる。さらに，第5章ではステークホルダーをチームのデザイン活動に取り込む方法，第8章では問題のリフレーミングについて考察する。

1.8　マネジメントへの影響

　複雑性の結果として生じる継続的な変化は，マネジメントに影響を及ぼす。マネジメントは継続的な変化を支持して，組織がどのように機能するか，どのようにビジネスモデルをデザインするかに関して，新しい実践方法を取り入れなければならないためだ。ステークホルダーにとっての価値が変化するのに伴って，その変化に応える革新的な方法を生み出すデザインの文化を醸成することが，とりわけ重視される。マネジメントは，常に新しいアイデアを探究して価値を創造しなければならない。会社はもはや，長

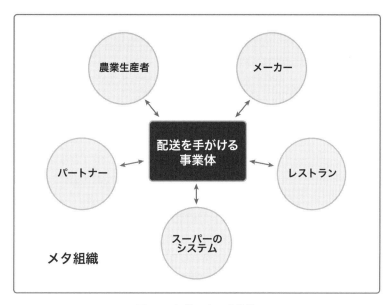

図 1.5　組織の中の事業体

い期間をかけて新しいアイデアを模索し，試験したうえで市場に導入することができなくなっている。新しいアイデアの模索からその利用までが，一続きのプロセスになっているのだ。模索と利用が継続的に進められなければならない。

　どのような事業を開発するのであれ，ほかの会社にとって価値をもたらすことで，グローバルな組織にうまく調和しなければならない。すべての事業体が，ほかの事業体と相互にかかわり，グローバルな組織のルールに従い，ほかのステークホルダーに価値を届ける必要がある。そして，パートナーに価値をもたらす方法を常に探し続けなければならない。価値を実現させるに当たっては，組織内の複数の事業体や事業ユニットが**協働でデザインした**新しいサービスを投入することが増えている。このデザイン環境を示したのが，図 1.5 である。この図は，運送会社がグローバルな組織に含まれる多数の事業体と協力して協調デザイン（コデザイン）しなければならない様子を示している。

　この組織に含まれる事業体は，配送を手配するだけでなく，サービスへの支払いを管理する目的で，協力しなければならないだろう。また，例えばレストランは，スーパーや顧客といったほかのシステムにも調和しなければならない。事業のデザインに際しては，ほかの事業体とどのようにかかわるのかを説明する必要があり，これをリッチピクチャーで行うことができる。サービス提供会社のマネジメントは，様々な事業体を代表するメンバーでチームを構成して，新しい配送方法やスケジュールを考えなければならないだろう。

　このため，最近のマネジメント戦略は，既知のプロセスを既知の問題に応用して詳細に定義されたソリューションを開発するという，伝統的なアプローチから離れる傾向に

ある。このアプローチは演繹的なプロセスと呼ばれていて，詳細に定義されたメソッドを使ってソリューションを開発するものだ。しかし，複雑な環境は異なり，問題もソリューションもたいていは明確でない。このため，問題を特定し，ソリューションとメソッドを特定するためのメソッドを考案する必要がある。

これはしばしば，アブダクション（仮説推論）のプロセスと呼ばれている（Dorst, 2011）。たいていの場合，複雑な環境の問題とソリューションは，ケースバイケースで異なる。環境が異なれば，価値を構成する要素も異なるためだ。例えば，ある都市で奏功したソリューションを，ほかの都市に簡単に転移できるわけではない。そこで，複合的な課題すべてに対応しようとするのではなく，デザイナーにとって重要と思われる課題を特定して，別々に，ただし場合によっては同時進行で対応しようとするほうが，むしろ一般的である。ある課題の解決方法を学ぶなかでほかの課題の解決に役立つアイデアが得られることも多く，結果として次なる課題が浮上していく。

破壊的な技術は，ここで重要な役割を果たす。事業体は，新しいビジネスモデルからの競争にすばやく対応しなければならないためだ。配送のように単純そうに見えるプロセスですら，ドローンや3D印刷といった技術が大規模な破壊をもたらす可能性がある。

デザインの過程では，事業体の様々な部分を組み合わせて新しいチームを創設することが重視されるようになっている。デザインに際しては，様々な視点から常に問いを投げかけるような文化が必要とされ，特にステークホルダーにとっての価値とそれを高める方法を問いかけていく必要があるためだ。顧客は何を好んでいるか，何に対してならお金を払ってもよいと考えるか，大多数の顧客を満足させるメニューをどうすれば作れるか，といったことが問われる。アジリティを持とうとするのであれば，メニューを常に変更して，顧客の好み，すなわち価値の変化に合わせる必要がある。

デザインは，チームで行われる。例えば，顧客体験に付加価値をもたらす方法を考える製品チームなどだ。多くの場合，こうしたチームは，複数の専門領域の専門家で構成されていて，それぞれの立場から知識を持ち寄る。アジャイルなビジネスモデルとは，このような部署横断的なチームをすばやく編成できるビジネスモデルである。では，そのようなビジネスモデルは，具体的にどのような特徴を持つのか。たいていのビジネスモデルデザインが目指す主な課題は，顧客を引き付けること，そして顧客に提供するサービスを継続的に改善することである。

例えば，PepsiCo社は，最高デザイン責任者という役職を創設して，スタンフォード大学のデザインスクール（d.school）が提唱するようなデザインの文化を浸透させようとしている。この役職者の主な責任は，デザイン思考の文化を醸成することである。このため，取り組むべき課題を発見するうえで必要とされるクリエイティビティを奨励するメソッドを開発した。この結果，新しいツールが開発され，デザインを構成する新しい方法も生まれつつある。一般的なアプローチは，主なテーマを特定して，そのテーマのなかで必要な変化や改善を特定するというアプローチだ。これを実践するための方法については，後の章，特に第7章と第8章で詳述する。

1.8.1　例 ― グローバルなプロジェクトの管理

最後に，グローバルなチームのマネジメントの例を紹介する。この例は，本書を通じて使用していく。グローバルなチームのマネジメントには，多くの課題が伴う。時差や文化の違いを超えて協力すること，各地に点在するチームメンバーを管理すること，変化に対応することなどだ。このグローバルな文脈におけるプロジェクト管理を示したのが，図1.6である。

図1.6は，ソフトウェア開発や製品の製造など，あらゆるタイプのプロジェクトに応用することができる。このリッチピクチャーには，主なステークホルダーと活動が盛り込まれている。この文脈で何が起こっているかを示していて，例えば以下のようなものがある。

- 顧客をスポンサーに紹介するマーケティング活動が行われている。
- スポンサーがプロジェクトの責任を掌握している。
- 開発管理者がプロジェクトのスコープに同意している。
- 技術仕様，計画，開発現場などの要素がある。
- この計画を実現するために必要な専門ノウハウを持った現場オフィスは，地理的に異なる地域に置かれているかもしれない。

このリッチピクチャーは，システムについてのあらゆる事象を示しているわけではなく，主な役割，文書，事業ユニットなどを示したプロジェクトのスタート地点を示している。第2章では，システムとプロセスに含まれる社会的な関係について，さらに詳しく考察していく。これは分析と呼ばれ，それがさらに発展すると，異なる視点からシステムをデザインする活動となる（表1.3）。

表1.3　グローバルなプロジェクト管理のステークホルダー

役　割	責　任	ニーズ	サービス
マーケティング管理者	顧客を見つけ，プロジェクトのスコープ開発に協力する		顧客の要求に応えるためスポンサーにすばやく連絡する
スポンサー	契約を手配し管理するプロジェクトの目標を達成するようプロジェクト計画の開発を監督する	契約書の作成で支援を受ける	プロジェクトの状況をすばやく理解する
開発管理者	製品を開発し管理する		
ビジネスアナリスト	様々な場所への割り振りを含めた計画を策定する		
現場オフィス管理者	プロジェクトの一部を開発する		

このスタート地点のリッチピクチャーでは，開発委託とプロジェクトの立ち上げに焦点を当てる。チームが変化に対応する際に生じるさらなる課題については，後述する。

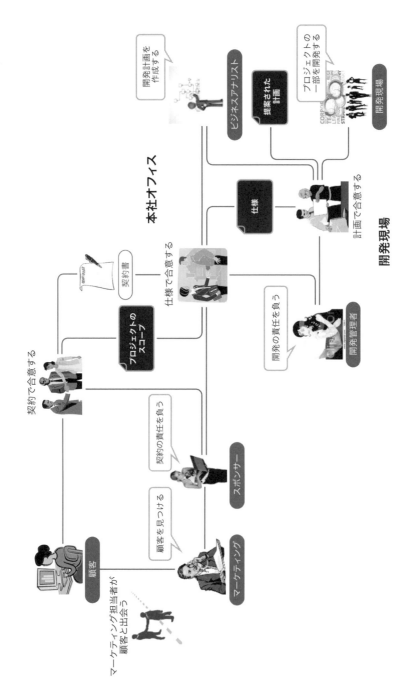

図 1.6 グローバルなプロジェクトの管理

1.9 まとめ

この章では，昨今の業界に顕著に見られるようになっているタイプの問題について説明した。今日の組織が持つ複雑性について説明し，複雑な環境で機能するビジネスモデルを開発する必要があると論じた。特に，不測の出来事に対応するために，常に再組織化できるようなモデルを持つ必要がある。また，複合的な組織を理解するために視覚化が重要であり，そのための方法としてリッチピクチャーが有効であることを紹介した。

- グローバルな組織とは，CEO が 1 人の事業体 1 つを意味するわけではない（Gulati, Puranam, & Tushman, 2013）。複数の事業体とコミュニティ団体，さらには行政機関などが協力して社会的な目標の達成を目指す集合的な実体である。これらの関与者が，グローバルな組織のステークホルダーとなる。
- 図 1.1 や図 1.2 のような組織は，多数のステークホルダーを巻き込む必要がある。農業生産者が栽培した作物は，迅速に処理加工されて，消費者のいる都市に配送されなければならず，これらすべてが機械仕掛けのように機能すべきである。
- 以前に比べてモビリティが高く，知識共有も盛んになっている。人々の使用するソーシャルメディアによって，システム間の関係が作られ変化している。センサー情報の活用度も高まっている。
- すべての事業体が，ほかの事業体に提供するサービスを常に向上させなければならない。
- すべての事業体が一致協力することで物事が実現し，全体としてグローバルな組織となる。すべてが調和的に機能する必要がある。
- マネジメントは，それぞれの事業体が常に革新し，パートナーとの協力体制を向上できるような施策を講じなければならない。
- デザインは，チームで行う活動となっている。チームのメンバーが組織の各部から知識を持ち寄り，より良いコラボレーションの方法を開発する。

デザイン中心の文化は，以前よりも重要性が高くなっている。そこでマネジメントは，以下のことを目指さなければならない。

- **アジャイルになる。**ある事業体がすばやく変化すると，他者がその変化にすばやく順応するようなデザインが必要とされている。
- **多数の専門領域を考慮する。**生産や都市の消費者にサービスを届ける配送などを組み合わせる。これらのサービスは，最新情報を消費者に伝え，消費者のニーズに合わせてサービスをどのように変えるべきかを知らせる役目も果たす。
- **ステークホルダーにとっての価値を高める。**システム内のステークホルダーに価値をもたらすシステムを作る。すべてのステークホルダーが何らかの価値を得なければならないが，全員が同じ事業を営んでいるわけではない。協力することで機能す

る，別々の事業体である。

● **固有のソリューションを開発する。**既存のソリューションを模倣するのではなく，それぞれの環境に合わせる。

● **技術をクリエイティブに活用する。**技術をクリエイティブに使うことで，イノベーションが育まれる。ビッグデータを活かして知識を開発する方法，ソーシャルメディアを活かして知識を共有する方法，クラウド技術を活かして必要なデータを保管する方法，モバイル機器を活かしてデータを提供する方法などが考えられる。情報への幅広いアクセス技術は，しばしばビッグデータと呼ばれていて，これについては次章で説明する。

● **事業体のネットワーキングを促進する。**革新的なビジネスモデルを開発するために必要な知識と専門性を，このネットワークで構築する。

また，この章では，技術が業界をどのように破壊するのか，その種の破壊に対して会社がいかに反応しなければならないかも説明した。

演 習

1.1 食品業界の主なステークホルダーを図 1.1 で示した。この業界のうち，レストランとその顧客にかかわる部分に特化して，個別のレストランではなく，ある都市圏で事業展開するレストランチェーンに焦点を当てる。Google で検索して，この種のレストランチェーンの説明を読み，新たに導入できる革新的な特徴を考える。

1.2 衣料品製造業界を図 1.2 で示した。この業界は，多数の破壊要因に直面している。新素材の登場に対応するうえで必要な役割と行動を，リッチピクチャーに描いてみる。新素材の登場は，現行のデザインと生産にどのように影響するだろうか。

1.3 3D 印刷は破壊的な技術だろうか。そうだとすれば，どのような破壊をもたらすか。どの業界やどの事業体が，この影響を受けるか。

1.4 ドローンは破壊的な技術だろうか。そうだとすれば，どのような破壊をもたらすか。どの業界やどの事業体が，この影響を受けるか。

1.5 自分の経験に基づいて，都市空間の改修や再生を説明するリッチピクチャーを描き，ステークホルダーを明確に定義し，それぞれが自分の責任をどうとらえているかを説明する。

1.6 エネルギー供給や輸送交通などの業界を 1 つ選び，主なステークホルダーを示すリッチピクチャーを描いて，この業界に起こり得る破壊のタイプを特定する。

技術からの価値の獲得

CHAPTER

2

第**2**章

この章の狙い
- 新しい技術
- クラウド
- ソーシャルメディア
- ビッグデータ
- 分析
- IoT（モノのインターネット）

2.0　はじめに

　　この章では，新しい技術を紹介し，それらがいかにしてビジネスプロセスに価値をもたらし得るかを考えていく。技術について深く踏み込むというよりは，それらの技術がビジネスモデルにどのような種類の影響を及ぼすかを見ていく。技術は今や，ビジネスプロセスを支えるだけでなく，事業の新しい遂行方法や新しい種類の事業を創造するうえでも，ますます重要な要因となりつつある。この章の狙いは，技術によって実現し得る事業の種類や社会的な価値を考察することにある。技術を表2.1のとおり5種類に区分するが，これには，様々な領域の問題に特化する技術と幅広い問題に対応できる全般的な技術が含まれる。

表2.1　技術の種類

技術の区分	目　的
当該領域の問題を理解できるよう支援するための視覚化	図，表，マップ
システムを実装するためのアプリケーション開発	ウェブ，アプリケーション
接続を実現する新しい技術	ソーシャルメディア，ウェブ，モバイル機器
新しいデータツール	ビッグデータ，事業分析
位置情報機器 — IoT	RFID，スマート住宅のための設備機器

- **視覚化のメソッド**：これには，マップのほか，複雑な問題の視覚化を助けるほかの物理的なものが含まれる。視覚化することにより，物理的なオプションの関係を把握して，可能性を指し示したり描画でソリューションを挿入したりしながら，アイデアを話し合えるようになる。今では視覚化が多くの領域で重視されるようになっている。例えば，災害管理の現場で被害状況を視覚的に把握したり，森林伐採がどこで起こっているかを特定したりするといった使い方がある。視覚化によってイノベーションやアイデア生成が促されるというメリットがある。
- **開発技術**：今ではあらゆるアプリケーションが開発技術として受け入れられている。これにはウェブやアプリの開発が含まれる。
- **モバイル技術**：最も大きな影響力を持ち，おそらく最も重大な破壊を起こしてきた。接続を実現する技術がなかったなら，タクシーサービスの新しい事業体としてUberが出現することもなかっただろう。
- **大量のデータへのアクセスをもたらす技術**：それらのデータを任意のテーマで分析するための方法が含まれる。
- **位置情報技術**：これらは一般にIoTと呼ばれている。

今やあらゆるソリューションが，これらの技術を組み合わせて成立するようになった。それを示したのが，図2.1である。図2.1では，アプリケーションのような開発技術が，ほかの新しい技術や視覚化のメソッドと組み合わさることで，ソリューションを実現している。

デザインに際しては，技術がどのような価値をステークホルダーにもたらすかを考え

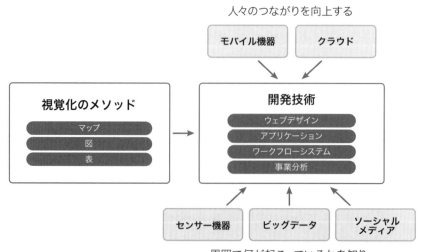

図 2.1　新しい技術

る必要がある。そこでこの章では，新しい技術によって実現し得る価値の種類を見ていこう。技術の特徴を具体的なソリューションに合致させていく方法については，次章で説明する。

2.1　ビジネスイノベーションのための新しい技術

　デザイン思考の基本にあるのが，事業を遂行するための革新的な方法を発見することだ。新しい技術は，この過程で非常に大きな価値をもたらす。既存のプロセスを自動化するだけでなく，イノベーションの新たな機会をもたらす。例えば，メールは手紙の代替としてスタートしたが，インターネットの到来を受けて，もっと大きな何かに進化したといえないだろうか。ソーシャルメディアは，事業に価値をもたらしただろうか。ビジネスモデルをどのように変化させたのか。今まで誰も考え付かなかったような方法でソーシャルメディアを事業に活かす方法はないだろうか。

　クラウドは，柔軟性をもたらす。ソーシャルメディアとモバイル機器は，多数の人をまとめることができる。ビッグデータと分析は，必要なインテリジェンスをもたらす。これらの組み合わせこそが，最大の機会となる部分だ。最近では，センサー技術とも組み合わさって，システムのデザインにさらなる情報をもたらすようになっている。

- デザイン思考は，技術がどこに最大のメリットをもたらすかを問いかけるデザイナーの注意力に焦点を当てる。
- どのような技術的な質問を問いかけるのが有効か。この質問は，様々な事業を構成する基本ブロックを話し合う際に提起することができる。重要な活動を新たに企画するために，何ができるか。
- サプライチェーンを改善するために，リークフローをどのように使用することができるか。
- ソーシャルメディアは，顧客とのコミュニケーションチャネルをどのように向上させるか。
- クラウドをどこで活用できるか。

　良いデザインとは，技術をすべて組み合わせて付加価値を生み出すデザインである。表2.2に，技術がもたらし得る価値の種類を大局的にまとめた。

　自分の事業で何が起こっているのか，グローバルな組織のなかで自分の事業がどのような地位にあるのかを，誰もが理解できるよう認識を向上させたうえで，その理解を意思決定に活かしていく。

表 2.2　技術が事業にもたらす価値

技　術	アジリティとビジネスモデルのイノベーションに及ぼす潜在的な影響
クラウド	知識共有とコラボレーションのためのプラットフォームをもたらす。このプラットフォームによって，幅広いサービスをグローバルに実現するため，新しいビジネスモデルの開発を刺激する。
ソーシャルメディア	コミュニケーションを促し，ペルソナについて学ぶ。また，事業体と顧客の間の連絡窓口としてソーシャルメディアを使うことができる。ソーシャルメディアで生成される知識を活用して，新しいサービスを開発する。
モバイル機器	携帯電話やほかの通信機器は，クラウドやソーシャルメディアと併せて活用することで，モビリティをさらに高める。
ビッグデータ	情報通信技術を介して，大量のデータにアクセスできるようになっている。意思決定に必要なデータを特定し，それを見つけることができる。
事業分析	ビッグデータの意味するところを理解して，事業価値を生むための分析方法をもたらす。分析ツールは，データを分析するのに使われる。
状況の視覚化	マップやグラフを使った視覚化により，問題の理解が深まる。
モビリティ	既存のビジネスモデルをグローバル化して商業性を実現できるようになるため，さらなる破壊の可能性をもたらす。
IoT とセンサー機器	組織内のデータをモニターする技術機器は，それまで手作業で収集されていた情報，あるいは収集することのできなかった情報を収集するのに使われる。

2.2　クラウド

　表 2.3 に示したように，クラウドがもたらす主な事業上の価値は，コンピュータの購入コストを削減することである。クラウドを使用するということは，クラウドのプロバイダが提供するコンピュータ上のスペースを購入することを意味する（図 2.2）。

表 2.3　クラウドがもたらす事業上の価値

用　途	メリット
マーケティング・営業	ビッグデータを分析して市場やトレンドを特定する
カスタマーサービス	顧客向けの様々なサービスをクラウド経由で提供する 顧客にすばやく対応できるようになる
業務推進・物流	パートナーが知識を共有するためのプラットフォームを提供して，コーディネーションを向上させる
人材採用	ビッグデータを活用して，幅広い候補者のプールにアクセスする
新製品開発	幅広い情報や専門ノウハウにアクセスする
教育・研修	多数の人に教育・研修コースを提供する
医療サービス	多数の人に医療サービスを提供する（特に遠距離からの利用者）
エンターテインメント	コンテンツの配信を容易にする
パートナーとの協業	共有空間にパートナーを集める

図 2.2 クラウドの概念

　クラウドは，事業のコスト削減に寄与する。社内に IT 部門を持つ必要がなくなり，機器を追加購入しなくても簡単にサービスを拡大して新しいクライアントをサポートできるようになるからである。クラウド上のスペースを拡大するだけで済む。また，クライアントを追加して，同じクラウドへのアクセスを提供するのも簡単だ。

　もちろん，クラウドというのは，1 つしかないわけではない。多数のプロバイダが多数のクラウドサービスを提供している。さらに，セキュリティやプライバシーの懸念もある。組織のデータを外部のプロバイダが管理するクラウドに保管する場合などである。このため，多数の組織が，プライベートのクラウドを独自に管理している。

　クラウドサービスには，3 種類の提供方法がある。

- サービスとしてのソフトウェア（SaaS）：購入者は，サービスとしてクラウドを利用する。
- サービスとしてのインフラストラクチャ（IaaS）：購入者は，クラウドを自社のコンピュータシステムと見なす。
- サービスとしてのプラットフォーム（PaaS）：購入者は，関連する複数のサービスのプラットフォームを利用する。これはしばしば，革新的な社会的サービスを提供する方法となる。

　クラウドのプロバイダが，いずれかのサービスを専門としている場合もある。例えば，Amazon は IaaS に重点を置いていると見られがちだ。また，Google は SaaS，Microsoft は PaaS が得意分野だと見られることも多い。

　最大の事業価値をもたらすのは PaaS だとする見方も，いくつかの研究で報告されて

いる。PaaS は，事業ユニット間のコミュニケーションと知識共有を促すうえで非常に有効である。複数のプロバイダにより，サービスを提供できるプラットフォームが存在した結果として，多くのソーシャルイノベーションが起きている。

2.3　ソーシャルメディア

　ソーシャルメディアについてのおそらく最も一般的なとらえ方は，コミュニケーションのツールという見方だろう。ほぼすべての人が，今ではメールへのアクセスを持っていて，個人的なコミュニケーションに使用している。Facebook も，個人的なコミュニケーションや，ニュースや情報を友達と共有する空間として使われている。また，ソーシャルメディアは，事業においても重要性を高めている（Wilson, 2011）。Facebook や Twitter などの提供するソーシャルメディアは，当初は個人的なつながりをサポートするものだった。しかし今では，多数の視点からとらえられるようになっている。

2.3.1　知識の共有

　知識を共有したり新しい知識を生成したりする方法として，また情報源として，ソーシャルメディアが使われている。事実，ソーシャルメディアは，ビッグデータの一部になりつつある。

2.3.2　事業価値の創造

　ソーシャルメディアがもたらす事業上の価値は，表 2.4 に示したとおりである（Paniagua & Bolufer, 2013）。

表 2.4　ソーシャルメディアがもたらす事業上の価値

用　途	メリット
マーケティング・営業	幅広い顧客に訴求する モビリティと組み合わせて顧客の移動中に訴求する 新しい関係を構築し，顧客層を広げる
カスタマーサービス	新しい専門知識をすばやく吸収して問題解決のプロセスを向上させる ソーシャルな OUIC（オンライン・ユーザー・イノベーション・コミュニティ）を開発する
業務推進・物流	サプライチェーンをすばやく調整して新たな問題に対応する
人材採用	候補者と連絡を取る
新製品開発	多岐にわたる分野の専門家と知識を共有する
教育・研修	チームワークを奨励する
医療サービス	すばやくアドバイスを提供する
エンターテインメント	ソーシャルメディアが最大の価値をもたらす用途の 1 つ
リードジェネレーション	顧客のニーズについての情報を幅広い対象者や限定的な対象者に配信する

- 事業体がポジティブなイメージを投影するための社会資本
- 顧客の嗜好を見つけるための場
- マーケティングを展開するための場
- 企業間のネットワーキングの場

2.3.3　コミュニティとしての活動

　当初，コミュニティとは，何らかの活動を実践するグループを指すことが多かった。しかし，Dong および Wu は，オンラインコミュニティの価値として OUIC（オンライン・ユーザー・イノベーション・コミュニティ）を指摘している（Dong & Wu, 2015）。この種のコミュニティは，Starbucks や Proctor and Gamble が活用している。顧客が企業にアイデアを提案し，それを企業が採用したり，顧客からのアイデアに合わせて製品を調整したりすることで，幅広い嗜好とニーズに応える仕組みである。ソーシャルメディアの活用法には，ほかにも多数の例がある。例えば，Threadless のように，ソーシャルメディアを使ってウェブビジネスを展開するというのも興味深い方法だ。

　コミュニティが，一見するほどオープンではないことも多々ある。例えば，特定の製品に興味のある顧客を探している人が多数いて，1 つのコミュニティを形成しているとしよう。そのメンバーの誰かが新しい顧客層を見つけたとして，その連絡先情報をほかのメンバーにあまねく共有しようとするだろうか。共有すれば，その潜在顧客は多数のプロバイダからアプローチされることになり，最初に見つけたメンバーにとっては機会を失うことになりかねない。また，釣り愛好家が 1,000 人所属するコミュニティも，これに似た例といえる。すばらしい穴場のスポットをメンバーの誰かが見つけたとして，コミュニティの全員に教えるだろうか。教えてしまえば，多数のメンバーが押し寄せて，もう穴場などではなくなり，そこでの釣りは相当困難になってしまうだろう。穴場のスポットを見つけるには，かなりのスキルが求められ，しかもそうしたスポットは，常に変化する傾向にある。潮の流れや天候，魚の種類，適した餌などの知識が必要とされる。このため，最初に見つけた人は，一部の限られたメンバーとのみ共有しようとし，コミュニティ内に派閥のようなものが生じる可能性が高い。

- 導入の戦略 —— 自発的とするか，支援するか。
- 情報のクラウドソーシングを通じたイノベーション。
- ソーシャルメディアには多大な情報が存在する。

2.4 ビッグデータとデータマイニング

クラウドと密接に関係しているのが，ビッグデータとデータアナリティクスだ。ビッグデータは，特に行政が関心を寄せている。社会のトレンドやニーズを特定し，それに合わせてリソースプランニングをすることで，必要なリソースがすべて行き渡るようにするためである。今やビジネスシステムのデザインに当たっては，ユーザーに必要なデータを提供し，そのデータを処理するツールを提供することが必須となっている。

ビッグデータの特徴は，量（Volume），速度（Velocity），バラエティ（Variety），精度（Veracity）という4つのVである。

ビッグデータは，大型のグローバルな組織とそれにアクセスしている人たちのなかに存在している。そのグローバルな組織に含まれている活動を，すべて把握するためである。

2.4.1 ビッグデータの情報源

この種の情報源から得られるデータは，フォーマットが統一されていないかもしれない。それらをまとめて，何らかの分析ができるようにしなければならない。事業体にとって何が重要かを見つけ出す必要がある（図2.3）。

2.4.2 必要なデータの発見と入手

クラウドを介して入手できるデータは増え続けている。そのデータのなかには，事業体にとって価値のあるデータが含まれている可能性がある。そうしたデータを活用すれ

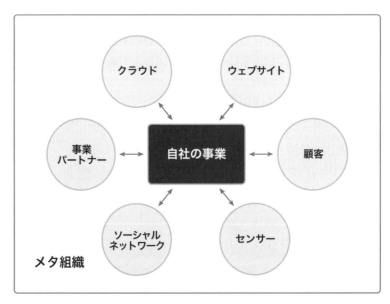

図2.3 ビッグデータの情報源

ば，競争力を手にするための新たな機会がもたらされる。そこで，まずは自分の周囲で何が起こっているか，自分にとって何が重要かを理解し，自分の事業にとってどんな機会があるかを見極めることが目標となる。

- 何をすることができるか。
  顧客のプロフィールを開発する。
  代替の可能性を特定することで，顧客のジャーニー［船の旅やあてのない旅のように長い工程のある旅路のこと］にとって価値のあるデータを提供する。
- 問うべき点
  どんなデータ，どんな知識が必要か。
  どこでそれを見つけられるか。
  それはどのように複合的か。
  様々なフォーマットのデータをどのように準備すれば分析できるようになるか。

2.4.3 検索の戦略

ビッグデータを検索する際に使うことのできる，幅広い検索戦略は多数ある。多くの場合，人は大量の情報を見せられると，自分の使えそうなどのような情報が見つかるかを模索しようとする。これは，探索的な検索といえるかもしれない。しかし，かなりの時間を費やした挙げ句，最終的に何も見つからないこともある。そこで提案したいのは，何らかの目標を設定し，部分的な結果が新たな検索の方向性を導くようなビッグデータの検索戦略を策定することだ。ここでデザイン思考の真価が発揮される。優先順位の高いテーマを設けて検索を開始することである（図2.4）。

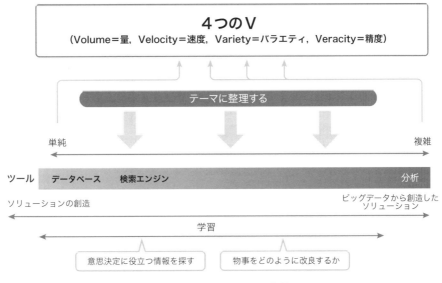

図 2.4 ビッグデータの特徴

テーマを持つことで，重要性の高いデータに焦点が絞られる。具体的な種類のデータを特定して，そのテーマに含まれる課題への対応に集中できるようになる。

2.5 データアナリティクス

ビッグデータは分析と切っても切れない関係にある。事業にとって価値のあるものを見つけ，意思決定に役立てるのが，データアナリティクスの目的だ。その基本にあるのは，事業に関係するデータを集め，それを分析して，今後の方向性を見極めるという活動である（図 2.5）。

ここでもデータは，様々なフォーマットを取る可能性がある。そこで組織は，様々なフォーマットのデータをまとめるスキルにアクセスできなければならない。

2.5.1 活用のレベル

- 分析 1.0 — 個人の意思決定にデータを役立てる。
- 分析 2.0 — 事業活動に関係するトレンドについての情報をもたらす。例えば，ソーシャルメディアと組み合わせて，ユーザーの会話を掘り下げることで，トレンドを予測する。
- 分析 3.0 — 顧客のジャーニーに役立つ貴重なデータをもたらす。例えば，患者が受ける医療のプロセスのジャーニーなど。
- 提供される情報は顧客にとって価値のあるものでなければならないため，この種の分析には多くの場合，文化的な配慮が必要である。

2.5.2 サービスとしての分析

- データを意思決定にとって適切な形式に組み立てる過程が含まれる。
- 統計的なアルゴリズムを使ってソリューションを評価する。

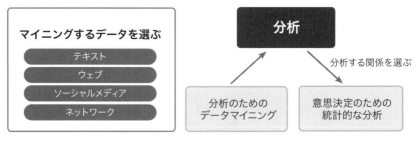

図 2.5　分析

2.6　IoT

　IoT（モノのインターネット）は，今や多数の領域にわたるものとなっている。ほとんどの人は，以下の例のような，センサーにかかわる技術と考えるだろう。

- スマートな水まき，ゴミ回収のニーズの検出
- 住宅のモニタリング
- 住宅の清掃
- 部屋に入ると自動的に点く照明

　IoT は，いくつかのレベルで理解することができる。

①センサーのレベル：センサー，RFID 機器，カメラなど
②ネットワークのレベル：センサーがインターネットやモバイル通信などの技術で接続される。
③サービスレイヤーのレベル：ネットワークを使用してユーザーのためのサービスを生み出す。
④インターフェース：ユーザーがサービスにアクセスするためのアプリケーション

　第一のレベルは，モノがどこにあり，何をしているかを検出するレベルである。RFID は，このレベルのおそらく最も基本的な技術といえるだろう。物体に RFID タグを付けることで，それがどこにあるかを把握できるようになる。この情報に識別番号を割り当てれば，個別に特定して通信することも可能だ。例えば，ネットワークにアクセスしてスーパーの陳列棚に特定の製品があるかどうかを調べたり，近隣のスーパーのどこでその製品が最も安く売られているかを調べたりすることができる。

　次のレベルでは，センサーで独自のシステムを構成する。これが新しいビジネスモデルとして有望視される領域である。スーパーの陳列棚に置かれた製品や，屋外に設置された監視カメラなどのモノが組織化される。

　こうなると可能性は無限だ。在庫レベルをモニターして，店員が介入しなくても，在庫がなくなれば自動的に注文するスマート陳列棚のようなものが考えられる。このようなスマートなシステムは，配送センターにも応用することができる。

　また，駐車場の空きスペースを把握して，入ってきた車を誘導することも可能だ。大きな工事現場では，ドリルなどの器具にセンサーを付けておけば，どこにあるかがすぐに分かる。配送トラックの運転手は，各種のセンサー機器から収集される大量の情報源を使うことができるだろう。交通状況のセンサーシステムにアクセスすれば，渋滞を避けるルートを選んで，目的地に早く到着できる。最近では，システム内の物体にもっと効率的に到達する，インテリジェントな装置が盛んに開発されている。デザイン思考という観点に立つならば，センサー 1 個 1 個が，人間一人ひとりと同じように，ストーリーを語る存在である。ただし，IoT からの情報に関しては，新たな課題も浮上しつつ

ある。プライバシーは，重要性が高まりつつある点の1つだ。

　スマート住宅も，IoTの価値が認められる領域だ。実現できる革新的なサービスが多数ある。例えば，冷暖房を自動調節することができる。車に位置センサーが搭載されていれば，あなたが自宅に近付いたのを住宅が感知して，自動的に冷房を入れるようになる。あるいは，牛乳が切れたことを冷蔵庫が教えてくれたり，自動的に注文すらしてくれるようになる。

2.7　モビリティ

　モビリティは，今や生活の一部になっている。バスに乗れば体験できるし，街を歩くだけでも実感できるかもしれない。モビリティは，ほかの技術との併用により，とりわけ大きな機会をもたらす。例えば，位置情報と組み合わせれば，地理的なターゲット広告が可能だ。モバイルコマースは，顧客の現在地を把握して，興味をそそるような最寄りの情報を知らせることができる。

　外回りの多い従業員は，遠隔地から最新のマーケティング情報やプランニング情報にアクセスする必要がある。

　ウェブシステムをデザインする際は，モバイル機器からアクセスする顧客のことを考えてシステムを調整する必要がある。

- 顧客がどこにいるかを把握して，近くで提供できるサービスについて知らせる。ビッグデータとモビリティとソーシャルメディアを組み合わせる。移動中にウェブサイトにアクセスする人が増えているため，モバイル機器で簡単に見られるマーケティングの方法が重視されるようになっている。店が顧客の現在地を把握するだけでなく，顧客のほうからも自分の現在地を店に知らせるという，双方向の流れがある。
- モバイルな事業 ― スマート広告
- モバイル決済を使用すれば，各種のカードを何枚も入れた分厚い財布を持ち歩かなくてもよくなる。メリットには以下のようなものがある。
  - 携帯電話で支払いを済ませる。
  - 記録を管理する。
  - 購入時に支払えるようになる。

2.8　ソーシャルな組織のためのプラットフォーム

　最近では，ますます多くの組織がデジタル技術を取り入れるようになった。顧客と事業体とのコミュニケーションも情報技術を介して行われている。デジタル技術を取り入れる組織が目指しているのは，モバイル化する従業員にスマートなサービスを提供する

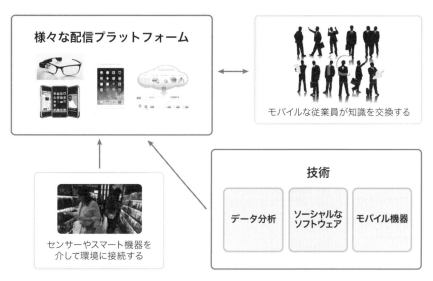

図 2.6　デジタルコミュニティ

ことである（図 2.6）。

　タブレットが従業員に支給されるメインの機器になることはあるのだろうか。タブレットがクラウドに接続されていれば，従業員はお互いに連絡を取り合ったりコラボレーションしたりして，知識を生成し共有できるようになる。

　だとすれば，このデジタルコミュニティのためのプラットフォームをデザインする際に，どのようなプロセスを踏む必要があるかが問題となる。従業員がステークホルダーとなって，プラットフォーム上で意思決定し，環境の変化に伴ってプラットフォームを変えていくだろう。

2.8.1　デジタルコミュニティのためのコミュニケーション方法の開発

　デジタルコミュニティには多数の情報源が存在する。今ではほとんどの人が，多数のプラットフォームを介してコミュニケーションを取りながら仕事を進めている（図 2.7）。

　クリエイティビティを引き出し，ひいては事業や社会に価値をもたらすイノベーションを生み出すようなコラボレーションを奨励することが，昨今，重んじられるようになっている。

　では，デジタルのコミュニケーションにおいて対応すべき重要な点とは何だろうか。

- 状況を常に把握する。
- 場所を問わずコラボレーションする。
- 1つのプラットフォームですべてのコミュニケーションに対応する。
- 知識にすばやくアクセスする。

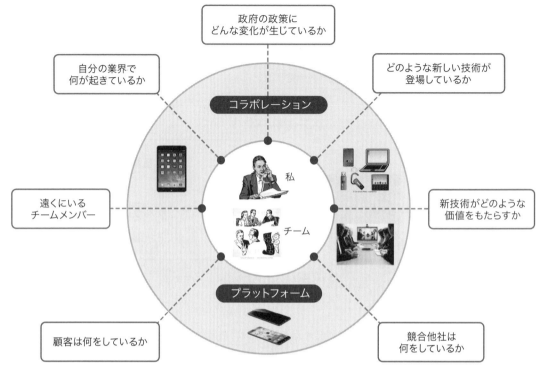

図 2.7　デジタルコミュニティのコミュニケーション

- 何を知らないかを知る。
- スマートなサービスを介してパートナーと協力する。

デジタルコミュニティの創造は，以前にも増して重視されている。携帯電話の多くが，今ではデジタルコミュニティになっているためだ。

2.9　まとめ

この章では，様々な新しい技術について説明し，それらが事業にもたらす価値を考察した。技術を区分するに際しては，どのような意思決定に関係するかを基本とした。例えば，モビリティは，顧客との接点において欠くことができない。

- パーソナライゼーションの重要性 — モバイル決済
- 顧客との共創 — 革新的な製品の使い方を模索し，それを実現するには，変更が必要になる可能性がある。
- ソーシャルメディアと組み合わせて，顧客の嗜好を把握する。

デザインにおいて注意すべき点の1つは，ビジネス関連やソーシャル関連の技術に目を配り，それが事業やコミュニティにもたらす価値を重視することである。

演 習

2.1 ソーシャルメディアのような技術は，買い物客とのインタラクションという点において，スーパーにどのような影響を及ぼすか。客の購入履歴に基づいて特定の陳列棚に誘導するといった可能性を考察する。

2.2 都市の安全性を向上させるために，IoT をどのように活用することができるか。

CHAPTER

デザインのプロセス

第3章

この章の狙い
- ビジネスモデルデザインの重要性
- デザインのプロセスにおけるデザイン思考
- 組織内の事業体間で行われるコミュニケーションの視覚化
- ステークホルダーの特徴を示すペルソナ共感マップの作成方法
- ジャーニーマップでシステム内の人々の行動を示す方法

3.0　はじめに

　第1章では，絶え間なく変化する環境について取り上げ，今日の経済が抱える問題の特異性を説明した。また，新たに浮上しつつある厄介な問題に対応するには，固有のソリューションが必要であることに触れた。さらに，事業体はしばしば，それまでのビジネスモデルが破壊されるという事態に対応しなければならないことも指摘した。ゆえにマネジメントには，問題を特定するだけでなく，特定した問題に対応するためのソリューションとメソッドを提供する責任が課せられている。たいていの場合，問題は明確に定義されているわけではなく，ただし破壊的な力を持っているため，クリエイティブなビジネスモデルのリデザインが要求される。ここでいうソリューションとは，十分に理解された問題に対して，十分に知られたテクニックを応用することだけを意味するわけではない。むしろ，デザインのプロセスを踏んで，今までになかった独自のソリューションを開発する必要がある。これらのメソッドを使おうとするデザイナーは，過去の経験に頼るのではなく，新しい可能性を描くことができなければならない。ビジネスモデルの破壊に対応するには，過去のソリューションや分析的なメソッドではなく，独自のビジネスモデルのソリューションが求められる。

　クリエイティビティは，今やどんな組織にとっても必須と見られており，クリエイティブなデザインの実践方法が，マネジメントによってますます奨励されるようになっている。その種の方法を実践するには，リーダーが新しい行動を取り，クリエイティブな発想を刺激する新しいツールをもたらさなければならない。そうしたツールによっ

て，デザイン提案を理解する方法がもたらされ，複合的な組織のなかに存在するクリエイティブなアイデアが引き出されるようになる。最近では，デザイナーがステークホルダーと一緒になって，クリエイティブな発想を刺激し，実用的なソリューションへと導く新しいツールや実践方法を発見するようになっている。この章では，そうした新しいツールを紹介していく。

3.1　分析的なメソッドからブレインストーミングへ

　分析的なメソッドだけでは問題を解決できないという見方は，最近広く認識されるようになった。特に，刻々と変化する破壊的な環境にそれが当てはまる。むしろ強調すべきは，よりクリエイティブなメソッドだ。デザイン思考は，その方法の1つと見られるようになっている。ではなぜ，デザイン思考が受け入れられるようになったのか。それは，デザイン思考が様々な視点に立ったインタラクションを重ねることで新しい可能性を発見し，革新的なソリューションを生み出す方法と見られているためである。

　デザイン思考は，深く踏み込んでシステムや組織を評価することを重視する。システムを細かい各部に分解して，それらをどう組み立てればより良いシステムが完成するかを見ようとする。**デザイン思考とは，拡散思考に続けて集約思考をすることだと説明されている**（Beckman & Barry, 2007）。これは分析的なメソッドとデザイン思考の重要な違いだ。分析的なメソッドとデザイン思考にはほかにも違いがあり，それらは図3.1に示したとおりである。分析的なアプローチでは，問題を各部に分解した後，別々のグループや個人に割り当てて，それぞれが各部の改善に取り組み，最後にあらためて組み立てることでソリューションをもたらす。デザイン思考では，チーム全体で問題の各部をすべて眺めたうえで，やはりチーム全体でデザイン改良を試みる。

　分析的なメソッドとクリエイティブなデザイン思考のほかの違いは，表3.1のとおりである。

表3.1　分析的なメソッドとデザイン思考の違い

分析的なメソッド	クリエイティブなデザイン思考
リエンジニアリングを通じてパフォーマンスを改善する	ステークホルダーにとっての価値を重視するイノベーションを重視する
最適化による価値創造を重視する	
合理的な選択肢に基づくソリューションで，タスクの効率化と最適化を実現する	ステークホルダーにとっての価値を考えたソリューションをもたらす
タスク志向で，各人がそれぞれのタスクに取り組む	ソーシャルなコラボレーションを通じてソリューションを生み出す
システムの構成要素を分析して，より良い構成方法を見つけようとする	システムを各部に分解し，革新的な方法で構成し直そうとする
担当ごとに分かれて，それぞれの問題を独立して解決する	包括的なソリューションを生み出す
各部をモデル化するツールを使って，より良い構成方法を見つけようとする	視覚化のツールを使用して，クリエイティビティとイノベーションを刺激する

42　第 3 章　デザインのプロセス

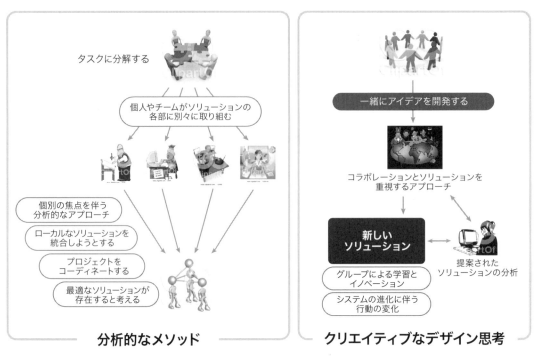

図 3.1　分析的なメソッドとデザイン思考の違い

3.1.1　分析的なメソッドとデザイン思考の併用

　分析的なメソッドとデザイン思考が，互いを受け付けないというわけではない。片方が他方に付加価値をもたらしたり，デザインのプロセスで組み合わせて使用したりすることが可能だ。また，様々な問題を解決するための幅広いツールが，それぞれのアプローチに存在している。1990 年代に，構造化システム分析と呼ばれるメソッドが人気を博したのを覚えている人もいるかもしれない。

　このメソッドでは，データフロー図，フローチャート，プロセスマップなどのツールがもたらされた。これらは，プロジェクトのコスト超過やシステム仕様の開発といった問題を解決するもので，主にプロジェクトの目標が詳細に定義された状況に適していた。デザイン思考も，同じようにとらえることができる。クリエイティビティを奨励して，革新的なソリューションへと導くツールやメソッドを提供するためである。革新的なソリューションには，ウェブサイトのような制作物が必要になることも多く，これには通常，デザインするためのシステム的なアプローチが必要となる。デザインのアプローチと分析のアプローチを併用することには，大きなメリットがある。デザイン思考で開発した新しいアイデアを，分析的なメソッドで慎重に分析する必要がある時に，この 2 つのアプローチは自然と交差する。また，アートとサイエンスを融合するような組み合わせだと見ることもできる。アートはアイデアを提案する部分，サイエンスは実用

に落とし込む部分だ。McDonald's をはじめ多数の大手企業が，ドライブスルーでハンバーガーを買えるようにするというアイデアを考案した。このアイデアをビジネスモデルに発展させた後，チェーン店として実現するには，システム的なアプローチが必要になる。しかし，チェーン店を開発する段階ですら，いくらかのデザイン思考は必要になる。例えば，このタイプの店舗に適したロケーションを探す際などである。

事業においては，探究から利用へ，そしてまた探究へという循環があることが認識されている。探究の段階では，革新的な姿勢で新しい製品やサービスを開発する。それが広く受け入れられると，利用の段階へと入り，その製品やサービスから最大の収益をあげることが目標となる。探究の段階こそがデザイン思考が重要な役割を果たす部分であって，利用の段階ではシステム的な思考がむしろ重要だと論じることができるだろう。しかし，この循環が必ずしも組織全体や事業体全体に当てはまるわけではない。多くの事業体が，今では多数のブランドを有していて，それぞれがこの循環の異なる段階にあることもある。すでに成熟して売り上げを率いているブランドもあれば，開発途上や再開発の過程にあるブランドもあり得る。クリエイティブなデザインチームは，複数のブランドの間を渡り歩いて，デザインの専門性を各ブランドにもたらしていくかもしれない。

3.2　デザイン思考

デザイン思考をビジネスモデルデザインに応用することは，Martin が最初に提案した（Martin, 2009)。その考え方を示したのが，図 3.2 である。ここでの環境は，厄介な問題と見られている。最初のステップは，この環境で何が起きているかを理解することだ。そこで，おそらくは様々な視点から状況を眺めて，改善できる各部を特定し，それをテーマごとにまとめようとするだろう。その後，様々なフレームワークを使用してテーマの課題を特定し，これらの課題を段階を追って解決していく。デザイン思考が重視するのは，以下の点である。

- **コラボレ　ション**：組織内のたいていの問題は複合的であるため，誰か一人が取り組んだり，複数の人が独立して取り組んだりしても，解決することはできない。各人がそれぞれの視点から新しい知識を提供し，それが包括的なソリューションに寄与しなければならない。デザイン思考では，実現できる価値を開発するが，何をすべきか，それをどのように実現すべきかを開発することはない。例えば，顧客の満足度を高めるために何をすべきか，どのようにそれをすべきかを決めるといったことである。継続的なコラボレーションを通じて，全員にとっての価値を創造していく必要がある。

- **学際的なアプローチ**：今や多くの組織や事業体が，チームの取り組みによって複数の視点からソリューションが導かれ，より良い結果が出ると認識するようになっ

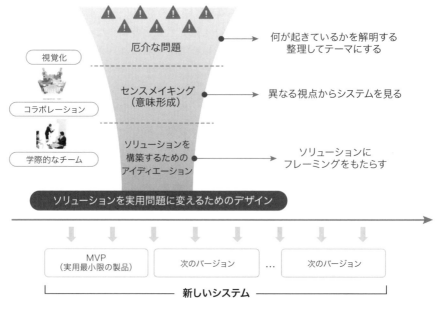

図 3.2　デザイン思考による漸進的なソリューションの実現

た。ビジネスシステムのデザインでは，チームが常に重要な役割を果たしてきたが，これはどちらかというと委員会や非公式なミーティングなどのインフォーマルな方法であって，ソリューションにたどり着くまでに長い時間がかかることも多かった。今ではこのプロセスがもっとシステマチックに行われ，学際的なチームの重要性が認識されるようになっている。組織は，多数の専門領域にわたるチームから体系的に知識を収集する実践方法を導入して，固有のソリューションにつながるアイデアをチームで出そうとするようになっている。

- **ブレインストーミング**：分析よりもむしろ，複数の人が関与してそれぞれに貢献し，固有のソリューションを生み出すことが重視されている。
- **視覚化**：これはアイデアを提示して，ディスカッションを刺激するために使われている。
- **ツール**：複雑な環境で何が起こっているかをデザイナーが理解し，異なる視点から問題をリフレーミングするうえで，ツールが役立つ。

マネジメントは，ツールを提供し，プロセスや実践方法の開発に際してリーダーシップを示すことで，デザイン思考をサポートし，複雑な環境で革新的な結果を引き出す。この種のツールは，視覚化を主な目的としていて，学際的なチームがアイデアを共有するための共通の視点をもたらす結果，誰もが知恵を出してソリューションに価値を加え

られるようになる．デザイン思考は，縦割りの構造で，知識を共有せずに事業ユニットごとに独立して行うものではない．これは「サイロ」と呼ばれる構造である．デザイン思考はそうではなく，チームワークを重視し，お互いにアイデアを共有して，問題に対応する革新的な方法を提案し合うことを奨励する．

この章の以下のセクションでは，多数の視点があることを紹介し，それらがデザイン思考のプロセスにどのように整合するかを考察してみよう．

3.3 視覚化と視点

視覚化は，複数の視点を盛り込んで実践することで，クリエイティビティを効果的に促進する重要な手段となる．新しい視点から視覚化された問題を見ると，しばしば洞察がもたらされ，それが型破りな発想へとつながる．どんな事業のデザインであれ，まずはシステム内で何が起こっているかを理解することが最初のステップとなる．そのうえで，事業を改善するソリューションを開発するのである．システムを異なる視点から見たために，新しいアイデアがひらめくということは多々ある．そうしたアイデアが，異なる視点からのソリューションにつながることもある．視点という概念をよく理解するには，家を購入する際の状況を考えてみるとよいだろう．図 3.3 のような写真だけを見て家を購入するという人は，あまり多くないはずだ．

ほとんどの人は，もっと情報を求める．例えば，図 3.4 のような見取り図があれば，部屋がどのように配置されているかが分かる．また，地図を見て家の場所を確認し，自分にとって重要な行き先までの交通の便も確かめたいと思うかもしれない．たいていは，視点を変えるたびに，様々な長所と短所のトレードオフが見えてくる．市街地か

図 3.3　1 つの視点から見た家

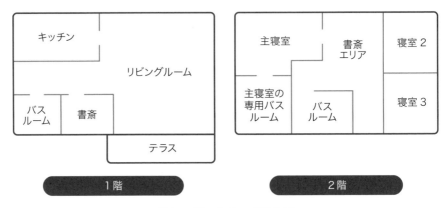

図 3.4 別の視点 — 見取り図

ら多少遠くても，大きな家を買うべきか．それとも便利な場所に，小さな家を買うべきか．決定を下す際の理由は，おおむね購入者の価値観や好みであって，分析的な演算ではない．分析が決定を支えることはあるとしても，多くの場合は購入者にとっての価値が何よりも重要である．

　家を建てるのであれば，さらに多くの視点が考えられる．電気技師は配線のプランを見たいといい，配管工は下水道の図解が必要だというかもしれない．これらはすべて異なる視点であり，あなたがその家を好きになるかどうかを決める要因となる．

　デザイン思考は，多数の専門領域の専門家がコラボレーションするチームを中心にして進められる．この様子を，やはり家の例で考えてみよう．家をデザインするには，建築家，電気技師，配管工，そのほか多数のスキルを持った様々な人たちからのインプットが必要だ．これらの人たちが連携せずバラバラに仕事をしていては，家を建てることはできない．全体的なビジョンについて何らかのディスカッションがなければならず，分析ではなくそのディスカッションを通じて，異なるニーズを解決する必要がある．ディスカッションでは，「この壁の位置を変更したら配線にどのような影響が及ぶか」といったことが話し合われる．この問いかけを受けて，ステークホルダーそれぞれが自分の持ち場に戻って何らかの計算をしたうえで，もう一度集まってあらためて検討する．これは，デザイン思考とシステム思考の組み合わせである．

　同じことは，ビジネスシステムのデザインにも当てはまる．様々な立場の人が異なる見方を取り，異なる視点から見ることで，たいていはソリューションが明らかになる．例えば，ソーシャルネットワーキングの視点から見ると，ステークホルダー間の関係が見えてくる．しばしばこれは，知識の視点から見て，ステークホルダーの持っている知識を示すことで補完される．そしてこの2つを組み合わせると，特定のデザイン活動に必要な知識がデザインチームにもたらされる．

　ステークホルダーが異なる視点から何を見ているかを知り，ステークホルダーにとっての価値を異なる視点から見ることが重要だ．最近では，技術的に効率が良いシステム

よりも，人々が何を感じ何に価値を見出すかを反映したシステムをデザインすることが，重視されるようになってきた。必要なのは，ステークホルダーに価値をもたらす製品やサービスである。どんなデザインであれ，最初にまずステークホルダーのニーズを把握し，そのうえでそのニーズを確実に満たすデザインを作ることが重要だ。ステークホルダーがビジネスシステムのなかでどのような責任を課されているか，どのようなプロセスに従っているか，どのようなプロセスやジャーニーをたどっていくかを確認しなければならない。責任のなかには，ほかのビジネスシステムとの関係を管理する責任なども含まれる。ステークホルダーそれぞれが，事業を異なる視点から眺めている。そこで，システム図，ペルソナ共感マップ，ジャーニーマップなどを使用して，それらの異なる視点を定義する。

　本書ではすでに，視覚化の手段としてリッチピクチャーを紹介した。リッチピクチャーでは，ステークホルダーが特定され，それぞれの責任と関係性が大局的に示される。これにより，学際的なチームが話し合うための「共通言語」が作られる。視覚化された部分を指し示して，どのように変えられるかを検討できるようになる。しかし，組織や形式を眺める視点は，ほかにも多数存在する。このため，デザイナーや学際的なチームは，多数の視点からシステムを見なければならない。

3.4　デザイン思考では何が行われるのか

　デザイン思考は，行動を中心としたソーシャルなプロセスである。人々が継続的にコラボレーションして革新していく結果として，システムが徐々に作られていく。例えば，食品の生産と流通に携わるグローバルな組織のように複合的な組織を完全にモデル化し，それを完全に最適化することは，おそらく不可能である。しばしば起きるのは，コラボレーションするなかで人々がデザインのオプションを特定し，一方で分析ツールを使用して様々なオプションを評価するという状況だ。

　新しい視点やアイデアを常に探し続けることは，デザイン思考の特徴といえる。チームのメンバーが絶えず問いを投げかけて，状況の理解を深めようとする。「これはどう機能しているのか」や「どうすればこれをもっと良くできるか」といった問いかけは，理解しようとする過程で頻繁に問われる。異なる視点は，課題を話し合う際に問うべき質問をもたらすことからも重要である。例えば，以下のような問いかけが考えられる。

　〈これをしたなら〉**何が起きるか。**
　〈これをしたならほかのステークホルダーに〉**どう影響するか。**
　ならば〈あれをしたなら〉**どうなるか。**

　この種の問いは，しばしば現状という文脈に焦点を当てている。そこでほかの文脈に立っているメンバーを入れてみると，異なる視点からの提案が出て，結果的により良いソリューションになることが多い。

48 第3章　デザインのプロセス

ソリューションは多くの場合，少しずつ開発される。MVP（minimal viable product），すなわち「実用最小限の製品」と呼ばれるものから始めて，早期の経験から学びながら，新しい機能や特徴を追加して価値を付け加えていく。

企業がデザイン思考をどのように活用しているかについては，本書の後の章で紹介する。デザイン思考の一部分だけを採用していることが多いが，Citrix 社のように特定のグループ全体にわたって使用していることもある（Courage, 2013）。

3.4.1　デザイン思考において何が重要か

デザイン思考は魔法のアプローチと見られている一方で，ブレインストーミングを行って無数の付箋にアイデアを書き出すだけに終始してしまうことも多い。必要なのは，会社なりのイノベーションの管理方法にデザイン思考を統合していくことである。デザイン思考が成功しているケースを見ると，以下のような共通点が見られる。

- 多数の専門領域にわたるチームでのコラボレーションを重視している。
- 眼前の問題に関係する領域の知識を取り込んだチームの構造になっている。
- ブレインストーミングと継続的な問いかけを重視している。
- 視覚化して異なる視点から課題を見ることで，ブレインストーミングを奨励している。

本書では，デザイン思考のメソッドの使い方についても，説明していく。これらのメソッドは，実際に使われていて，組織に革新的な結果をもたらしている。この章の残りのセクションでは，視覚化してシステムを異なる視点から見る方法を紹介することにしよう。重要な実践方法の1つが，視覚化した成果物をキャンバスに示すことである。キャンバスというのは，壁に貼り出した大判の紙のようなものでよい。これにより，チームのメンバーが一緒にキャンバスを見ながら，ソリューションを改良するための新しいアイデアを話し合えるようになる。

3.5　革新的かつクリエイティブな実践方法をサポートするキャンバス

マネジメントは，チームのコラボレーション活動を奨励するような環境を作らなければならない。チームは全員で一緒になってソリューションを開発する。これをするには，成果物を作り記録するための場所が必要である。その場所を表現するのに，キャンバスという言葉が使われるようになってきた。キャンバスは，ブレインストーミングで出されたアイデアを記録し，説明し，評価するための視覚化の方法だ。このため，分析や最適化よりもクリエイティビティに重点が置かれる。チームメンバーがキャンバスに記録されたことを見ながら，さらにアイデアを積み重ねていく。アイデアの詳細を表現

力豊かに示すことで，新しいエキサイティングな何かを創造する。いわば，画家の描く絵画作品のようなものである。ここでの目標は，物体の提示方法とその文脈をできるだけクリエイティブに考えることにある。デザイン思考のディスカッションと結果はすべて，キャンバスに記録する。こうして制作されるキャンバスは，すべての参加者がいつでも見てコメントし，アイデアを提案できるようにする。何が起きているかを全員で見て，それについての会話を続け，自分に関係する部分の視点を付け加えていく。

　事業の文脈においても，視覚化を通じたイノベーションが可能である。モデル化のメソッドは，ビジネスデザインを同じように視覚的な方法でとらえ，デザイナーが視覚的にデザインし直す方法を話し合えるようにする。このため，マネジメントにとっては，デザイナーが集まって課題を話し合い，コラボレーションしながらアイデアを出し，検討できるような環境を創造することが重要だ。

3.5.1　ビジネスデザインのキャンバスの特徴

　キャンバスは，様々な視点の間の関係性を示すよう，慎重にデザインすべきだ。たいていは，複数のキャンバスが使われることになる。それぞれがシステムの異なる部分を示し，チームメンバーはそれらを見比べながら，一貫性に欠けている部分を見つけたり，異なる部分を組み合わせて新しい可能性を発見したりする。1つのキャンバスが1つの課題に対応するであろうことは，すでにお気付きになったかもしれない。キャンバスはそれぞれが，デザイン思考の異なる課題に対応する。また，キャンバスは多数の形式を取る可能性があり，関与するグループの問題解決をサポートするために選ばれる。問題解決の対象物や方法を自然に反映した形式とすべきだ。

　キャンバスを用いる目的は，デザイナーが視覚化することにある。通常は壁に貼り出しておくが，特別なディスプレイ装置を使用したり，コンピュータ上で送信して24時間いつでも見られるようにすることもある。たいていのケースでは，複数のキャンバスが必要になる。それぞれの活動に応じて異なるツールを使うことができるが，最終的にはすべてのキャンバスをまとめて見られるのが望ましい。

3.6　デザイン思考のプロセス

　デザイン思考は，デザイン活動を実行するための方法と見ることができる。デザイン思考において具体的に何をするかは，図3.5に示したとおりである。この図には2つの要素が含まれていて，角丸四角形で示された思考のプロセスと，その各プロセスで使用するツールが示されている。プロセス自体は，スタンフォード大学のデザインスクール（d.school）が提唱している Hasso Plattner メソッドを参考にしている。このプロセスで重視するのは，今何が起こっているか，何が必要とされているかを理解するためにコラボレーションするチームである。デザイナーは，ステークホルダーのニーズを深いレベルで理解しなければならない。しばしば最初のステップとなるのが，エスノグラ

50　第 3 章　デザインのプロセス

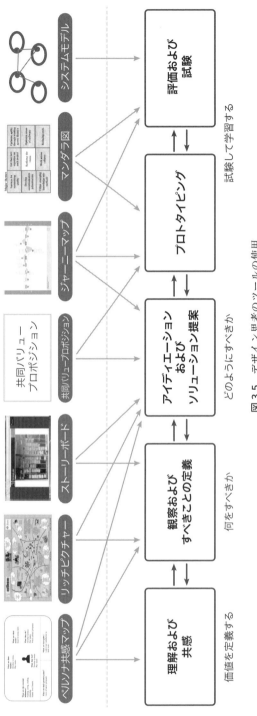

図 3.5　デザイン思考のツールの使用

フィー調査だ。関係者への聞き取り調査やプロセスの観察を行って，その環境に存在する障壁を特定しようとする。

例えば，Dorst，Kaldor，Klippan，Watson の文献では，僻地に住む先住民族が運転免許証を取ろうとする際の壁を説明している（Dorst, Kaldor, Klippan, & Watson, 2016）。まずはプロセスの理解を開発したうえで，試験場までの距離や対応できる試験官の数といった壁を示していく。この壁を克服するソリューションを実現するには，ソーシャルイノベーションが必要である。例えば，管理センターへの定期的な交通手段を提供して，運転免許証の取得プロセスを迅速化するといったことを意味する。また，運転免許証が必要になる場面，例えば子供の学校への送り迎えなどに際して，グループで利用できる交通手段を提供することもできるかもしれない。同様のテクニックは，事業上のイノベーションでも使用されている。特に，顧客と事業体とのインタラクションを検討して，そのインタラクションの生産性を高め，快適な体験にするソリューションへの洞察を得ようとする場合に当てはまる。図3.5 に含まれているもう1つの重要な活動が，アイディエーションだ。これは，ステークホルダーの問題に対応するための方法を考案する役割を意味する。こうして出したアイデアは，プロトタイピングへと進めて有効性を評価することで，サポートしていく。

また，図3.5 では，デザイン思考におけるクリエイティビティを奨励するツールも示している。例えば，ペルソナ共感マップは，ステークホルダーのことを理解する段階のツールである。そしてペルソナ共感マップを開発するツールには，ユーザー日記，ユーザーシャドウイングなどがある。ジャーニーマップは，この章で後述する視覚化の方法である。これは，ステークホルダーが体験するプロセスを説明する。さらにアイデア生成の段階でも使用して，確実にステークホルダーを満足させるアイデアとなるようにすることができる。優れたビジネスデザインの環境であれば，同じ段階であっても使用するツールごとに複数のキャンバスを持つようになるだろう。デザイナーはこれらのキャンバスを見渡すことで，何が起こっているかを様々な視点から把握できるようになる。また，システムを異なる視点から見る際に必要となるツールを選べるようになる。多数のツールを知っているほど，特定の問題に対してベストのツールを選べるようになる。

さらに，デザイン思考において重要な点があと2点ある。視覚化と異なる視点から見ることである。異なる視点に立つことで，個別の部分ではなく問題全体を見るようチームに促すような問いかけができるようになる。以下のセクションでは，システムデザインにおいて重要な視点と，それを説明するための視覚化について説明する。

3.7　マップ，図，インターフェースデザイン

視覚化は，デザイン思考の核心ともいえる。キャンバスに書き出すアイデアも然りだ。デザイナーは，デザインする際，ステークホルダーと一緒にキャンバスの前に立つ。これは，ワークショップの企画といった単純なデザインにすら当てはまる。そし

て，ワークショップ中にどのようなアクティビティを行うかを，1つずつ付箋に書き出していく。この付箋をキャンバスに貼り出して，貼る位置を変えたりしながら，様々な代替案を話し合う。ディスカッションを進めるにつれ，参加者や食事の場所のように新しい対象物を導入していくことができる。こうするうちに，このワークショップというイベント全体が眼前に浮かび上がり，様々なオプションとその効果を全体として評価できるようになる。

　視覚化は，物理的なものをデザインする際に特に有効だ。物理的なものに関係するプロジェクトは多数ある。配送ルートや販売動向に関するプロジェクトもこれに該当する。ここでもやはり，絵のように示すことでディスカッションが刺激される。キャンバス上の地図を指し示してオプションを提案することで，コストやメリット，ステークホルダーにとっての価値の話し合いができるようになるかもしれない。視覚化には実に様々な種類のやり方があり，エンジニアリング図，インターフェースデザインなどは，すべて視覚化の範疇に収まる。

　また，ステークホルダーにソリューションを提案するための視覚化も存在する。例えば，ステークホルダーがサービスを利用するために取るべき行動を示したプロトタイプがそうである。図もやはり有用で，前述の例に戻るならば，これから建てる家の見取り図が好例だ。もう少し精巧なプロトタイプとしては，都市を実際に歩いてみるようなウォークスルーが考えられる。

　データをトレンドやグラフにして見せることも，視覚化の1つだ。このように要約することで，何が起きているかの解釈が生まれ，それがアイデアに結び付く可能性がある。これらの視覚化について，以下に紹介していく。

3.8　システム図

　システム図とは，組織内の事業体がどのようにコミュニケーションするか，または大きな事業体のなかの各事業ユニットがどのようにコミュニケーションするかを示すものだ。これを基に，事業体間の情報交換のあり方について問いを投げかけ，より良い方法のアイデアを導ける可能性がある。

　事業体間のコミュニケーションは，あらゆる場面で起こっている。グローバルな組織に所属する企業は，互いに協力しなければならない。これには，相互の間にリンクを確立し，情報交換と知識共有をする必要がある。システム図は，企業や事業ユニットがシステムとしてどのように機能するかを示すものだ。事業ユニットがどのように相互にかかわり合っているかを明確にする。システムデザインでは，過去何年にもわたってシステム図が使われてきた。その主な目的は，1つのシステムの各部がどのように構成されていて，互いにどう作用しているかを示すことにある。システム図は，事業ユニットがそれぞれどのようにつながっているかを示すこともできる。例えば，図3.6は，衣料品製造の組織のシステム図である。様々な事業ユニットと，それぞれの事業体が管理しな

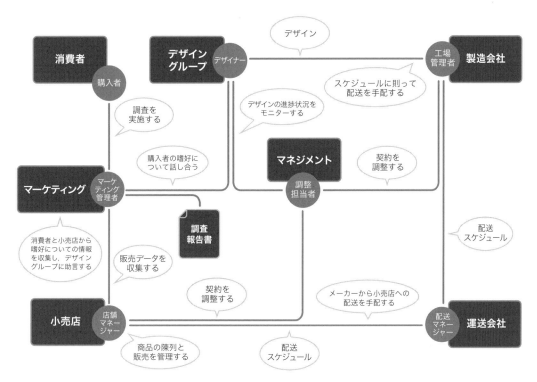

図 3.6　衣料品製造のシステム図

ければならない関係を示している．また，各事業体の役割も盛り込まれていて，これらの役割がおのおのの関係を管理する責任を負っている．例えば，デザイングループは，マーケティングと密接に連携して顧客の嗜好を把握し続けると同時に，製造と連携して生産を手配している．

　システム図では，対象範囲を拡大して，各システムの内部組織を示すこともできる．例えば，そのシステムで技術がどのように使われているかなどである．このように，どんなシステム図でも，そのシステムに含まれる役割とその行動を詳細に示すことができる．システム図の主な構成要素としては，以下が挙げられる．

- 個々の事業体，企業，事業ユニット（例：デザイングループ，製造会社など）
- 社会のシステム（例：一般市民，顧客など）
- 個々のシステムの間の情報交換（例：製造会社と運送会社の間の「配送スケジュール」など）
- その関係管理の責任を担う役割（例：情報交換，配送や資材の手配など）
- 収集・保管されるデータと知識（例：調査報告書など）

システム思考では多くの場合，各システムを見てそれを改良しようとする．デザイ

グローバルなチームの管理

第1章でさらなる例としてグローバルなチームを管理する状況を考察し，図1.6のリッチピクチャーを紹介した。図3.7は，グローバルなチームを管理するという視点に立ったシステム図である。すべてのプロジェクトを調整する本社オフィスがあり，実際の開発業務は多数の現場で行われている。ここでは2つのみを示しているが，もっと多数にすることもできる。

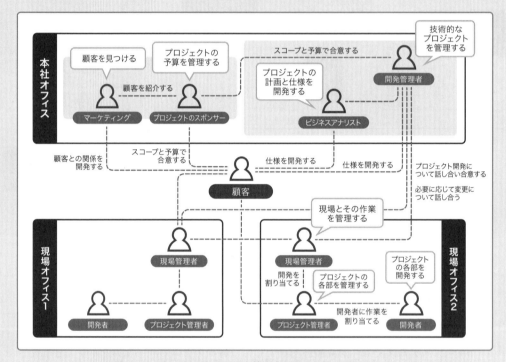

図3.7 グローバルなチームを管理するためのシステムモデル

図3.7では，マーケティング担当者が顧客を開拓し，スポンサーに紹介する。スポンサーが顧客と合意すれば，予算を策定したうえで，プロジェクトの進行管理役となる。技術的な開発は，開発の担当者が管理する。この開発管理者は，ビジネスアナリストおよび顧客と協力して，詳細な仕様を開発する。その後，実際の開発作業が，様々な現場オフィスに割り当てられる。

ナーは，この視点に関係する問いを投げかける。例えば，システム間の情報の流れを変えたら配送時間を短縮できるかなどである。ビジネスモデルのイノベーションでは，システムのつながり方を変更したり，システムを追加または削除したりすることができる。責任が変更され，新しいコミュニケーション方法が提供されることも多い。ここで

もやはり，ある役割の行動を変えるべきか，コラボレーションを改善してスケジューリングをサポートする必要があるか，といった質問が問われる。また，ビジネスモデルを支えている情報システムも変更され，より多くのものが接続されて複合的になる可能性がある。システム図は，ビジネスシステムを設計する際に重要だ。現行のモデルの問題を見て，新しいモデルを作ることがデザインの主眼となるためである。組織が円滑に機能できるようにするうえで，システム図が重要な役割を果たす。

システム図が，リッチピクチャーとの間で一貫性を保つことは重要だ。つまり，リッチピクチャーで描かれたステークホルダーが，システム図にも含まれなければならない。ただし，システム図は，どのような種類の情報が事業体の間で交わされるかをもっと詳細に示すものとなる。具体的なメッセージを定義し，それが「こういう情報も送る必要があるのではないか」といった問いかけにつながることもある。あるいは，「その情報をどこから入手するのか」，「どこに保管するのか」も有効な問いかけである。

図 3.7 のような図は，多くの問いを浮かび上がらせる。開発管理者は，プロジェクトの進行状況をどのようにして把握するのか。プロジェクト要件が変更になった場合は，それをどのようにしてシステム全体に伝達するのか。これらはしばしば，異なる視点から見ることができる。

3.9　エンタープライズ・ソーシャルネットワーク図

ソーシャルな視点とは，人々がどのようにメッセージを交換し，協力し合うかを見るものであり，多くの場合に重要性が高い。ソーシャルネットワーク図は，システム図やリッチピクチャーを補完する。エンタープライズ・ソーシャルネットワーク（ESN）図では，組織が機能するうえで欠くことのできない種類のコミュニケーションを示す。

ソーシャルネットワーク図は，システムモデルと密接な関係があるが，システムモデルよりも踏み込んで，各事業ユニットに関する詳細を盛り込むことができるうえ，組織全体の情報の流れを示すこともできる。この種の図解というのはたいていは自由形式であるため，キャンバスに描くこともできる。異なる立場の人がどのようにコミュニケーションしているのか，どのような知識を持ち共有しているのかを示すことも可能である。さらに，個人だけでなくソーシャルネットワークのコミュニティを盛り込むこともできる。

グローバルなプロジェクト管理のソーシャルネットワーク図を示したのが，図 3.8 である。図 1.6 のリッチピクチャーと併せて見ると，人々の関係や物がどう作られるかが見えてくる。例えば，3 人が握手する画像は，何かを創造するためのコラボレーションを示している。スポンサーと顧客と開発管理者が協力して，開発の要件を策定するといった具合である。

デザイン思考においては，ある視点から別の視点へと切り替えることもよく行われる。理解を深めたり，ソリューションを改良したりすることが，その目的である。例

56　第3章　デザインのプロセス

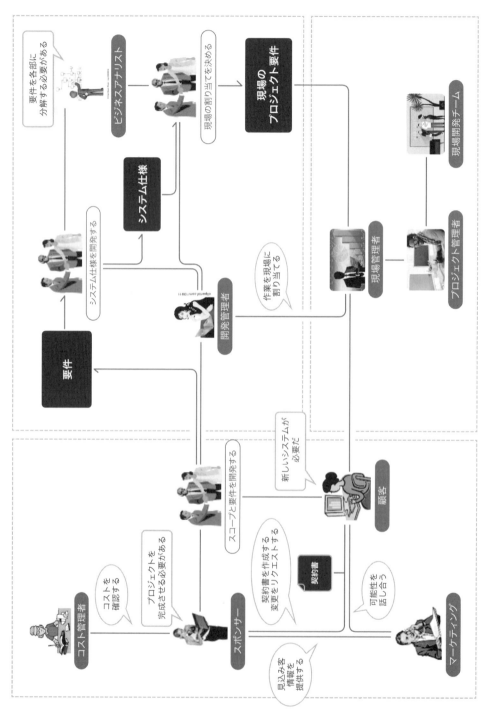

図3.8　グローバルなプロジェクト管理のESN図

えば，図 3.8 をさらに進めてジャーニーマップの作成を開始し，プロセスの順番を示していくこともできる。異なる視点から視覚化してみた結果，同じ質問に対して同じ反応が出ることも多い。このため，リッチピクチャーを使うことで，自分が仕様を開発する人になったつもりで質問を投げかけることもできる。その答えによっては，ソーシャルネットワークが変更されることもあるだろう。

3.10　視覚化の開発

　図 3.8 のようなシステムモデルを眺めてみると，全体的な構図や文脈が見えてくる。しかし，変更の管理に課題がある場合は，どうすればよいのか。デザイナーはたいてい，何らかのローカルな文脈に存在する問題を見ることから作業を開始する。そのうえで，ほかの関係する文脈へと移動して，視覚化をボトムアップのアプローチで構築していく。例えば，図 3.9 は，1 つのモデルがどのようにしてグローバルなプロジェクト管理へと進化していくかを示している。ステップ 1 では，本社オフィスのみが存在し，契約開発のプロセスが実践される。これが図 3.9 の (a) の部分である。次のステップ 2 で，現場オフィスを追加して，開発を開始する。これが図 3.9 の (b) である。このように，図を進化させて詳細を追加していくことができる。

3.11　ステークホルダーへの共感を構築するための ペルソナ共感マップ

　ペルソナ共感マップは，特に優れたデザイン思考ツールである。デザイン思考とはステークホルダーにとっての価値を重視するものであり，ここから目を逸らしてはならない。ペルソナ共感マップは，今ではデザイン思考でよく使われるツールとなっている［ペルソナ：ターゲットとなる顧客像・ユーザー像のことで，氏名や年齢から価値観やライフスタイルまでの細かな情報を設定すること］。システム内のステークホルダーに対する理解を示す。その開発の過程では，ストーリー，聞き取り調査，もしくは単純に現場に入ってステークホルダーと一緒に仕事をしてみるといった手法が使われる。ステークホルダーと話しながらペルソナ共感マップを開発して，様々なステークホルダーのニーズを説明していく。例えば，以下のようなステークホルダーが考えられるかもしれない。

- 仕事に就いて自活していくことを目指し，一人暮らしを始める若者
- 生涯にわたって何らかの社会福祉サービスを必要とする高齢者や障害者
- 精神障害を患っている患者

ペルソナ共感マップは特定の個人のために作るものではなく，システムに含まれる複

58 第 3 章 デザインのプロセス

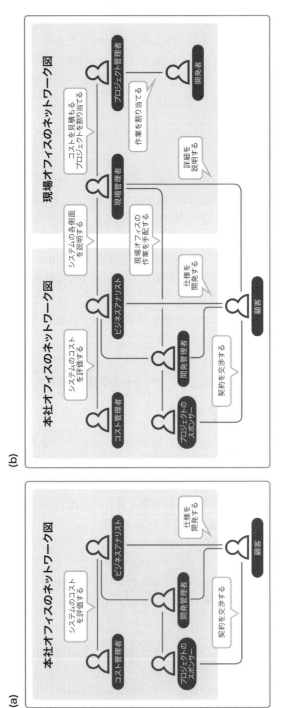

図 3.9 (a) 本社オフィスのモデル化．(b) 現場オフィスの追加

数の人のグループを説明するものであることに，注意が必要だ。例えば，そのグループの人たちが模索している知識，およびソーシャルなコミュニティなどを含めることができる。ソーシャルなコミュニティは，最近では知識の宝庫と見なされるようになっていて，製品についてのコメントや人々の嗜好などが表れるため，事業上の意思決定にとって重要性が高い。

例として，食品生産に携わるバイヤーの特徴を表 3.2 に示した。

表 3.2 ペルソナの特徴

ステークホルダー名：バイヤー	
特徴	説明
ほかの特徴の重要性に影響し得る**メリット**	良い食生活が健康の増進につながる
全般的な**事業上の情報**	価格についての情報
データと知識のニーズ	栄養価についての情報
ほかの特徴を変え得る**外部の影響**	
現行の知識	Google の情報検索
ソリューションへの態度に影響し得る**感情**	
対応が必要な最大の**ペイン**	製品が必要な時に入手できない
希望している最大の**ゲイン**	

このような特徴が，通常は図 3.10 のようなペルソナ共感マップに表現される。ペルソナは，都市生活者のプロフィールとも呼ぶことができる。特定の個人を指し示すわけではなく，システム内のステークホルダーを典型化した架空の人物である。ペルソナの

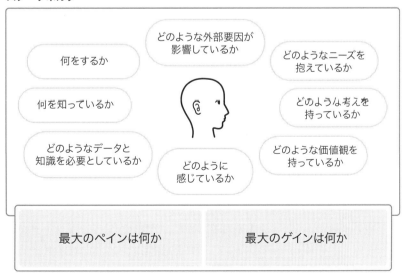

図 3.10　ペルソナ共感マップ

ジャーニーやストーリーを作ることが，ステークホルダーに共感し，その価値観を理解しようとする際に重要だ。

ペルソナ共感マップは，聞き取り調査やディスカッションを行って，そこで集めたストーリーを統合していくことで開発される。正しい質問をすることも重要だが，それ以上に発見することを重んじるプロセスが重要である。

ペルソナ共感マップは，ソーシャルイノベーションでも有効活用することができる。オーストラリアの厚生省は，利用者向けの行政サービスを開発する際にペルソナ共感マップを作成した（Bridge, 2012）。デザイン思考の考え方を活用して，様々なグループを招いてフォーラムを開催し，経験談を交換しながら課題を特定してもらったのだ。

ペルソナ共感マップを開発する際には，ステークホルダーが何に価値を見出しているかを真に理解することが重要である。特に重要なのが，ステークホルダーの「ペイン」と「ゲイン」［ペインは「痛み」で減らしたい要素のこと，ゲインは「得る・増やす」で増やしたい要素のこと］の2点だ。最大のペインは，ソリューションのメソッドを特定する。すなわち，そのペインを取り除く方法である。例えば，都市生活者にとって交通渋滞が最大のペインなのであれば，渋滞を緩和することがソリューションの戦略となる。

3.12 ジャーニーマップ

ジャーニーマップは，デザイン思考のツールのなかでも最も重要なものの1つである。その理由は，人々が何をするか，顧客が事業体とどのようにインタラクションするかを示す点にある。プロセスをモデル化する方法はほかにもあり，例えば，データフロー図などがそれに当たる。データフロー図は，各ステップで実行されるプロセスやタスクに焦点を当てるという特徴がある。通常，そのタスクには，具体的なインプットがあり，具体的なアウトプットが求められている。データフロー図をはじめ多くのメソッドが，目標を達成するために実行すべきタスクに重点を置いてきた。しかし，ジャーニーマップは，むしろ人に焦点を当てるものだ。

例えば，図3.11は，大学院課程を探している学生を示した初期のジャーニーマップである。最初の行動は，学生の興味と重なる課程がある大学院をリストアップしたウェブサイトにアクセスすることかもしれない。そのリストが入手できたら，次は少し時間を費やして，オプションを選択する必要があるだろう。これはタッチポイントと呼ばれていて，具体的には付加的な検索をしてみることが含まれる可能性がある。これが終わった段階で，学生は大学院を選択し，そのウェブサイトにアクセスして，関連する課程の詳細を知ろうとするだろう。これが，学問のオプションを選択するというさらなるタッチポイントとなる。オプションを選択したら，次は応募の初期の段階となる。すなわち，学生が希望している研究に関心を寄せる教職員がいるかどうかを模索する。この関心をすり合わせる段階も，さらなるタッチポイントとなる。

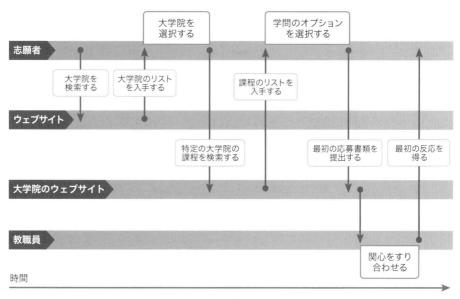

図 3.11　タッチポイントを示したジャーニーマップ

　タッチポイントは，プロセスの流れに沿ったシステムとのインタラクションを定義するものだ．一般論だが，ユーザーがシステムや人とかかわる際は，ある程度の共通したプロセスを進むことが認識されている．このプロセスが，タッチポイントのシーケンスである．タッチポイントは，人がシステムとかかわる際に取る行動として定義する．これにより，事業体が何をしているのか，どのような選択肢を提供しているのか，製品やサービスをどのように提供しているのか，製品やサービスを購入するという決定がどのように下されているのかについての新たな発見があるかもしれない．それぞれのタッチポイントで，たいていのユーザーや顧客は，具体的な質問を抱えていて，それに対する答えを必要としている．このためすべてのタッチポイントが，システムをどのように改良すればステークホルダーのジャーニーがシンプルになり，付加価値がもたらされるかを考える機会となる．表 3.3 は，最も一般的なタッチポイントの構造を示している．意思決定にしばしば使われるプロセスで，何が起こっているかの認識から始まり，それに対応する方法をリサーチし，対応のオプションを特定し，いずれかのオプションを選択して，それを行動に移すという流れである．

　表 3.3 の例では，学生が大学院を探すという想定で，これらのタッチポイントをどのように進んでいくかを示した．これは，図 3.11 で示したオプションの選択というタッチポイントに相当する．このため，まずはどんな課程が存在しているかについての認識を発展させる．そのうえで，良い課程を提供している大学院を見て，考えられるオプションを特定する．次に，いずれかのオプションを選択して，応募を決意する．

62 第3章 デザインのプロセス

表3.3 タッチポイント

タッチポイント名：大学院の選択	タッチポイントで何が起きるか	何が必要か	どこに価値があるか
認識	ステークホルダーがオプションを模索する	可能性のある大学院を見つける	インターネットへの便利なアクセス
リサーチ	条件を検討する	大学院の得意分野を知る	インターネットへの便利なアクセス
オプション	目的に合った課程を特定する	志望に合った課程を発見する	話を聞いたり相談したりできる相手
選択	応募する大学院を選択する	複数の大学院を比較する	相談できる相手，ソーシャルメディアの活用
決定	応募する	応募のステータスを確認する	インタラクティブなフォームを介した志願書の提出

3.12.1 ジャーニーマップについての注意点

　ジャーニーマップは，プロセスマップと同一視すべきではない。むしろ人にとっての価値を重視するものである。顧客体験を検討して，それを向上させる方法を模索し，組織とのつながりを強化することを目指す。ジャーニーマップは，最近とみに多用されるようになっていて，システムの新規開発という用途以外でも用いられている。ジャーニーマップがモデル化するのは，顧客が互いにどう接触し，またシステムの構成要素とどのように関係するかである。これを作成することにより，デザイナーは，システムの体験を改善できるようになる。主な用途は，顧客とシステムの間のインタラクションを特定することだ。そして，顧客体験やユーザー体験（UX）の改善方法を見つけることを目標とする。ジャーニーマップは，ペルソナと併用されることも多い。異なるタイプのユーザーが任意の状況でどのように行動するかを予測するためである。ジャーニーマップは，デザインで重要な役割を果たす。システム図にも共通するが，ジャーニーをどのように改良できるかを見て，新しいジャーニーマップを作ることができるのである。

3.12.2 当初の接触時点でのジャーニーマップ

　最近では，ジャーニーマップが独自の具体的な構造を持つようになった。多くの場合，タッチポイントとジャーニープロセスマップで定義されるようになっている。タッチポイントそれぞれが，そこで必要なことを達成するために体験を改善すべき点となる。ステークホルダーは，自分にとって自然と思える方法でアクティビティを実行する柔軟性を持つ一方で，物事がどのように行われるかを変える可能性も持っている。このため，全員がイノベーションに寄与するという目標につながる。

3.12.3 詳細なインタラクションへの発展

　ジャーニーマップは，当初の接触だけに留まらず，顧客が事業体への関与を深める過程でも使用していくことができる。たいていは，デザインが開始される時点でジャーニーマップが作られる（あるいは作成済みである）。それを見てデザイナーは課題を特定し，新しいデザインに基づく新しいジャーニーマップを作成する。

　おそらくジャーニーマップは，デザイン思考で使用する最初のツールの1つだろう。顧客と組織とのインタラクション，または組織のサービスや製品とのインタラクションを記録するうえで，とりわけ有用となる。タッチポイントの詳細な分析を通じて，顧客とのインタラクションをどのように改善できるかが示されることもある。1つの組織に関して作成できるジャーニーマップは，無限に存在する。製品ごとにジャーニーマップを作ることもできれば，顧客層ごと，あるいは主要なプロセスの各部ごとに作ることもできる。

　ステークホルダーそれぞれに対してジャーニーマップを作成し，複数のステークホルダーが接点を持ったり何かを一緒に行ったりする場面で，その関係を示す必要があるだろう。タッチポイントは，問いを投げかける格好の機会となる。例えば，旅行中の顧客行動にアクセスできるような検索エンジンを追加したらどうなるか。旅行関連の製品をもっと販売できるようになるだろうか。

　図3.12は，顧客が最初に組織に連絡し，当初の契約に至るまでのジャーニーマップを示している。この種のジャーニーマップは，非常に重視されるようになっている。その目的は，組織とかかわる間の人たちの顧客体験を豊かにし，全員が継続的に学習してプロセスを一緒に改善していくことにある。また，顧客を会社の業務に深く取り込んでいくことを意味する。この例では，グローバルなチームで製品仕様を変更することが，いかに容易かが示されるかもしれない。

3.12.4 グローバルなチームを管理するためのジャーニーマップ

　図3.12は，グローバルなチーム管理における受託開発の過程を示したジャーニーマップである。

　最初の接触があった後，契約を確定させるニーズが明らかになる。そこで最初に必要になるのは，そのコストを負担するスポンサーを見つけること，そして製品を実現させる開発管理者を見つけることだ。開発管理者は，製品を完成させるため，ソフトウェアの各部を開発する多数の現場と調整する必要がある。このプロセスとそれに続くプロセスすべてが，ポジティブな体験にならなければならない。同様に，様々な事業ユニットに所属する従業員が接触する場面も多数ある。これらもジャーニーと見ることができ，そこに関与する人たちにとってポジティブな体験と感じられなければならない。

　ジャーニーマップは，デザインの視覚化ツールとしての重要性を高めている。デザインチームは，デザインの前と後にジャーニーマップを作成して，どのように違うかを示

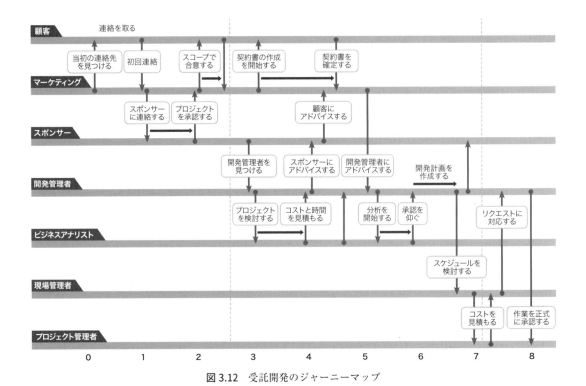

図 3.12　受託開発のジャーニーマップ

すことができる。実際，ジャーニーマップは常に見えるところに表示しておき，継続的なイノベーションを奨励する手段として活用すべきである。ストーリーを収集するたびに，どのタッチポイントに該当するかを考える。ジャーニーマップには2つの部分がある。1つはステークホルダーがそれぞれのタッチポイントで取る行動，もう1つはその行動を支えるために必要なサービスを物語る。タッチポイントの行動には，ユーザーが製品をどのように使い，製品をどのように学ぶかが含まれる。例えば，多くの都市で電車やバスに乗るのにICカードが使えるようになった。ロンドンのオイスターカード，シドニーのオパールカードなどだ。これはタッチポイントと見ることができる。

　図3.12では，当初の接触から開発作業の開始までに随分と時間がかかっているように見えるかもしれない。およそ8つのタイムゾーンが存在している。これは，関係者の間で書類が順番に回覧されることが多々あるためだ。例えば，ビジネスアナリストから開発管理者へ，スポンサーへ，そしてマーケティングへといった具合に，書類が回されることがある。この人たちが異なるタイムゾーンにいれば，それが遅れにつながるかもしれない。

3.13　自由形式のモデル

　ここまでは，何らかの形式を伴った視覚化の方法を紹介してきた。しかし，単純にスケッチして抽象的にアイデアを見せるのが有効なことも多い。このようなスケッチを選ぶ場合は，いくらか汎用性のあるコンセプトを使うのが望ましい。特に代替のソリューションを複数比較する場合には，それが当てはまる。コンセプトモデルには，すべてのステークホルダーにとって馴染みがあるコンセプトを使用すべきだ。これにより，コンセプトを現実に落とし込む作業もしやすくなる。例えば，図 3.13 は，図 3.12 のジャーニーマップで観察された問題を取り上げた自由形式のスケッチである。進行係と呼ばれる役割を作って，ダッシュボードを管理することが提案されている。プロジェクトに関係するすべての人が，このダッシュボードをモニターすることで，進捗状況を把握できるようにするためである。

3.13.1　一般的なコンセプト

　デザイナーは独自のコンセプトを開発するが，すべてのステークホルダーにとって馴染みのあるものであるべきだ。または，デザインチームが一連のコンセプトについて共

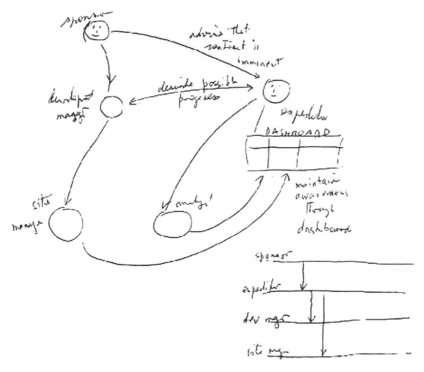

図 3.13　ソリューションのスケッチ

通の理解を確立することもできる。それを示したのが，図 3.14 である。分かりやすい一般的なコンセプトを定義している。もちろん，コンセプトとしてほかの自由形式の表現方法を使うこともできる。

例として，ショッピングセンターから近い駐車場を簡単に見つけられるようにするといったテーマが考えられる。図で示すコンセプトは，その状況に特有のものでもよい。例えば，「消防士」という役割は，消防士のイラストで示す。

もちろん，既存のリッチピクチャー，ペルソナ共感マップ，ジャーニーマップに関連付けて，それらの各部を変更したり入れ替えたりしながらデザインをコンセプト化していくこともできる。

3.13.2　事業のアジリティにもたらす価値

ジャーニーマップの 2 つの部分は，どちらも事業のアジリティにとって重要である。タッチポイントは，ステークホルダーに提供するサービスの改善点を示す。ジャーニーの時間枠のほうは，ジャーニーマップから見て取れるニーズを満たすためにどこをどのように変更できるかをすばやく特定するのに役立つ。ジャーニーマップをキャンバスにして見せることで，各タッチポイントで起こっていることをデザイナーとステークホルダーが継続的に説明できるようになる。それぞれのポイントで必要な知識を特定して，そこでの体験を向上させるために協力できるようになる。

3.14　まとめ

この章では，複雑な環境でソリューションを見つける方法についての説明を開始した。最初に取り上げたのは，複雑なシステムを異なる視点から眺める方法である。また，複雑な環境で課題に対応しなければならないことも強調した。学際的なアプローチを重視して，異なる視点から環境を見てみることで，複雑な環境でしばしば必要とされる固有のソリューションを特定できるようになる。さらに，デザイン思考について説明し，固有のソリューションを開発するための新しい可能性を発見するうえで，新しいキャンバスに視覚化することが重要だと論じた。さらに，一般的な視点を説明する際に頻繁に使われている視覚化の方法を紹介した。これには，以下のようなものがある。

● ステークホルダーマップまたはリッチピクチャー：ステークホルダーとその活動を特定する。
● ペルソナ共感マップ：ステークホルダーにとっての価値とニーズを説明する。
● ジャーニーマップ：ステークホルダーの行動を時系列に追いかけて表現する。

複雑性がもたらす破壊や変化に対して，すばやく反応できる順応性の高い組織を作るための一般的な視点については，第 8 章で説明する。

コンセプトの名前	説明	表現
役割	一連の責任。通常は，ある1つの活動内に存在する。	 役割
活動	役割のグループ。通常は，新しい成果物を作成することを目的としている。	 事業活動
成果物	データのリポジトリ。	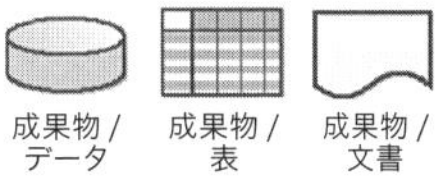 成果物／データ　成果物／表　成果物／文書
知識	ある役割またはある人が知っていること。	 知識
組織ユニット	事業体や事業ユニットの可能性がある。	
参加者	組織内の特定の人。通常は，役割に割り当てられる。	 参加者
機能的な関係	2つのコンセプト間の正式な関係。例えば，ある活動に割り当てられている役割など。	——————
知識交換	複数の役割や参加者の間で行われる知識の交換。	←————→
社会的な関係	複数の参加者の間で行われる情報の交換。	- - - - - - - - -
データの流れ	2つの構成要素間の情報の流れ。	——————

図 3.14　コンセプトモデルのコンセプト

演 習

3.1 大都市で宿泊施設を探す人のジャーニーマップを作成する。これには，ステークホルダーを特定し，宿泊施設探しにまつわるストーリーを収集したり，自分の経験を使用したりする必要がある。ホテルのほか，民泊施設や短期賃貸アパートなど，テーマ別に分けることもできる。

3.2 新素材の登場によって引き起こされる破壊に対応するというシナリオを，演習1.2 で取り上げた。この状況での対応方法を見つける場合，ソーシャルネットワークの視点のほうが適しているかどうかを考察する。

3.3 図 1.1 のリッチピクチャーで示した食品供給組織のシステム図を作成する。

実践の場で行われて いること

CHAPTER

4

第 **4** 章

この章の狙い
- 体系的なデザインのトレンド
- 事業のデジタル化
- 事業体のコラボレーション
- 事業体のネットワーキング
- 関係機関のコーディネーション

4.0　はじめに

　この章では，ビジネスシステムのデザイントレンドについて説明する。問題に対する個別の対応ではなく，より体系的なデザインのトレンドを取り上げる。この種のトレンドはしばしば，製品提供に関して顧客と協力するなかで始まり，組織と顧客のさらなるインタラクションにつながる可能性がある。そして，戦略デザインに関する取り組みや，複数の機関が参加する横断的なデザインのコラボレーションが実現する。

　デザイン思考は，こうした取り組みで特に有益だ。製品やサービスに対する満足度を高めるという，統一的なデザイン目標を目指して実践される。Liedtka（Liedtka, 2014）および Yee, Jefferies, Tan（Yee, Jefferies, & Tan, 2012）の文献では，デザイン思考が多数の組織でどのように使われているかを紹介している。特に興味深いのは，様々なツールが問題に合わせてどのように選ばれているかにある。例えば，ジャーニーマップは，トヨタ自動車が社内の業務手順を考察した際に使われた。また，健康改善の意欲をかきたてる要因を特定するのにペルソナが使われ，医療・社会サービスの活動を記録するのにエスノグラフィー調査が活用されている。体系的なデザインがこれまでの初期の試みで成功を収め，有望な機会を示したことから，今ではビジネスモデルの開発に至る１つのプロセスとして拡大されるようになった。例えば，オーストラリアの大手金融機関，Suncorp では，デザイン思考を事業再編の方法として使用した。Procter and Gamble の事例も，複雑な環境での経営に求められる新しいマネジメントの実践方法を可能にしたとして，広く紹介されている（Martin, 2009）。同社は「Connect +

Develop」という取り組みを通じて，イノベーターからアイデアを集め，社内のデザインチームでアイデアを実践に落とし込んだ。

体系的なデザインをめぐるこれらのトレンドの背景には，知識交換をサポートするユーザビリティ（使い勝手）の高い技術が新たに登場していること，そして体系的なデザインの戦略的価値をマネジメントが認識するようになっていることがある。戦略レベルでのコラボレーションは，今や明らかな方向性となっていて，例えば複数の機関が参加する横断的な活動を生み出し，デザイン思考がこうした活動で重要な役割を果たしている。技術はデザイン思考において，既存のプロセスを自動化するだけでなく，新しいビジネスモデルを創造する手段ととらえられている。新しい環境や他社の新しいビジネスモデルによってもたらされる課題に対応することが，その目的である。デザイン思考は，新しい方向性を見極めるための手段として企業に使われることも多い。

この章ではまず，技術が業務をデジタル化し，特にルーチンのタスクを自動化することによって，事業の結果がどのように改善されるかを考察していこう。技術がこれまでどのように使われ，タスク自動化のメリットをもたらしてきたかを，まずは取り上げる。

4.1 事業のデジタル化

技術を活用して既存のプロセスを効率化することは，デザインが目指す目標の1つである。今では多くの事業体が，製品とプロセスをデジタル化して事業価値を引き出している。

伝統的な方法として，まず最初にできるのが，よく定義されたシンプルな活動を特定してITサービスに置き換えることだ。これは，サービスをどうやってデジタル化するか，またどうやって顧客に提供するかを考えることを意味する。また，周囲からのフィードバックや提案も重視されるようになっている。特に，学際的な視点をもたらそうとする場合にこれが当てはまる。最初のステップは，通常，ルーチンの作業を自動化して，デジタルな事業を実現させることである。

4.1.1 デジタルな事業の例

最初に浮上する疑問は，単に技術を使うだけでパフォーマンスが向上するかどうかという点だ。これまでに行われた研究によると，デジタル化やデジタルイノベーションによって，企業のパフォーマンスは向上する（Kathuria, Rojas, Saldanha, & Khuntia, 2014）。また，デジタル化の努力に貢献する人的資本を増やすことで，その効果はさらに高まる。一方，提供チャネルを増やしていくと，ある時点でパフォーマンスへの効果は横ばいになる（図4.1）。

銀行は，技術によってパフォーマンスが大きく向上した最も典型的な例である。今では同じことが，多数の業界で問われるようになっている。

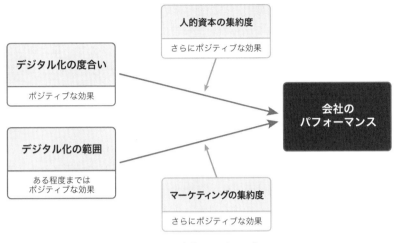

図 4.1　事業のデジタル化

　保険会社は，リスクを管理する事業を営んでいて，人と人が接触するのは保険金を請求する場合に限られる。
　教育産業は，学習教材を提供している。
　これら事業の製品のほとんどは情報や知識であって，ゆえに知識集約型の組織と呼ばれるようになった。これらをはじめ，知識集約型の事業は，ますますデジタル化されるようになっている。また，知識集約型の事業は，クラウドへの移行からも付加価値を得られる。クラウドは，新しいクライアントや配信機能をすばやく追加して事業を拡大する能力をもたらすため，特に小規模な企業にメリットをもたらす。例えば，ニュージーランドのソフトウェア会社，Xero（https://www.xero.com/au/）は，中小企業を主なターゲットとしたクラウドベースの会計ソフトウェアを開発している。オフィスの所在地はニュージーランドのほか，オーストラリア，イギリス，米国である。クラウドに移行した結果，同社は新しい顧客にすばやくサービスを提供し，また既存の顧客に新しいサービスを提供できるようになった。

4.1.2　デジタル事業のトレンド

　デジタル事業へと向かうトレンドは，過去何年にもわたって観察されてきた。マサチューセッツ工科大学（MIT）のセンター・フォー・デジタルビジネスは，デジタルマーケティングの発展を以前から指摘してきた。これには，モバイルマーケティング，クラウド経由のサービス，顧客とのインタラクション方法などが含まれる。

- **顧客とのインタラクションの削減** ― 技術によって実現するメリットのなかでもよく利用されているものに，顧客と企業の主なインタラクションがある。初期の例の1つが，ATM（現金自動預け払い機）だ。ATM によって，預け入れや引き出し

といった単純な取引が自動化された。同じことは，保険の加入，航空券の予約，さらには少し複雑な旅行の手配などにも当てはまる。顧客とのインタラクションにおいては，ソーシャルメディアが重要な役割を果たす。単に顧客とコミュニケーションするだけでなく，顧客の動向や嗜好を理解して，そのニーズに応えるより良いサービスを提供するうえでも，ソーシャルメディアのサイトが活躍する。ここから得られる事業上の価値としては，顧客対応の担当者を減らし，結果としてコストを削減できることが挙げられる。

- **ソーシャルメディアの使用拡大** ― ソーシャルメディアのサイト上でやり取りされる情報や知識は，事業にとって重要な知識として活用されるようになってきた。例えば，製品に対する評価，ユーザーの好み，ユーザーがコミュニケーションしている相手の情報などが得られる。企業はこれらを通じて，そのコミュニティ内で自社や競合他社がどのように見られているかを理解できるようになる。
- **事業分析の高度化** ― イノベーションが重視されるようになった結果，これまでルーチンとして行われてきた作業ですら，もっと革新的な視点からとらえなければならなくなった。このため，事業分析とビッグデータが重要な役割を担う。例えば，飛行機に手荷物を積み込む係員は，受け取った手荷物を置ける場所がある程度限られている。しかし，ノートパソコンがあれば，ほかに余裕のある収納場所が見つかるかもしれない。そして手荷物に電子タグが付けられていれば，簡単に場所を突き止めることができる。

4.2　体系的なデザインプロセスへの移行

最近ではより体系的なアプローチが，徐々に事業に浸透しつつある。これはしばしば，顧客や消費者の嗜好を今まで以上に重視することから始まる。

4.2.1　デザイン活動を顧客に近付ける

多数の専門領域の代表者で構成される学際的なチームは，それ自体が事業になって，専門に特化し，顧客に近付いていくことも多い。各領域に専門化するには，中央から来る知識よりもローカルな知識に依存する必要が生じる。この専門的な知識と独自の事業の進め方ゆえに，特有の機能が発展して，異なる市場で異なるビジネスモデルを使用していくことになる。

これは機能的な単位というよりは，むしろ事業ユニットといえる。特に変化を導入しようとする場合は，異なるシステム間の複合的な関係を解決するに当たって，明示的な演算よりも新しい知識を特定するディスカッションのほうが効果的だろう。このような場面では，システム図が有用なツールとなる。

であれば，中央の事業ユニットの役割は何かという疑問が湧くかもしれない。中央の事業ユニットは，司令塔として命令系統の中心となる一方で，調整役も果たすことに

なる。実際，中央の事業ユニットはこの両極端な役割を抱えているが，トレンドとしては，調整役の側面が強まりつつある。これは，知識の専門化が進んでいるためだ。かつては中央の事業ユニットが，事業運営や顧客のニーズに関する知識のほとんどを有していた。しかし，知識の専門化が進むにつれ，業務推進の責任が下位の業務部門に移管され，それらの部門が個別に専門に特化した顧客ベースとの結び付きを持つようになったため，かつての構造を維持するのは困難になった。この結果，分裂型の組織に対する関心が高まっている。分裂型の組織では，ほぼ独立して業務を推進する部門があり，それらの業務部門に対して中央の事業ユニットが基準を設定する。

電子政府のトレンドも，組織や情報技術ではなくコミュニティを重視した動きの好例だ。

4.2.2　体系的・先見的なデザインアプローチのトレンド

組織には，これまで常にデザインのプロセスが存在してきた。しかし，意識的なプロセスではなく，多くの場合，顧客の不満や製品の欠陥，販売不振などに対する反応的なものだった。それが時間をかけて，とりわけ最近になって，デザインに関心が注がれるようになり，正式なデザインのプロセスが導入され，デザインが戦略的な必需品と見られるようになった。デザインは，組織のあらゆる活動に組み込まれるようになっていて，デザイン中心の組織を生み出している。

このようなトレンドは，特に顧客との関係を構築したり，顧客向けチャネルを改善したりしようとする場合に顕著である。例えば，クラウドベースのアプリケーションを重視することが皮切りとなって体系的なデザインで成功を収めると，全社的なデザインへと進んでいくといった発展過程があることを，Courage の文献は指摘している（Courage, 2013）。同様に PepsiCo 社の CEO，Nooye は，"Harvard Business Review" の 2015 年 9 月の取材に応えて，自動販売機のイノベーションに関して顧客と協力した体験を語った。

体系的なデザインのアプローチは，早くは 2009 年かそれ以前から，複数の組織によって採用されていた。イギリスのデザインカウンシルは，デザインプロセスに関する 2009 年の報告書『A study of the design process』で，「ダブルダイヤモンド」と呼ばれる体系的なデザインのプロセスを早期から採用していた 11 社を紹介した。例えば，以下のような企業がある。

- Starbucks：新製品のアイデアを顧客から集めた。
- Whirlpool：多数の製品ラインと関連ブランドを有する同社は，技術的なスキルよりもむしろデザインの専門知識を重んじるデザインチームを有していて，幅広いスキルセットを有する学際的なチームだと，イギリスのデザインカウンシルは説明している。

この報告書では，ほかに LEGO，Virgin Airlines，Microsoft などの事例も紹介された。

4.3 組織内の事業体によるコラボレーションの増加と デザイン中心意識の高まり

　これまで伝統的に，企業は階層構造を取ってきた。典型的な階層には，マーケティング，経理，人事などの事業ユニットが含まれてきた。これらの機能領域がそれぞれ，その専門分野の知識すべてを保有するリポジトリと見なされてきた。プロセスというのは，主にタスクのシーケンスで，1つの事業ユニットから別の事業ユニットへと引き継がれるなかで，ソリューション開発の専門性が追加されていった。しかし今では，問題の多くが複合的な性質を持っているため，ステークホルダー間のネットワーキングを通じて解決されている。ステークホルダーは，デザイン思考のメソッドを使って協力することで，革新的なソリューションを提案し，コンセンサスを確立する。

　このようなソーシャルな事業が増えた結果として，事業体のネットワーキングやコラボレーションが増えている。事業体がすばやくアライアンスを結び，データを共有し，新しいシステムを一緒にデザインし，その一方で重要なデータのプライバシーとオーナーシップは守ろうとするアプローチだ。このようなアライアンスがアジリティを持つには，参加メンバーが柔軟に出入りできなければならない。

　しかし，これを難しくする理由が2つ存在している。

- ほとんどのソリューションは，複数の専門領域に関係していて，多数の競合する条件を解決する必要が生じている。このため，すべての機能領域がかかわって改良を重ねていくのに，多大な時間がかかる。
- データは今や，ビッグデータとしてあまねく提供されるようになっている。このため，多数のソリューションに必要な知識すべてを機能部門が提供するのは困難になっている。

　結果として，以下のようなことが起こっている。

- 共同参加やコラボレーションの障害を取り除くことが重視されるようになった。事実，コラボレーションを活性化するような関係構築が奨励されるようになっている。
- 部門間の相互依存が高まっている。

　これまでの流れとしては，まずスタッフ間のインタラクションが増えることから始まり，それが正式化されて，多数の専門領域からなるチームが結成されている。

4.3.1 学際的なタスクグループの創設

　学際的なタスクグループは，プロセスの流れに見られる問題を解決するためによく使われるようになっている。それぞれの機能部門で役職を有する人たちがタスクチームで

協力し，このチームには複数の機能を代表する人が含まれる可能性がある。このようなタスクチームは，様々な事業ユニットの担当者を集めて様々な構成で作られる。例えば，製品開発チーム，カスタマーサービスチーム，イノベーションチーム，あるいはサプライチェーンの円滑化を目指すチームなどだ。

図4.2は，多数の専門領域にわたるタスクグループ（楕円形で示されている）を基本とした典型的な組織を示している。ただし，このようなタスクグループは，委員会のような形態を取っていることも多く，特定の事業ユニットの代表者で構成されていながら，縦割りの文化は依然として色濃く残っていることが多い。

4.3.2 新しい組織構造のトレンド

グローバルな構造が作られ，成長が拡大し，市場が専門化しているのを背景に，事業構造にさらなる変革がもたらされている結果，同じ会社内に別々の事業体ができることも増えている。特にグローバルな組織におけるこのような新しい構造は，フラクタル型の組織と呼ばれることもある（Mrowka & Pindelski, 2011）。これらの新しいビジネスモデルが生まれる背景には2つの理由がある。

- 企業が多角化している。
- 企業が活動を顧客に近付けている。

4.3.3 新しい活動への多角化

多角化は，ある企業が別の業界や同じ業界の他社を買収するなどして起きる。このような例は枚挙に暇がない。Qantasのような航空会社がホテルや旅行代理店を経営し，

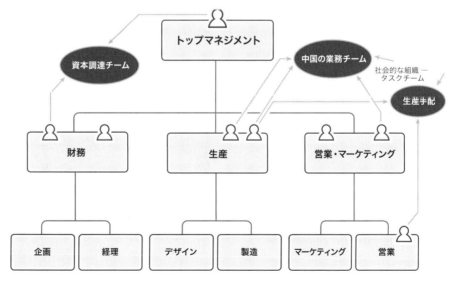

図4.2　会社内のネットワーキング

クレジットカード会社として金融業も営んでいることは，多くの人が知っていることだろう。これらはしばしば，大きな会社のなかに新しい事業体を創設することで実現している。そして，この新しい事業体は，独立して経営される。この結果，会社自体が組織となって，そのなかに小さな事業ユニットを包含することになる。この中心部をなす会社は，ほかの部門がビジョンを達成するようコーディネートする存在となる。

ここでもやはり，事業構造レベルでのコラボレーションを促す新しい構造が採用されるのがトレンドとなっている。

4.4 政府と業界のコラボレーション

ほとんどの大型インフラ開発プロジェクトは，政府と業界の協力が必要だ。多くの場合，政府がコミュニティのニーズを満たす計画を立て，それを実行するために業界の力を借りる。道路建設はその一例だ。政府が道路の場所を決め，建設会社が道路を建設する。これは，複数の機関がコラボレーションする例ともいえる。請負業者はしばしば，複数の行政機関や省庁とかかわらなければならないためだ。

スウェーデンのヴェステルボッテン県では，業界とのコラボレーションに対して革新的なアプローチが導入されていて，これがイノベーションループと呼ばれている (Forsgren, Johansson, Albinsson, Hartman, & Gustafsson, 2014)。それを示したのが，図 4.3 である。

イノベーションループは，通常 1 年かけて実践され，毎年，異なる焦点やテーマを立てる。例えば，「新しい医療のソリューション」などが典型的なテーマだ。そして，1 年の間に 4 回のワークショップを開催する。毎回，具体的な目的があり，初回のワーク

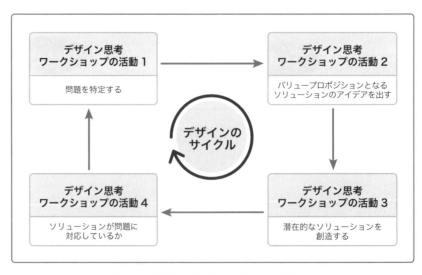

図 4.3　事業体のネットワークでのデザイン

ショップはテーマの定義から始める。続いてこのテーマに取り組むチームが結成され，次にアイデアを出すためのワークショップが行われる。集めたアイデアは，「ドゥ・タンク（Do Tank）」と呼ばれるイノベーターのグループに提案して，どれが実践に適しているかを評価する。これらと並行して，協調デザインも進められていく。様々な事業組織からのメンバーを含んだチームであることも多いためだ。リーダーシップは，チームの結成に関与する。ワークショップには60名ほどが参加することもあり，プロジェクトに情熱を傾けオーナーシップを取ろうとするメンバーを集めることが，非常に重要となる。

　プロジェクトでは協働デザインのメリットが浮き彫りにされるが，同時にチームを結成し，テーマで合意し，イノベーションループの全体的な計画を策定するに当たっては，リーダーシップとマネジメントの重要性も欠かせない。また，このプロジェクトは，システム思考とデザイン思考の組み合わせでもある。毎回のワークショップで，デザイン思考を実践してアイデアを出す。それを関係パートナーに吟味してもらい，実践に移せるかどうかを評価する。課題が見つかった場合は，次のワークショップに持ち込む。

　図4.3で示されたプロセスは，サイクル全体にわたってデザインの文化を維持することが強調されており，デザイン中心と見なされている。

4.5　複数機関の協力を通じたサービス提供

　ソーシャルイノベーションは，コラボレーションにおいて特に重要な領域になりつつある。ソーシャルイノベーションの特徴としてしばしば見られるのが，複数の機関によってサービスが提供されるという状況だ。ここでの機関とは，特定の社会的ニーズに対応する組織に含まれている会社と見ることができる。例えば，医療上の課題や非常事態に対応する福祉住宅施設などが考えられる。この種の機関は多くの場合，独立経営を保ってはいるが，組織内での活動を互いにコーディネートしなければならない。コミュニティサービスの多くは，今では機関を通して提供されている。表4.1は，社会サービスを提供する責任を課された機関の区分を示している。ソーシャルイノベーションとは，この種のサービス提供に関するビジネスモデルを開発することである。

4.5.1　機関の組織構造

　関係機関のコーディネーションのニーズを理解するには，災害復旧の際に浮上するような管理構造を説明することが必要になる。1つの例が，災害復旧支援だ。災害復旧に際しては，多数の機関の間の調整が必要になる。消防は主に消火の責任を負うが，交通整理に警察の協力が必要である。また，怪我人を病院に搬送するのに救急も必要になる。ここでのビジネスモデルは，フラクタル型の組織と見ることができる。複数の専門サービスが一緒になって特定の出来事に対応するモデルである。ならば，どのような

表4.1 ソーシャルイノベーションの概要区分

サービスの種類	例	機　関	主な意思決定事項
危機管理	危機状況の多発 山火事や洪水などの自然災害 大規模な災害	消防 警察 救急	不測の事態に対する支援のレベル
望ましい環境作り	都市化のトレンド 健康管理のサポートと福祉 貧困救済 福祉住宅	病院 交通 保健・ 医療	市の人口増の管理 開発事業の開始 政府と業界の関係における責任
社会的な事業環境作り	グローバルなチーム アジャイルなシステム開発	事業ユ ニット	プランニングのプロセス 変化への順応性 グローバルな関係の定義 例外への対応

　リーダーシップの構造を取り，知識をどのように共有すべきなのか。これはたいていの場合，現地の法令環境によるが，以下の2通りが考えられるだろう。

- 出来事の性質にかかわりなく，調整役となる中央のグループがリーダーシップをもたらす。
- 主要な役割を果たす機関がリーダーシップを取る。例えば，火事であれば消防がリーダーシップを取る。

4.5.2　災害復旧活動

　災害復旧活動に見られる管理構造を示したのが，図4.4である。災害復旧活動は，多数の機関によって実行される。ここでは，主な機関およびそれらの調整役を含んだ管理・司令レベルがある。この図の構造では，災害対応コーディネーターが正式に復旧プロセスを開始して，主要な機関を動員する。至急必要な救援とその後の復旧・再建に携わる機関である。また，通常は赤十字などが担う現地の救援活動をサポートするレベルが存在する。中間にあるのが，現場の状況を評価してチームを結成し，リソースを支給する調整委員会だ。

　このような機関の構造は，典型的な分裂型の組織といえる。それぞれが独自に知識を開発するが，実際の活動においては協力する必要がある。これを達成するためのコミュニケーションのオプションは多数ある。基本的には，中央の構造があって，1つの機関がリーダーシップを取ることが考えられる。また，すべての活動をコーディネーションしながら進めることもできる。さらに，状況が進展するのに伴って，リーダーシップをある機関から別の機関へと引き継いでいくことも考えられる。

　これらのレベルには，それぞれに異なる要件がある。コーディネーションを行うには，すべてのチームが最新の状況を認識しなければならず，それにはソーシャルメディアが必要となる。同様の構造は，ほかの社会的なサービスでも見受けられる。例えば，

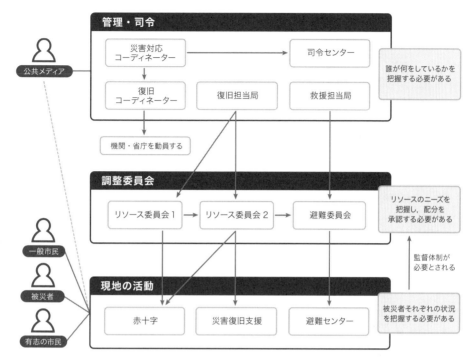

図 4.4　緊急事態管理の管理・組織構造

ほかの社会福祉サービスでも，多数の機関が携わっている。

4.5.3　ソリューションとしてのプラットフォーム

このような場合にしばしばソリューションとなるのが，クラウドから提供するプラットフォームである。これに共有データを記録し，委員会を結成する機能や関係者に最新情報を通知する機能などを盛り込む。どんな災害においても必ず求められる要件の1つが，現場の状況を常に把握し続けることである。これには，地図に基づく視覚化が必要になる。被害状況とそれに対応するためのリソースの場所を示す地図だ。これを見ることで，意思決定者は，最も効果的なリソースの使い方を見極められるようになる。このような視覚化を提供する新規事業も登場している。例えば，Planet Labs（https://www.planet.com/）は，イメージングサービスのプラットフォームを開発して，100個以上の衛星から入手する地球上のあらゆる場所の画像を提供し，1日1回更新している。このプラットフォームは，洪水をはじめとする災害の監視だけでなく，農業や森林伐採の監視などにも使える可能性がある。

4.6 リースすべきか，購入すべきか

　最近では，事業に必要な大型の機材を購入するよりもリースする組織が増えている。とはいえ，これは今に始まったことではない。多くの事業体が，社用車を購入ではなくリースしている。ただし，リースやレンタルの範囲は広まっている。例えば，航空会社は，機体を購入するのではなくリースしている。航空機のメーカーは，エンジンを購入するのではなくリースしている。エンジンは，購入するものではなく，サービスとして利用するものと見なされているのだ。

　リースか購入かを決める理由は，多くの場合，金銭的な理由だが，ほかの要因も作用している。例えば，リース機材に価値を追加しても，借り手にはメリットをもたらさないが，保有者にはメリットがもたらされる。ただし，最大のメリットは，その分野のノウハウが蓄積され洗練されることである。また，リース期間の満了後に返却された機材は，修復して再使用することができるというのもメリットだ。ただし，これには，リースした事業体に機材修復のノウハウがあることが条件となる。

4.7 サービス提供のためのプラットフォーム

　グローバルな組織では，サービスがトレンドとなっている。他社に対してどのようにサービスを提供するかが，各社の語る言語ともいえる。食品業界では，配送事業を手がけるグローバルな組織が，農業生産者に対して作物搬送のサービスを提供する一方で，スーパーに対しても商品配送のサービスを提供するだろう。これは特に，破壊的な技術にとって重要だ。多くの破壊的な事業体は，サービスを提供するに当たって，それをサポートするプラットフォームを必要としている。例えば，タクシーサービスのプラットフォームには，サービスを見つける，サービスプロバイダとして登録する，取引データをデータベースに保管するといった機能が含まれる（図4.5）。

　組織のなかには，会社と会社がコミュニケーションを取り，互いにサービスを提供し合う関係が多数存在している。これらはしばしば，その関係に携わる企業やパートナーによって協調デザインされている。そして，これがサービスの交換と見なされる。サービス提供の責任を担う具体的な役割が作られることも多々ある。例えば，スーパーと加工業者が納期を相談し，いつ何が納品されるかを取り決めるといったことが行われる。

　「スマートサービス」の概念は，パートナー探しの方法を変える可能性がある。スマートサービスが環境を見渡して評価し，対応の必要な変更点についての情報をもたらすためだ。例えば，電力使用やスマート住宅などを監視するセンサー機器によって，サービスを提供することができる。

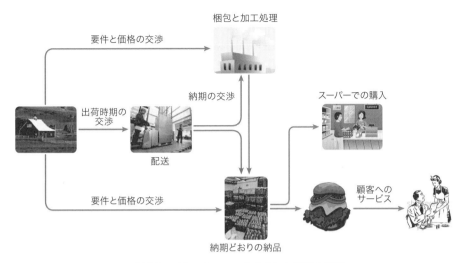

図 4.5　プラットフォームを介した関係の管理

4.8　まとめ

　この章では，事業体が体系的なデザインのプロセスをどのように取り入れて，新しいビジネスモデルの形成に役立てているかを説明した。最初に事業タスクのデジタル化について紹介し，この技術が事業上の価値をもたらし得ることを論じた。また，技術がビジネスモデル自体に影響していて，特にコミュニケーションとコラボレーションが，ビジネスシステムのデザインに重点を置く新しいビジネスモデルを導いていることにも触れた。

　さらに，デザインが個々の組織だけでなく，組織間の関係にも使われるようになっている現状について取り上げ，例として2つの状況を考察した。1つは政府機関と政府の関係，もう1つは問題対応やサービス提供に多数の機関のコラボレーションが必要となる複雑な環境だ。また，システム思考とデザイン思考をどのように合体させることができるかも紹介した。この2つの組み合わせは，特にデザイン思考のチームがアイデアと潜在的なソリューションを提供して，それを組織の文脈で評価しようとする大規模な組織で重要である。

　全体的なトレンドは，デザイン中心の体制へと向かっている。デザインは，個々の組織においても，また組織間の活動においても，標準的な文化となりつつある。

演 習

4.1　住宅供給の改善を目的として，多数の機関にわたる省庁横断的な構造を策定する。これには，社会保障，都市計画，開発などに携わる機関や省庁を含めることができる。

CHAPTER

デザインプロセスの
管理

第**5**章

この章の狙い

- クリエイティビティとイノベーションを刺激するうえでデザインの文化がなぜ必要なのか
- イノベーション・バリューチェーン
- ブレインストーミングとクリエイティブなデザインチーム
- クリエイティビティを奨励するにはどのような条件が必要か
- ダイナミックなチームの創設によるアジリティの実現

5.0　はじめに

　この章では，まず最初にデザイン活動について詳細に説明し，イノベーション・バリューチェーンというフレームワークを紹介する。これは，クリエイティブなデザインチームに必要なスキルを統合して，眼前の課題にすばやく対応し，ソリューションをもたらすフレームワークだ。アジリティをサポートするには，チーム間で人を移動させ，知識を交換し，新しいチームを結成するのが効果的である。これらはすべて，クリエイティブな組織の特徴といえる。

　この章では，デザインチームと組織の両方にクリエイティビティを育むうえで必要とされる，マネジメントとリーダーシップについても説明する。

　マネジメントの役割は，デザイン中心の文化を醸成するうえで非常に重要である。マネジメントは，取り組むべき課題を明確に定義し，ステークホルダーにとっての価値を創造するために解決が必要な問題を特定しなければならない。これには，コラボレーションをサポートするために必要なリーダーシップが含まれる。コラボレーションは，変化への対応に際して求められるクリエイティビティとイノベーションを引き出すうえで，欠くことができないためだ。また，この章では，ビジネスモデルデザインにおいてデザイン思考が重視されるようになっている現状に触れ，組織がどのようにデザイン思考を有効活用しているかも紹介する。

5.1 イノベーション・バリューチェーン

　イノベーション・バリューチェーンという概念は，新しいものとは限らない。例えば，製品開発においては，ごく一般的な概念となっている。Porter は，主に製造業の企業を対象に，最も初期のよく知られたバリューチェーンを定義した（Porter, 1985）。このバリューチェーンで最初に来る主な構成要素は，購買物流である。これには，搬入，貯蔵，および製造に必要な物資の分配が含まれる。次に来るのが，このインプットをアウトプットへと変える業務，すなわち製造である。これに続いて，出荷物流があり，製品が顧客へと配送される。このバリューチェーンを支えるのが，人事管理，技術，インフラストラクチャなどの多数の機能だ。Porter のバリューチェーンは主に物理的なアウトプットを生産することに重点を置いているが，事業価値や社会価値を創造するという目的に応用できない理由はない。アイデアからスタートして，事業で活用する段階へと進めていくことができる。

　しかし，イノベーション・バリューチェーンは，目的が価値の創造ではないという点で異なる。イノベーション・バリューチェーンを最初に提案したのは Hansen と Birkinshaw で，アイデア生成から始まって，変換，拡散という段階を経て，価値を追加していくというものだった（Hansen & Birkinshaw, 2007）。このイノベーション・バリューチェーンの概念は，Liedtka が指摘した現在のトレンドに反映されている（Liedtka, 2014）。すなわち，組織がブレインストーミングを行ってアイデアを出し，革新的なソリューションを提案し，プロタイピングを経て，顧客によるテスティングへと進むプロセスである。本書では，これに似たイノベーション・バリューチェーンの概念を使用する。それを示したのが，図 5.1 である。

　イノベーション・バリューチェーンには，以下の活動が含まれる。

- アイデア生成：事業価値を創造するためのアイデアをキャンバスに書き出す。アイデアを提案するのは組織に精通した人たちで，現在何が起こっているか，物事を良くするために何ができるかに重点を置く。
- 革新的なシステムソリューションの創造：ここでは主にデザイナーが，より構造的なシステムの側面に注目して，アイデアがどのように機能するか，新しい技術を使うことでどのようなメリットがもたらされるかを検討する。アイデアを現実のシステムにするには，クリエイティビティが必要だ。最初は概念的な価値から始めて，システムを作るために何をする必要があるかを定義する。
- ビジネスモデルの開発：最後の段階であるビジネスモデルの開発とは，このシステムを事業環境でどのように使用して価値を実現させるかを定義することを意味する。ここでは，顧客セグメントを発見して，そのセグメントに製品やサービスを届ける方法を見つけるために，クリエイティビティが求められる。

　Porter のバリューチェーンと同様に，イノベーション・バリューチェーンも多数の

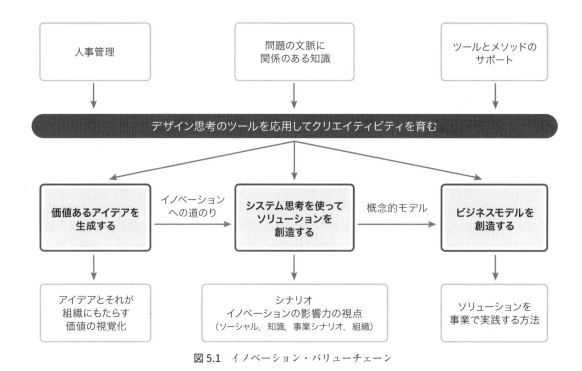

図 5.1　イノベーション・バリューチェーン

機能によって支えられる。例えば，以下の機能がある。

- 人事は特に，柔軟性のあるチームをサポートする。必要な知識を持った人を集めてチームを形成するためである。例えば，ビジネスモデルデザインの知識がある人は，図 5.1 の活動の最初ではなく，むしろ最後のほうで必要になる。
- マネジメントが提供するツールとメソッドは，キャンバスと相まってアイデアを生成し，アイデアに価値を加えていくすべての活動を支える。
- 知識もきわめて重要だ。特に，ビッグデータや分析と呼ばれるものにアクセスして，より良いソリューションを導くニーズが今まで以上に高まっている。

本書では，複数の事業ユニットの担当者で構成されるチームをまとめ，革新的な事業成果を生み出していくためのフレームワークとして，図 5.1 で示したイノベーション・バリューチェーンを使用する。これはあくまでフレームワークであって，必ずしも正式な手順や活動というわけではない。革新的なソリューションを創造する際に何が行われるか，すなわちアイデアがあって，それが実践的なアイデアでなければならず，事業として経営されなければならないことを，このフレームワークは定義している。大きな組織では，このようなバリューチェーンが組織内の至るところでいくつも流れているが，正式には認識されていないこともある。マーケティングにイノベーション・バリューチェーンが 1 つあり，人事にも 1 つあり，製造にも 1 つあるといった具合だ。価値をフ

ルに実現するには，これらのバリューチェーンで行う作業をコーディネートしなければ
ならない。

　例えば，オーストラリアの大手金融機関，Suncorp では，この種のチームがすべて集
まる日「イノベーション・デー」を定期的に開催して，アイデアを調整する場とした。
ハッカソンのアプローチも，最近では人気を博している。ハッカソンとは，それぞれの
バリューチェーンを代表するチームが呼ばれて，ほかのバリューチェーンに参加し，ア
イデアを出したり共通の開発目標を立てたりする活動である。

5.1.1　クリエイティビティが推進力をもたらす

　クリエイティビティは，イノベーション・バリューチェーン全体にわたって中心的な
役割を果たす。アイデアを出し，そのアイデアを実現するシステムを作り，革新的なビ
ジネスモデルを創造し，システムを実践で活用するために，イノベーション・バリュー
チェーンのすべての部分でクリエイティビティが求められる。最近では，クリエイティ
ブな思考を育むためのツールを使ったブレインストーミングが，注目されるようになっ
てきた。クリエイティブな思考を奨励するツールとメソッドを使用することは，非常に
重要だ。このため，デザイン思考のツールがバリューチェーン全体で使われることにな
る。バリューチェーンについては，常に念頭に置くべき点がいくつもある。

- 多くの場合，図 5.1 で示した活動のそれぞれにおいて求められる知識が異なる。そ
  の知識をもたらすために，異なるチーム構成が必要となる。
- すべての活動が，常に同時進行する。これは，Porter のバリューチェーンと同様
  である。また，インプット，生産，アウトプットの活動が長期にわたって継続する
  点も，Porter のバリューチェーンと同じだ。つまり，アイデア生成，イノベーショ
  ン，ビジネスモデルデザインが，継続的に行われる。これは，デザイン中心組織の
  特徴である。
- クリエイティビティは，すべての活動でとりわけ重要である。分析的なメソッドで
  は発見できないソリューションが必要とされる状況が多いためだ。

　第 8 章でも，イノベーション・バリューチェーン全体にわたって使われる一般的なフ
レームワークをいくつか取り上げる。特に，破壊要因にさらされた場合に強さを発揮す
るシステムをデザインするためのフレームワークだ。これらのフレームワークを使うこ
とで，対応しようとする課題を取り巻く状況についての疑問がさらに生じることも多
い。それらのフレームワークについての詳細は，第 8 章を参照してほしい。

5.1.2　クリエイティブなデザインチーム ─ クリエイティブな組織を構成する基本ブロック

　クリエイティビティは，現代の事業において常に重要であり続けてきた。分析的なソ
リューションには適さない課題や問題がしばしば起こり，その問題に応じてグループや

部門が生じる傾向にある。組織として成功するための昨今のトレンドは，クリエイティビティを継続的な活動にし，組織の報酬制度にも対応させることだ。デザインプロセスは，図5.2のように，クリエイティブなデザインチームを基本とする。そして，同じデザインプロセスの一部となるデザイン活動を，各チームが進める。図5.2のような構造の場合は，メンバーが複数のチームを掛け持ちすることもできる。小さな組織では，1つのチームがすべてのデザイン活動を手がけ，場合によっては少数の専門的なメンバーが活動ごとに参加するかもしれない。デザイン活動自体は，デザイン思考のアイデアに従って行われる。最初のデザイン活動は主に「拡散」で，最後の活動が「集約」となる。

ここでのデザイン活動には，以下のことが含まれる。

- ステークホルダーのことを深く理解し，共感を持つ。これについては第6章で取り上げる。ここでの焦点は，深いレベルの情報をストーリーや視覚化して収集することである。これは，デザイン思考の拡散活動と見ることができる。
- 価値あるアイデアを生成する。そのアイデアは，デザインを通じて実現することで組織にメリットをもたらすアイデアであるべきだ。これについても第6章で取り上げる。
- テーマを特定する。テーマとは，複雑な問題を手に負えるレベルに分解する方法を定義するものだ。これについては第7章で取り上げる。
- テーマの課題と問題を特定する。これについては第8章で取り上げる。
- バリュープロポジションを共同開発し，その課題に対応し解決するために何をするかを定義する。これについては第9章で取り上げる。このステップは，むしろ集約の思考に重点を置いている。収集した情報と課題を検討して，ステークホルダーにとっての価値を高めるために何ができるかを提案する。
- 概念的ビジネスソリューションを開発する。これについても第9章で取り上げる。これはシステムを構築する活動である。
- ビジネスモデルを創造する。これについては第10章で取り上げる。

これらのデザイン活動のそれぞれに何らかのプロセスがある。それは，図3.5に示したようなデザイン思考のこともあれば，システムの構成要素を一部開発するシステム思考のこともある。

5.2　デザインのプロセス

そこで考えなければならないのが，デザイン思考をどうやってデザインのプロセスに統合するかである。デザイン思考とは，デザイン活動の実践方法におけるすべてのこと，またはその一部のことを指している。

5.2 デザインのプロセス 87

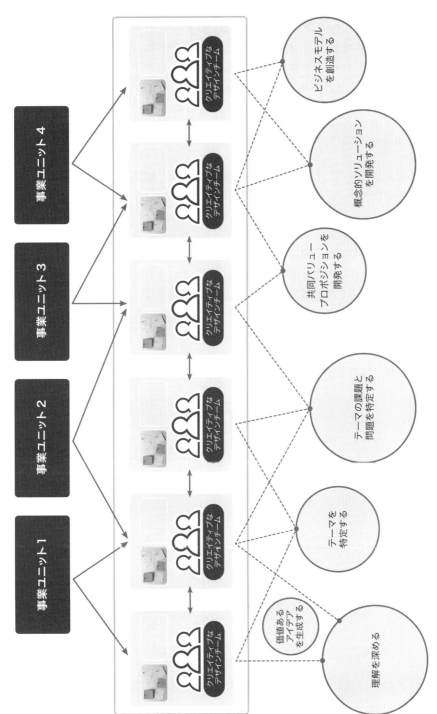

図 5.2 体系的なデザインプロセスにおけるクリエイティブなデザインチーム

5.2.1 「ダブルダイヤモンド」のメソッド

デザイン思考に関しては，常に新しい考え方が登場しているため，結果として実践方法も増えつつある。そのなかの1つが，イギリスのデザインカウンシルが提唱する「ダブルダイヤモンド」のメソッドである。図5.3に，デザインプロセスを複数のステージに分けて，各ステージで使うことのできる代表的なツールを示している。

ダブルダイヤモンドは，サービスのデザインを主眼としたもので，以下の4つのステップを定義している。

- 発見：このフェーズでは，デザイナーが現状を観察して，ステークホルダーのニーズを理解する。これは，スタンフォード大学が提唱するデザイン思考プロセスの最初の2つのステップに非常によく似ている。
- 定義：このフェーズでは，ステークホルダーのニーズを明確にする。図3.5と同様に，問題を詳細に記録した文書もこのステップで作られる。ペルソナ共感マップとペルソナのニーズが明確に定義される。このステップが終了する時点では，問題が明確に定義された状態に至る。これは，共同バリュープロポジションという形式を取ることもあれば，正式なサービス要件に落とし込まれることもある。
- 開発：このフェーズでは，概念的モデルとなるソリューションとプロトタイプを提案する。
- 提供：このフェーズでは，新しいビジネスモデルと事業計画を提供する。

図5.2のようなデザインプロセスは，アジリティをもたらすと同時に，組織内に点在する知識を集めてすべてのステークホルダーにとって許容可能な結果を生み出すのに役立つ。アジリティがサポートされる理由は，どのフェーズにおいてもクリエイティブなデザインチームをすばやく結成できるようになるためである。予期しなかった破壊要因が生じたのを受けて，様々な部門の専門ノウハウを集めて対応することが可能になる。

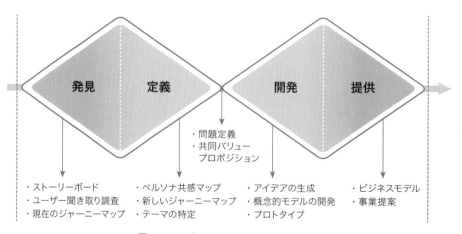

図 5.3　ダブルダイヤモンドのメソッド

このデザインプロセスで結成されたデザインチームはしばしば，図3.5のステップに従って，各フェーズのブレインストーミングを支える。

では，クリエイティブなデザインチームは，組織内でどこまで広げるべきなのだろうか。ほとんどの組織にとって，これは徐々に進化していくアプローチである。デザインチームは多くの場合，特定の領域で開始される。たいていは，顧客対応管理の領域だ。ここでジャーニーマップが使われ，チームがコラボレーションしながら，主な顧客にとって製品の体験がより良くなるようなデザインを考える。しかし，ほかの領域に拡大しようとすると問題が起きることも多い。その理由は，そうした領域にデザインスキルがないためかもしれない。そこで，以下のような代替のアプローチが考えられる。

● デザインチームを設立して，このチームがある事業ユニットから別の事業ユニットへと移動しながら，具体的な問題を支援できるようにする。
● 各事業ユニットが独自に体系的なデザイングループを設立することをポリシーとして義務付ける。

デザインチームは主に，アイデアを革新的な結果として実現させることを目標とする。イギリスのデザインカウンシルは，「デザインはイノベーションを推進し，事業の成功を後押しするうえで役割を果たすことが証明されている」と，報告書で述べている。デザインプロセスとは，組織から外へ目を向け，社会の真のニーズを評価するプロセスである。組織内で作った製品に対して顧客を見つけようとして外へ目を向けるのとは異なる。

徐々に進化する成長とは異なる例外といえるのが，Procter and Gamble と Suncorp だ。この2社は，より戦略的に変化を起こしてきた。このような大きな変化は，自然発生するものではない。組織再編の大きなニーズが生じた結果として起きるものである。

5.3　クリエイティブなデザインチームの構築

クリエイティブなデザインチームは，顧客に製品やサービスを提供するためのより良いデザイン方法と見なされるようになっている。このため，マネジメントがクリエイティビティを奨励することも，ますます重要になっている。マネジメントは，様々な領域のステークホルダーをクリエイティブなデザイン部門に集めて，新しいアイデアが常に提案されるようにしていかなければならない。クリエイティビティを引き出すには，ソーシャルな環境があり，しかもイノベーションのタイプに合った能力がなければならない。これが，クリエイティブなエコシステムを形成する。これには，新しいアイデアを生み出し，視点を定義し，アイデアについて話し合い，それを実践的なものへと発展させていくよう奨励するような躍動的な環境が必要だ。このような環境を実現するには，4つの条件を満たさなければならないことが指摘されている（Amabile & Mueller, 2008）。それを示したのが，図5.4である。

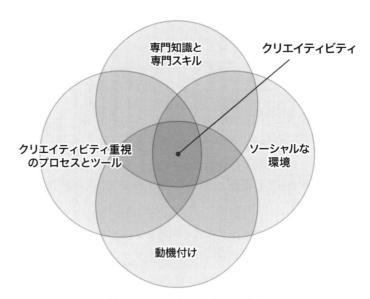

図 5.4　クリエイティビティの条件

- ソーシャルな環境：新しいアイデアへと自然に導いていくクリエイティブな活動をサポートするのに，ソーシャルな環境が必要となる。ここで重視されるのが，様々な専門領域で構成される学際的なチームだ。
- クリエイティビティ重視のプロセスとツール：問題を様々な視点から眺め，様々な人からの提案を奨励する。
- 動機付け：内在的な動機（好きなことに取り組む満足感）と外在的な動機（インセンティブ）の両方が含まれる。
- 専門知識と専門スキル：これは，バリューチェーンの活動で必要となる知識を意味する。活動によって様々なチームメンバーが必要となるかもしれない。例えば，ビジネスモデルを創造するには，この方面に明るい人が必要になる。ソリューションを開発するには，システムの機能や，技術がシステムにもたらす付加価値を理解している人が必要になる。

　これらをすべてまとめあげることで，クリエイティビティの文化は確立する。ツールやメソッドの使用を奨励するには，リーダーシップが必要である。それにより，建設的なディスカッションとコラボレーションが奨励され，良いアイデアの開発へとつながる。これは，専門知識のあるチームが，クリエイティビティを重視するツールを使う結果として実現する。

　クリエイティビティが求められる場面は，アイデアの生成だけではない。図 5.4 に示した専門性の組み合わせは，すべてのチーム，また図 5.2 のすべての活動に当てはまる。チームメンバーがしかるべき領域の知識を持っていることは重要である。これに

は，専門領域の知識だけでなく，図3.5で示したデザイン思考プロセスの各部に関する知識が含まれる。このため，革新的なソリューションを開発しようとするのであれば，システム思考の専門知識があるチームメンバーが必要になるだろう。そして，ビジネスモデルを開発するのであれば，事業の実践や事業上の価値創造に詳しいチームメンバーが必要になる。ただし，そのような専門家を取り込むのは，現実にはそれほど容易ではない。専門家に対しては高い需要があり，たいていの人は新しい案件を引き受ける余裕がないためである。マネジメントが直面する問題の1つとしてCitrix社が指摘しているのが，専門性を持ったチームメンバーを見つけ，参加してもらうことだ。そうした人はたいてい多忙を極めていて，長期にわたって関与してもらうのが難しい。

5.3.1 チームワークの重要性

クリエイティビティを引き出すうえで欠かせない要件の1つが，チームワークである。これは，共通の目標を目指して製品開発に取り組むことだけを意味するのではない。アイデアを持ち寄り，自分の専門的見地に立った提案を出すことを意味する。このため，例えばマーケティング戦略の効果を測定するビジネスソリューションを開発しようとするのであれば，経理，マーケティング，情報システムなどの担当者をメンバーに含めてこそ，良いチームができる。複数の専門領域にわたる学際的なチームであるべきだ。また，古くからのメンバーと新しいメンバーの両方がいるのが望ましい。

チームは，協働作業を重視すべきである。クリエイティブなアイデアというのは，複数の人がコラボレーションするなかから生まれてくる可能性が最も高いことが，すでに実証されている。コラボレーションに際しては，以下の資質が求められる。

- 好奇心旺盛で，自分の仕事に情熱を持っている。
- 問題を新しい方法で眺める知的スキルがある。
- 従来の境界線を越えてクリエイティブに考える知的スキルがある。
- 革新的な方法で各部を理解する。
- 常に知識を習得していく。
- 想像力が豊かで，リスクを厭わない。
- 様々なアイデアに対してオープンである。
- 不屈の精神と独立心が旺盛である。
- チームプレーヤーである。
- コミュニケーション力が優れている。

5.4 ブレインストーミング ― クリエイティブな デザインチームのメンバーによる協働作業

　ブレインストーミングは，図5.2に示したクリエイティブなデザインチームにとって非常に重要である。バリューチェーンのクリエイティブな事業ユニットすべてで中心的な活動となる。ブレインストーミングの目的は，様々な視点を持った人々の知識をとらえることにある。第3章で説明したとおり，ブレインストーミングは，従来の分析的なメソッドとは異なる。分析的なメソッドを重視したソリューション開発では，しばしば標準的なソリューションが導かれる。デザイン思考では，イノベーション・バリューチェーン全体のすべての活動でブレインストーミングを多用する。その目標は，革新的なアイデアを引き出し，それを実践に落とし込むことだ。アイデアを自由闊達に交換し，異なる視点のアイデアを組み合わせてみたりする。これをチームで行い，コラボレーションを重視する。多くの場合，誰かがあるアイデアを出すと，別の誰かがその欠点を指摘し，また別の誰かがその欠点を克服するアイデアを付け加える，という形で進行していく。このようなコラボレーションを経て，最初のアイデアが何か有用なものへと変わっていく。学際的なチームであれば，この過程にさらに価値が加わることを，あらためて強調したい。

　ブレインストーミングは，単に皆で集まることではない。たいていは，まったく制約なく何でも自由に話せるわけではなく，特定の目的や納期が決まったなかで行われることもある。

　図5.2に示したデザイン活動の多く，場合によってはすべてが，ブレインストーミングを介して遂行され，1つの活動に複数のブレインストーミングが含まれることもある。本書では，それぞれの活動で行うべきブレインストーミングの種類を説明していくが，それが自然発生することも多く，何らかのルールに従って決められるわけではないことに注意が必要だ。また，分析的なメソッドやシステム思考が必要とされるブレインストーミングもあるかもしれない。例えば，ジャーニーマップを作るためにワークフローを使うケースを考えてみるとよいだろう。

5.4.1 目標を設定する

　ブレインストーミングを効果的に行おうとするのであれば，目標が必要だ。図5.1のようなバリューチェーンであれば，そこに含まれる活動に対して目標を立てることができる。データ収集活動では，チームメンバーのストーリーと視点を集めてキャンバスに記録することを目標とする。その後，データ収集の結果として浮上した重要なテーマは何か，対応すべき課題は何か，どのように対応するかについて，アイデアを出す。そして最後に，どうやって実践に落とし込むかのアイデアも必要である。

5.4.2 目標のタイプ

ブレインストーミングの目標によって，ツール，参加者，収集する情報の種類が決まってくる。例えば，プロジェクト要件の変更点を認識してもらうのが目標であれば，ソーシャルネットワーキング図やジャーニーマップなどが重要になるだろう。

5.4.3 ブレインストーミングの進行と誘導

ブレインストーミングは，イノベーション・バリューチェーンのすべての段階で行われる。まずは，ステークホルダーのニーズを定義するためにブレインストーミングが必要になる。アイデアを出した後も，それをどうやって実践するか，どの技術を使うかなどをめぐって，やはりブレインストーミングを行う。重要なのは，プロセスを進むにつれてチームが変わっていく可能性があることだ。毎回のブレインストーミングで，デザインの一側面に特化した質問を用意し，それへの答えを見つけることが重要である。このため，チームの構成を変えて，適切な知識がブレインストーミングに取り込まれるようにする必要があるかもしれない。チーム構成は，目標やイノベーション・バリューチェーンの活動によって調整することができる。また，批判的な評価についての幅広い知識と経験があるジェネラリストを含めることもできる。

視覚化も同時に行われる可能性がある。さらに，比較的長期にわたるデザイン活動では，何度もブレインストーミングが行われることもある。

5.4.4 時間制限を設ける

時間制限を設けることで，提案とそれへの反応がすばやく出るようになることも多い。議論が散漫になったり前へ進まなくなったりすることも，決して珍しいことではない。このため，「全員立って，すばやく考えを出そう」と誰かがいうべきかもしれない。以下のようなプロセスを使うことができる。

- 思い付いたことを書いて貼り出す ― 5分間。
- この段階では，批判・評価・判断はしない。
- 出たアイデアをすばやく分類する ― 2分間（不可能なものは削除する）。
- 概要を説明しながらランキングを付ける ― 4分間。
- その後初めて批判的に議論し，良いものを選ぶ。

当面の対応策が出たところで，座って批判的に議論し，それらを評価していくことができる。ブレインストーミングは，デザイン思考の多数の段階で使われる。最初に新しいストーリーを作ろうとする時だけでなく，後のほうで重要な課題を見つけようとする時，またデザインコンセプトやソリューションを提案しようとする時などだ。

ただし，そのやり方にはいくつかのバリエーションがある。例えば，オープンなブレインストーミングとコントロールされたブレインストーミングを区別して論じる人もい

る。オープンなブレインストーミングでは，すべてのチームメンバー，場合によっては
チーム以外の人も，アイデアを出すことができる。コントロールされたブレインストー
ミングには，例えば，チームメンバーが1つずつ順番にアイデアを出し，その後チーム
全員で話し合うなどの形式がある。

5.4.5　結果をキャンバスに記録する

　結果はキャンバスに記録する。ここでもやはり，イノベーション・バリューチェーン
に基づいて多数のキャンバスが考えられる。チームメンバーは，ブレインストーミング
に期待される結果を明確に理解すべきだ。

5.4.6　構造的な立論を奨励する

　ブレインストーミングでは，時として，参加者が単に自分の好みを主張したり，プロ
ジェクトのスコープを飛び出して別の目標へと向かってしまったりすることがある。必
要なのは，立論するための構造である。そうした構造を用いることで，目標を確実に見
据えながらも，新しいアイデアを阻止してしまわないバランスを見つけるべきである。
図5.1に示したイノベーションのプロセスは，立論を重視するフレームワークをもたら
す。ステークホルダーにとっての価値を考えるブレーストーミングをした後，その価値
を考慮に入れながらアイデアを前へ進めるために別のブレインストーミングをし，イノ
ベーションの実践方法についてさらに別のブレインストーミングをすることができる。
ただし，必ずしもこの順序でブレインストーミングをする必要はない。あるブレインス
トーミングで出た課題を，別のブレインストーミングで出た課題と合わせて，後で再検
討することもできる。

5.4.7　行動のルール

　ブレインストーミングの効果を高めるルールが，これまでにいくつも指摘されてき
た。おそらく最も重要なのは，最初にアイデアを集める時点では批評しないことだ。
出たアイデアをそのまま記録して，キャンバスに貼り出すことに集中する。アイデアに
ついて話し合い，質問できるのは，その後にする。こうして十分なアイデアが出揃った
ら，ランキングや優先順位を付け始める。

5.4.8　アイデアについての質問

　質問は，ブレインストーミングにおいて非常に重要だ。質問には，アイデアの提案を
促すような質問と，後の批判的分析に使える質問がある。そうした質問を引き出すため
のフレームワークについては，第6，7章で考察する。有意義なアイデアが十分に出た
ところで批判的分析を開始するが，ここでの質問は，より探究的なものとなる。本書で
は，第3章の「デザイン思考」にかかわるセクションでいくつか質問を紹介した。最も
探究的で答えるのが難しいのは，「だから何なの？」かもしれない。また，「それが本当

に有益だと思う？　それはなぜ？」や「どうしてこういうことが起こっているのですか？」も同様だ。

　視覚化は，質問を促すのに有効である。例えば，ソーシャルネットワーク図を見ながら，なぜこの役割とあの役割の間が線で結ばれていないのか，といったことを問いかけられる。あるいは，この役割はこのリソースにアクセスできるべきではないか，ということも見えてくるかもしれない。視覚化したものを見ることで，深く突っ込んだ質問が引き出され，それが後にソリューションで対応すべき課題となることがある。

5.4.9　視覚化を選択する

　デザインは，クリエイティブかつ革新的でなければならない。多くの場合，目標とするのは，物事の改善方法を見つけることであって，完全に変えることではない。このため，「ひらめき」の瞬間を作ること，1つのアイデアから重要な突破口を開くことが目的なのではないと理解すべきだ。むしろ，イノベーションを文化に統合するような継続的なプロセスを作って，組織内のすべての人が常に集合的な知識を持ち寄り，改善方法を見つけていくような状態が，私たちの目指すところである。もちろん，本当にすばらしいアイデアが出たのであれば，それは採用されるだろう。

　視覚化は，ブレインストーミングを奨励する手段として，よく実践されている。リッチピクチャーとシステム図とをジャーニーマップに組み合わせた視覚化は，現在のシステムがどのように機能するかを示すため，その改善方法を見つけようとする際にしばしば用いられる。これは，現在の課題を特定し，デザインの目標を設定する際に使われるモデルである。チームメンバーは，このモデルを示したキャンバスの前に集まって，要素を指差しながら，新しい可能性を話し合う。これにより，誰がステークホルダーか，どのペルソナのことをよく知るべきか，どの問題に対応すべきかが見えてくる。

　具体的な対応策を考え始める前に，何が問題かについて共通の理解を確立しなければならない。例えば，都市の抱える具体的な課題を考えるとする。仮にそれが住宅問題だとして，ステークホルダーは住宅についてのどこが課題だと感じているのかを知らなければならない。高すぎることか，それとも通勤時間が長すぎることなのか。これ自体が，ブレインストーミングの一部になるだろう。まずはその問題に見られるテーマを多数特定して，さらにテーマに含まれる課題を特定し，そして最後に課題に対応するという順番で進めていく。この方法については第8章で後述する。

5.5 まとめ

この章では，革新的なプロセスのデザインに使われるフレームワークを紹介した。イノベーション・バリューチェーンが，このプロセスの中心にある。これは3つの主な活動で構成されていて，関連性の高いアイデアを生成すること，そのアイデアを実行するためのシステムを作ること，そしてシステムを実践で活用することだ。さらに，この章では，これらの活動に従事するクリエイティブなデザインチームについて触れ，どのようにチームを構成すればクリエイティビティを引き出せるかについても考察した。この章で紹介した活動をフレームワークとして，次の4つの章でそれぞれの活動について詳述していこう。

演 習

5.1 ここまで読み進んだところで，ブレインストーミングの練習を始めてみよう。大判の紙を壁に貼って，付箋を用意したうえで，今日，学校や会社に来るまでのストーリーを全員から集めてみる。その途中で見たことや聞いたことを含めてみよう。

CHAPTER 6

ステークホルダーに向けた共感の醸成と価値観の理解促進

第**6**章

この章の狙い
- システムに対する理解を持つ
- ストーリーを収集する
- ペルソナ共感マップを開発する
- キャンバスにストーリーを記録する

6.0　はじめに

　イノベーション・バリューチェーンを開始するには，図5.3のデザインプロセスに従うのが最も効果的だ。第一のステップは，何が起きているのかを把握し，ステークホルダーのニーズを理解し始めることである。たいていの場合，ストーリーの収集が役立つ。システムで現在何が起きているかを物語るストーリーを集めて，キャンバスに記録する。ここでのデザイン活動は，主にデザイン思考の拡散に当たる。組織の詳細を深いレベルでとらえることに重点を置く。詳細というのは，ストーリーや視覚化，聞き取り調査によって浮かび上がってくるものだ。デザインのプロセスでは，情報収集に終着点はない。プロセス全体にわたって，常に情報を集め，アイデアを生成し続ける。

6.1　組織を理解する

　図6.1は，クリエイティブなデザインチームによるブレインストーミングを図解したものだ。クリエイティブなデザインチームが真ん中にあり，その主な目標が記載されている。図6.1では，目標は，組織を理解し，ステークホルダーへの共感を醸成することだ。このため，以下のような要素がこの図に含まれている。

- 「自社の組織」と「クリエイティブなデザインチーム」の2つの円がある。クリエイティブなデザインチームが，デザイン活動の中心となる。
- デザインチームの円の中心には，デザインチームの目標が書かれている。ここで

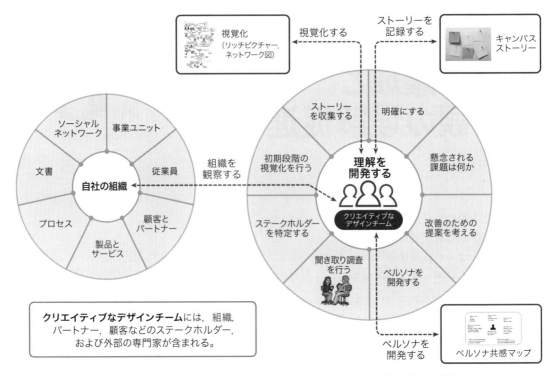

図6.1 クリエイティブなデザインチームによる理解と共感の開発

は，組織を理解する必要がある。

- デザインチームは，組織内外の様々なステークホルダーで構成される。これには，パートナーや顧客のほか，株主が含まれることも多い。さらに，デザインメソッドの専門家を入れることもできる。
- 中心部を取り巻く円は，デザインチームの活動を示している。このそれぞれが，ブレインストーミングの目標になり得る。例えば，ストーリーを収集する，当初の視覚化を開発するなどがある。
- デザインチームは，組織についての情報にアクセスでき，また様々な視点から組織を観察することができる。その様々な視点が，自社の組織という円に示されている。
- デザインチームは，組織の生産した物や組織が利用している物にアクセスすることができる。
- デザインチームの追求すべき新しい方向性が見つかるたびに，活動が生じる。特定の順序で行われるわけではない。
- この図はまた，デザイン活動の成果物も示している。例えば，ストーリー，ペルソナ共感マップ，視覚化などがある。

このような図は，クリエイティブなデザインチームがデザイン活動に際して行うことを抽象的に示す図として，第 7 章などでも使用する。デザイン活動の間，ステークホルダーは，ストーリーを共有し，説明し，その体験や重要と思われる課題，および考えられるソリューションについて質問する。単にストーリーを記録するだけでなく，ペルソナ共感マップを開発して，ステークホルダーのニーズと価値を定義する。これらはしばしば，ストーリーから浮かび上がってくるが，聞き取り調査やデザインチームに参加するなかで分かることもある。クリエイティブなデザインチームの動きは，一連のステップとして説明することはできない。このため，デザインチームのブレインストーミングの活動を図 6.1 のように示すことになる。

以下のセクションでは，これらの活動のいくつかを取り上げて，詳細に見ていこう。

6.2 ストーリーを収集する

ストーリーボードの前に立って，事業体のなかで何が起こっているかを話し合いながら記録していくことでストーリーを収集することが多い。そして，詳細な説明を付け加えて記録し，意味のあるテーマに分類する。この初期の段階では，ストーリーを記録することに集中して，何が起こっているかについての評価や批評はしないようにすることが重要だ。その作業は，後でする機会がある。図 6.2 は，ストーリーを付箋に書き出して貼り付けたキャンバスの様子を示している。付箋を使う理由は，新しいアイデアが出たり新しいテーマが特定されたりするたびに，簡単に並べ替えられるからである。任意に出されるストーリーを手書きで記し，そのアイデアをすばやくボードに貼った様子が，この写真からも見て取れる。

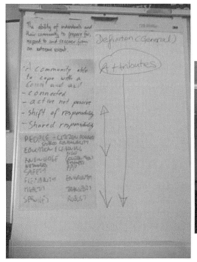

図 6.2　ストーリーボード

ストーリーボードは多くの場合，大きな部屋に長期にわたって貼り出しておき，人々が追加したり作業を重ねたりできるようにする。ボードを頻繁に見て，継続的にストーリーを追加し，コメントを書き足したりすることを奨励すべきだ。

では，チームの部屋にストーリーボードを長期にわたって貼っておけるような壁がない場合は，どうすればよいのか。例えば，学生が取り組むプロジェクトでは，教室にストーリーを残しておくことができないかもしれない。その場合は，記録したストーリーを自分たちで管理しなければならない。この場合は，単にストーリーを紙に書き出したり，ソフトウェアを使って記録したりすることでできる。または，付箋を大判の紙に貼り付けてもよい。こうすれば，ストーリーボードと同様に付箋を動かすことができる。

また，ストーリー収集をサポートするソフトウェアやほかの方法を使うニーズも高まっている。これには，以下のような理由がある。

- 多くの場合，スペースがないこと
- その場で参加できない専門家がいること
- 異なる場所の2つのチームがコラボレーションしていて，状況を共有する必要があること

6.2.1　ストーリーの形式

ストーリーは，短いものであるべきだ。50 語（日本語の場合は 100 字）をはるかに下回る長さが目安である。新しいアイデアの要点と現在の状況を説明すればよい。例えば，以下のようなものが考えられる。

- 職務記述書を入手するために，人事部に頻繁に連絡する必要がある。
- ホテルを自分で予約したい。
- X というデータベースでアプリケーションの詳細を見られる。

ここで重要なのが，限られた数のステークホルダーに制限せず，多数の情報源からストーリーを引き出すことである。様々な視点を持った様々な情報源によって，新しい洞察が作られ，それが新しいアイデアにつながる。このため，多数の情報源から情報を集めなければならない。これには，ステークホルダー，ほかの人たち，報道や報告書，データなどが考えられる。多くの場合，ブレインストーミングは，具体的な質問を用いたほうが効果が上がる。ブレインストーミング中には，異なる視点からストーリーにコメントして，何が起きているかに深く踏み込むことができる。

- 何が起きているのか。
- 何が必要か。
- 何が重要か。
- それについてどう感じるか。
- 何が起きるべきだと思うか。

- それがなぜ起きているのか。
- それは何を意味するのか。

ブレインストーミングでは，以下のことを行う。

- これらの質問への答えをストーリーとして記録し，ストーリーボードに貼り付ける。
- 探究的なフォローアップの質問を必ず問いかける。
- 必ず具体例を出して深く踏み込む。
- できるだけ多くのソースのデータにアクセスする。
- 決定を下す際には，統計などの根拠を使用する。
- 「食べもの」や「旅行」のような1語のメモを減らし，なぜそのトピックが出たかの理由を探究して，付箋には理由だけを書き出す。

こうしてストーリーを集めていくと，システムを改善するために何に対応すべきかが示されるようになる。ストーリーはまた，その環境で何が起こっているか，何が必要かに関する知識と見なすこともできる。現状を説明すると同時に必要なことを提案して，向かうべき方向性を設定する可能性がある。ブレインストーミングで何が起きるかを示したのが，図6.3である。

ここでは，友達のグループが集まって，次に何をするかを話し合っている。図6.3では7つしかストーリーが示されていないが，当然ながら，どんなデザイン活動でも，はるかに多くのストーリーが出される。テーマという考え方も，図6.3に示されている。ここでは3つのテーマが浮上している。どこで何を食べるか，宿泊設備を探すか，車を買うかだ。

図6.4は，もう少し焦点を絞り込んだストーリーの例である。営業の方法についてのストーリーを集めている。ここでは，テーマは2つある。販売とフォローアップだ。

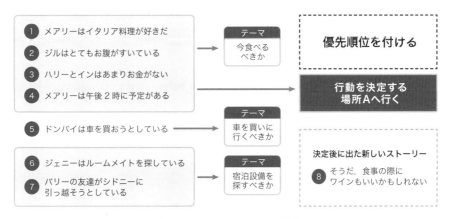

図6.3　ストーリーのテーマ分け

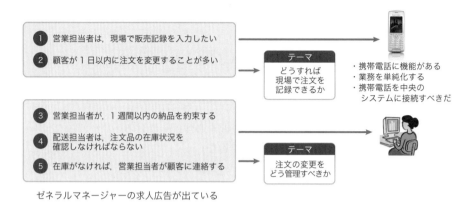

図 6.4　さらなるストーリーのテーマ分け

テーマは，さらに探究すべき方向性を示してくれる。また，デザインの決定を下すのに必要なデータも定義する。

6.2.2　グローバルなプロジェクト管理のストーリー

グローバルなチーム管理についてのストーリーの例を，表 6.1 に示した。

表 6.1　グローバルなチーム管理のストーリー

- 大型プロジェクトの要件が絶えず変更される
- 最初のプロジェクト提案を出してから最初の返信をもらうまでに時間がかかりすぎる
- チームを設立するのに，異なるタイムゾーンで承認を得る必要がある
- 早急に対応が必要な業務上の事項がある
- 顧客のニーズが頻繁に変わり，結果として頻繁に変更を要請される
- 現場の管理者がほかの現場の状況を知らないことが多々ある
- 最初の連絡で，だいたいの可能性が分かる
- 納品後は，プロジェクト関連の文書をクラウド上で提供する
- 顧客が時折，現地のチームリーダーと折衝しなければならない
- チームリーダーは連絡が取りにくい
- たいていは 1 か所の支店オフィスがプロジェクトの実行を管理する
- 変更を加えるには，コストで合意する必要がある
- 誰の指示を仰ぐべきかが明確でない
- 変更に時間がかかる
- 最も長く時間がかかるのはどこか
- 長距離の顧客がいる
- 多数の事業ユニットが関与しているため，仕様変更が容易でない
- 各事業ユニットの管理者が，プロジェクトのステータスを十分に認識していない
- 変更リクエストがあまりにも頻繁に出される

6.3 ペルソナ共感マップを開発する

　多くの場合，ストーリーを作ることが，ペルソナ共感マップを開発する出発点となる。全体的なディスカッションでステークホルダーのニーズが浮かび上がることは多いが，たいていは聞き取り調査と組み合わせる必要がある。このため，「変更に時間がかかる」や「変更が頻繁すぎる」といったストーリーを顧客から集めた結果として，変更にかかる時間が図6.5の「最大のペイン」であることが示唆されるかもしれない。

　ペルソナ共感マップは，後で重要性を持つようになる。どんなソリューションを開発するのであれ，必ず実現しなければならない価値が定義されるためだ。ストーリーは，ペルソナを構築する際の情報源の1つにすぎず，聞き取り調査やフォーカスグループで見つけなければならない情報もあるかもしれない。ここで時折使われるメソッドの1つが，「ワールドカフェ」である。このメソッドでは，最初に参加者を複数のグループに分ける。そして，各グループが同じ問題に取り組み，ストーリー，テーマ，そのほかのアイデアを記録する。ただし，一定の間隔でグループがメンバーを交換し，一部のメンバーが別のテーブルに移動することができる。ただし，各テーブルの成果物は動かさない。テーブルにあるテーマ，ソリューション，そのほかのモデルを引き続き使用して，新しい構成のグループで同じ問題に取り組む。このような聞き取り調査またはフォーカスグループを通して，第3章で紹介したペルソナ共感マップの作成に必要な情報を収集する。例えば，顧客の考えを聞くうちに，「システム開発では変更が簡単にできる」のように顧客が考えていることが分かるかもしれない。この考えゆえに，変更を頻繁にリクエストしてくる可能性がある。

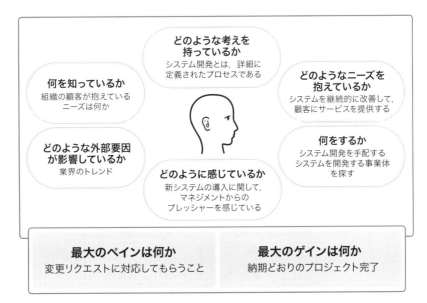

図6.5　顧客のペルソナ共感マップ

また，現場の作業に参加して行うエスノグラフィー調査も，理解の向上につながる。ただし，これは当然ながら時間のかかるプロセスだ。ステークホルダーに活動日記を付けてもらい，そこから人々が何をしているかの情報を得るやり方も，よく使われている。

6.4 改善の提案

ストーリーボードは，ストーリーを集めるのに役立つ一方で，提案にも寄与する。提案は，一文でなくてもよい。多数の付箋を何らかの順序に並べたものや，ほかの組み合わせにしたものを使うことができる。典型的な例としては，イベントをどのように企画するか，部屋の中の家具をどう配置するか，旅行の予定をどのように組み立てるか，などが考えられる。

図6.6は，ツアーのプランニングで使用するストーリーボードの例である。ストーリー，すなわち付箋は，このツアーに含まれるアクティビティを示している。これをストーリーボード上で動かして，アクティビティの順序を提案することができる。ストーリーボードには，アトラクションの写真やレストランのメニューも貼り付けることができる。その後，ツアーのデザイナーがこのボードの前に立って，ツアーの企画方法をブレインストーミングし，ボード上の付箋を新しい順序に進化させていく。

図6.6は，ストーリーボードとジャーニーマップを緩やかに組み合わせたものと見ることもできる。ストーリーボードはメモ書きだが，ジャーニーマップは左から右へと流れる。この活動のデザイナーは，観光客が希望することについてのストーリーを集め，それを左から右へ並べてジャーニーマップを作成する。その後，想定客の興味を盛り込んでペルソナを開発することができる。ペルソナは，その背景情報に合ったアトラクションやアクティビティを提案するのに役立つだろう。こうしてデザイナーが新しい方向性を模索するなかで，いろいろなツールが活用されていく。

同様のアプローチは，顧客との接し方を改善しようとする際にも使うことができる。

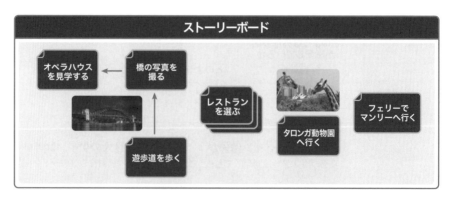

図 6.6　ツアーのプランニング

例えば，グローバルなプロジェクト管理であれば，活動をそれぞれ示したうえで，順番に並べ替え，どこで遅れが生じているかをブレインストーミングし，さらにその遅れを解消する方法をブレインストーミングする。デザイナーは，ここでも必要に応じてツールを選ぶことができる。

6.5　まとめ

　この章では，クリエイティブな活動がどのように開始されるかを説明した。多くの場合は，システムについてのストーリー，すなわち人々がシステムにどのように機能してほしいと思っているかから始まる。これらのストーリーでは，システムがどのように機能するか，課題は何か，考えられるソリューションは何かを説明すべきだ。また，この活動の開始時点でペルソナ共感マップを作り始めることも重要である。ペルソナ共感マップは，ソリューション開発の段階でデザインを後押しする重要な推進力となるためだ。

演　習

6.1　図 6.6 のようなストーリーボードを使って，1 日の行動のジャーニーマップを開発する。

6.2　同じ作業を友達と行って，夜の外出の計画を考える。

6.3　チームメンバー 1 人に聞き取り調査を行って，ペルソナ共感マップを開発する。聞き取り調査をほかのチームメンバーにも広げて，チーム全体のペルソナ共感マップが作れるかどうかを考える。

テーマの特定

CHAPTER

7

第7章

この章の狙い
- ストーリーを整理してテーマにする
- 視覚化を行ってテーマを表現する
- デザインプロセスの初期の段階でテーマを用いる

7.0　はじめに

　システムについてのストーリーやほかの情報を収集した後は，それを使って何をすべきかを理解し始めなければならない。ここで用いるのが「テーマ」である。テーマとは，人々が何を重要と考えているかを定義するものであり，たいていは類似した考えのストーリーをまとめることで特定される。多くの場合，テーマの設定が複合的なシステムを理解するための最初のステップとなる。図6.3では，食事についてのテーマが1つ，車についてのテーマが1つ，宿泊設備についてのテーマが1つあった。テーマはしばしば，複雑な環境で何が起こっているかを理解する方法として使われる。テーマを立てることにより，すべきことが見つかり，優先順位が付けられるようになり，良いソリューションを開発するためにどのようなデータや知識が必要かが示唆される。

　クリエイティブなデザインチームがテーマを開発する際の活動を示したのが，図7.1である。この図には，テーマ別に整理したストーリー，そしてテーマの記録という2つの成果物が含まれている。図6.1と同様に，クリエイティブなデザインチームがステークホルダーと協力している様子が示されている。これは，組織に対する理解やユーザーへの共感を開発する初期の活動で作られたモデルの延長線上にある。ブレインストーミングに使える項目が外側の円に書かれている点も，図6.1と同様である。例えば，以下のような項目がある。

　　● デザイナーがストーリーの収集を続け，そこからさらにペルソナを開発する。これらのストーリーがすでに収集済みで，テーマの開発を始められる可能性ももちろんあるが，たいていは新しいストーリーが浮上する。

7.0 はじめに

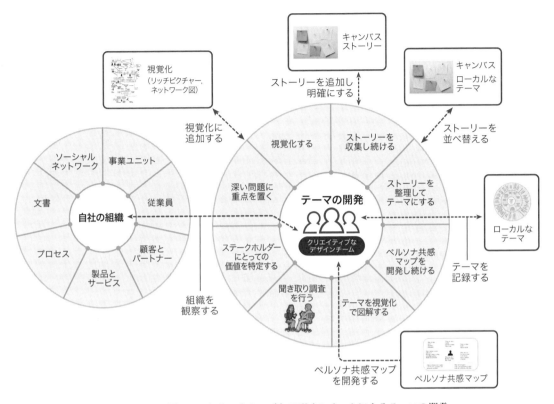

図 7.1　クリエイティブなデザインチームによるテーマの開発

- 視覚化を続ける。
- ストーリーをどのようなテーマに整理するかをブレインストーミングする。これには2つのキャンバスを使うが，1つのキャンバス上でストーリーを動かすこともできる。
- 合意したテーマを蓮の花チャート（マンダラ図）などのメソッドを使って記録する。

図 6.1 と図 7.1 で行う活動と視覚化は，しばしば重複することに注意が必要かもしれない。どちらのデザインチームにも共通するメンバーが多々含まれるため，早期の段階からテーマについてのディスカッションを始め，またデザインが進行した段階でもストーリーを追加し続け，ペルソナやほかの視覚化を改訂し続けることができる。この段階でもブレインストーミングは継続する。チームのメンバーと一緒にキャンバスの前に立って，視覚化されたものを見ながら話し合い，コメントや説明をキャンバスに記録していくことになる。

7.1 テーマ特定のための視覚化

ここでは，ブレインストーミングのメソッドである「蓮の花チャート」［このチャートを方眼状に書き出すと「マンダラ図」と呼ぶこともある］というテクニックを紹介する（英語では Lotus Blossom（蓮の花）と呼ばれている。これについて詳しく読むなら「Lotus Blossom Brainstorming」というキーワードで Google 検索してみるとよい）。蓮の花チャートは，マインドマップの開発ツールの一種で，ストーリーをテーマにまとめていくのに役立つ。このマップは，花の中心部からスタートする。ここでは図 6.3 で出したストーリーを使用する。

図 7.2 にあるとおり，ここで中心となる課題は，「何をするかを決める」である。これを中央の核に見立てたうえで，グループのディスカッションで浮上したテーマを花びらにする。この花びらは，ディスカッションの最中に集めたストーリーから作られている。花びらを特定し，特定のストーリーをどこに入れるかを決めること自体が，しばしばブレインストーミングの成果物となる。このため，図 7.2 では，ストーリーを集めて花びらに区分することになる。1つ重要なのは，花びらを最大 8 枚までにすることである。なぜなら，詳細に踏み込む前に，最初に大きな課題を特定したほうがよいからである。詳細に踏み込みたいのであれば，花びら 1 枚を取り出して，それを新しい核にする。例えば，「レストランに食事に行く」を取り出し，それを中心にして新しい花を作

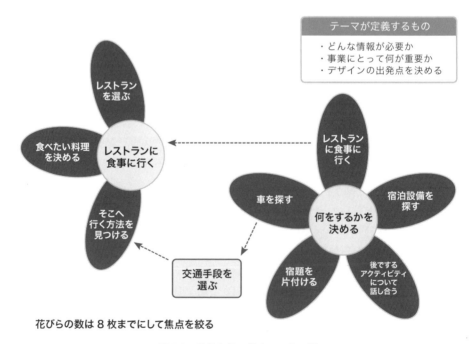

図 7.2　単純な蓮の花チャートの例

ることができる。そして，この新しい花でさらにストーリーを出してテーマを特定し，決定へと至る。

蓮の花チャートは，階層構造的な分解図ではない。複雑な環境で課題を特定するツールと考えるべきだ。後にソリューションを考える際には，様々な花からの要素を組み合わせることができる。また，以下の点にも留意すべきである。

● 花の中心部は，デザインの目標を定義する。これが，ソリューションのフレームワークとなる。ここは必ず，ステークホルダーの活動を示す動詞を書くべきだ。例えば，「何をするかを決める」が，それに該当する。
● 花びらは，それぞれがサブ目標またはサブフレームワークとなる。このため，「レストランに食事に行く」であれば，どこへ行くか，どうやってそこへ行くかをデザインする必要が生じる。
● ソリューションは，複数の花びらから来る。例えば，レストランへ行く手段として，タクシーを使うことが選ばれるかもしれない。

7.1.1 テーマを視覚化する代替の方法

テーマの開発に使用する表現は，ストーリーを分類してテーマを見つけるに当たってクリエイティブな思考を刺激するようなものでなければならない。図 7.2 で紹介した蓮の花チャートは，キャンバス上に作成して，花びらにストーリーを入れていくことができる。しかし，文書やテキストで記録するとなると，扱いにくい可能性がある。そこで，代替の 2 つの視覚化方法を図 7.3 に示した。

どちらにおいても，やはりテーマは 8 つに制限する。図 7.3(b) では，中央にあるのがデザインの目標で，次のレベルがテーマとなっている。その次のレベルはブレインストーミングの活動で，ここからストーリーやアイデアを引き出していく。

本書の以降のセクションでは，この図 7.3(b) で示した円形の表現を使用していく。図 7.3(b) の 2 つ目の円は，1 つ目の円にある「レストランを見つける」と「レストランに近い場所」という 2 つのテーマが，同じ「レストランを見つける」というデザイン活動に入る様子を示している。

7.2 テーマ特定のためのブレインストーミング

テーマを特定する際によく使われるのが，キャンバスの前にチームメンバーが立って，付箋を動かしたりしながら，ストーリーをどのようにまとめられるかを考える手法だ。これらのテーマが，ブレインストーミングの結果になることも多い。キャンバスには，リッチピクチャー，ペルソナ共感マップ，現行のジャーニーマップなどが貼られているため，それを見ながらテーマに整理していくことができる。共通の言葉やトピックを含んだストーリーを一緒にして見て，数ある組み合わせのどれが最も理にかなってい

110　第 7 章　テーマの特定

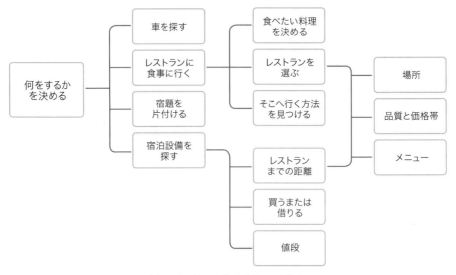

(a) マインドマップによるテーマの特定

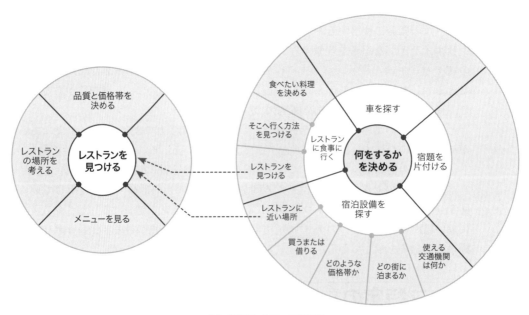

(b) 円を使ったテーマの表現

図 7.3　テーマを表現する 2 つの代替方法

るかを見ていく．通常は，多数のグループを特定でき，それがテーマになるだろう．その際のガイドラインは，以下のとおりである．

- テーマの数を 8 つに限定する．テーマが多すぎれば，デザインの決定を下すのが困

難になるだろう。

- 新しいストーリーが出るたびに，テーマを変更する必要があるかもしれないことに注意する。
- ディスカッションするなかでストーリーが様々なテーマに構成されるため，テーマは次第に進化していく。
- テーマは，それを開発するために必要となるデータや知識を特定するものであるべきだ。
- 「これらのストーリーが何か重要な点を示唆しているだろうか」などの質問を問いかけながらブレインストーミングする。

7.2.1　テーマはなぜ重要なのか

テーマは，対応すべき問題を絞り込むうえで最初のステップの1つとなる。テーマはしばしば，何が重要な課題かについてステークホルダーが共通の理解を形成するのに役立つ。テーマが果たす役割は，以下のとおりである。

- デザインにおいて何が重要かについて，ステークホルダーが共通の理解に到達するための第一歩となる。
- 複雑なシステムを手に負えるレベルに分解するための第一歩となる。事実，テーマは問題にフレームワークをもたらす手段となる。
- 意思決定の焦点と優先順位をもたらす。新しい革新的なソリューションが必要なのはどこかを浮き彫りにする。
- 現在どのような状況にあるか，それがなぜ起こっているかを，デザイナーに対して示す。ここでは，「それがなぜ起こっているのか」，「何がそれを引き起こしているのか」，「重要な活動は何か」といった質問が問われる。その結果が満足なレベルに達しないのであれば，それがデザインで対応すべき課題となる。
- どこで価値を創造するかについての焦点をもたらす。例えば，図6.3では，何を食べるかという点でグループのメンバーを満足させることが，明らかな価値だ。このため，様々なメニューの良所についての情報を集める必要がある。
- デザインで必要となるデータを定義する。図6.3のテーマでは，必要なデータは，近くのレストランについての情報，すなわち料理の種類，値段，場所などである。

こうして，新しいデザインのフレームワークを採用するのであれば，次のステップとして，食事についての情報が追加で必要になる。このため，新しい視点がもたらされ，さらなるデータのニーズが生じる。プロジェクトが大きいほど，関連するデータの検索に焦点をもたらすテーマは重要性が高まる。入手できるかぎりあらゆるデータを見ようとすることがしばしば行われがちだが，テーマは，より整理されたアプローチをもたらす。プロジェクトに関連するデータをすべて見ようとするのではなく，1つのテーマから着手できるようになる。

7.2.2 テーマ開発のための幅広いフレームワーク

図7.3のストーリーとテーマは，主にローカルな課題に焦点を当てていた。ローカルな問題は何か，組織の知っていることは何か，考えられるソリューションは何かである。これは，狭い範囲に絞られたローカルなテーマとなり得る。図7.3のように，友達のグループで何をするかといったテーマのことである。よりグローバルなテーマであれば，別の視点を持ち込むことになるだろう。例えば，好ましい食生活は何か，ステークホルダーの食生活の要件に合った食事を見つけられる可能性が高いレストランはどれか，などである。こうして，好ましい食生活は何かという新しい視点ができることになる。であれば，メニューや調理方法に着目してレストランを選ぶことになるだろう。そして，調理油に何を使っているかといった質問を問う必要が生じるかもしれない。

第8章では，特に複雑性と順応性という点からグローバルな視点を定義する。その場合のテーマは，現在の顧客をどうすれば満足させられるかだけでなく，順応性をどのように達成して，競争が激化・変化するなかでも顧客を満足させられるかとなる。このようなフレームワークについては，第8章で説明する。

7.3　ストーリーを整理してテーマにする方法

テーマを開発する1つの方法が，ストーリーボード上でストーリーを動かして，似たものをまとめていくやり方だ。似たストーリーを集めてみると，ステークホルダーが重要と考えていることが明らかになり，それがテーマとなる。このプロセスに際しては，チームメンバーがストーリーを1つ1つ吟味して，どこに類似点があるかを考える。この類似点が，テーマを示唆するかもしれない。

ストーリーをまとめて，どこに共通点があるかを見出すことは重要である。これは，デザイン思考の最も重要なステップの1つといえる。これをするなかで，ステークホルダーの直面している課題は何かが特定できる。そして，これをコラボレーションで決定する。テーマは，重要性が高いとチームが考える項目を明確化する。

テーマを開発する方法は2つある。

2つ目のアプローチは，厄介な問題に対応するユニークなソリューションを模索する組織で特によく使われるようになっている。

1つは，その状況に適した**確立した区分方法を使用する**ことだ。例えば，事業ユニットや標準的な事業構造が使えるかもしれない。その後，日常業務やルーチンの操作に直接的に関係するストーリーを集める。例えば，パートナーにかかわる課題，顧客チャネルにかかわる課題などである。そして，その確立した区分方法でストーリーを分類し始めることができる。

もう1つの方法は，ストーリーボードの前にチームメンバーで立って，後掲の図7.5のようなテーマにストーリーを分けていくことだ。ストーリーについて話し合い，比較した

り類似点を見つけたりすることで，これが達成できる。この結果として浮上するのは，より大局的な課題かもしれない。例えば，「ガバナンスの欠如」，「社会のまとまり」，「状況の認識不足」，あるいは「新しい街に引っ越して新しい友達を作る」などが考えられる。

　この2つ目のケースでは，過去の例に頼って**テーマを定義する**ことはできない。このため，やはりストーリーを分類するのがベストの方法となる。例えば，どんな都市にもそれぞれの課題がある。これは，どんな組織，どんなコミュニティにも共通することである。

7.4　大きな組織でテーマを定義するためのプロセス

　ここまでは，クリエイティブなデザインチームを組織内の独立した活動として説明してきた。こうしたチームは，事業ユニット内に作られたり，特定の課題に取り組むために独立して作られたりする。しかし最近では，組織に競争力をもたらすソリューションを創造するための体系的なプロセスに組み込もうとするのがトレンドになっている。図7.4 が示しているのは，大きな組織でテーマの開発をどのように管理するかについての幅広い考え方である（Horn, Weber, "New Tools For Resolving Wicked Problems" から抜粋，参考：https://www.strategykinetics.com/New_Tools_For_Resolving_Wicked_Problems.pdf）。

　図7.4 の方法では，一連のミーティングを開いて，長期にわたって対話を続ける可能性がある。自発的なインタラクションを刺激することを重視して，複数のチームがまずはグローバルなレベルで主な課題を特定することに集中し，その後，低いレベルのテーマに絞り込んでいく。マネジメントは，各レベルでチームを組織化しなければならない。多くの場合，新しい課題が生じるたびに，既存のグループのなかからチームが浮かび上がってくる。例えば，以下のような進め方が考えられる。

- あるチームが主にストーリーの開発に特化する。
- その後，別のグループが現状を視覚化する。
- さらに別のグループが，克服すべき障害や問題を検討する。
- ソリューションを提案し，評価を行う。

　これらのグループは，新しい課題の発生を受けて，インフォーマルな形で役割を担うようになる。重要なのは，チームがインフォーマルとはいえ，クリティカル（批判的）に探究して課題に対応し，真の課題を提起しようとすることだ。以下のような質問を投げかけ，答えをストーリーや付箋のメモとして記録すべきである。これらが，対応すべき課題を示唆することがある。

- なぜこれが起こっているのか。
- このアイデアについてどう思うか。

114　第 7 章　テーマの特定

1 理解を醸成する	初期分析のためのチームを結成する。リッチピクチャーを使って全体的な理解を開発する。 主なステークホルダーを特定する。 すべてのユニットからのステークホルダーでチームを構成し，場合によってはファシリテーターやコンサルタントも入れる。
2 テーマを定義する	組織内に含まれる主な事業体とそれぞれが何をしているかを特定することから始める。それらの間に存在する問題についてのストーリーを収集する。システム図を作成する。ストーリーとステークホルダーの視点を収集し続ける。ペルソナ共感マップとテーマの開発に着手する。特定のテーマで実現する可能性のある価値を定義する。テーマを記録する。
3 テーマで合意する	テーマの主な影響と問題，およびその原因を特定し始める。 ペルソナ共感マップを発展させる。 テーマを定義して合意する。 各テーマに合ったチームを選ぶ。
4 テーマの課題と問題を特定する	各テーマの主な課題を特定し，優先順位を付けたうえで，どのように進めていくかを提案する。 対応すべき問題を特定する。

図 7.4　テーマ開発の管理方法

7.5　グローバルなプロジェクト管理 ― テーマは何か

　第 3 章で，例としてグローバルな大型プロジェクトの管理を示したシステム図を定義した。しかし，変更の管理に課題がある場合は，どうすればよいのか。変更の管理というのは，多くの場合，複雑なプロセスとなる。製品の変更方法に影響するだけでなく，変更のコストとそれを誰が払うのかにも影響する。

　グローバルなソフトウェア開発のプロジェクト管理にまつわるストーリーを表 6.1 で示したが，図 7.5 は，それよりも多くのストーリーから引き出したテーマの例である。従業員が各地の多様な環境に分散している状況にあって変更を管理することが，図 7.5 の主なテーマとなっている。こうした状況では，誤解が不要な手戻りを招くこともある。そこで目標は，手戻りを減らし，クリーンな仕様を維持して，誤解をすばやく解消することにある。これらは対応すべき課題であり，これに対してソリューションを開発

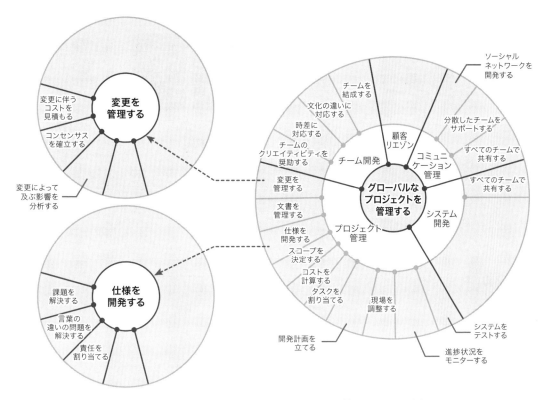

図7.5　グローバルなプロジェクト管理のテーマの円

する必要がある。そのための方法は、第9章で考察する。

　図7.5は、この状況を完全に示したものではない。システム改良というのは継続的なプロセスで、学習するにつれ、新しいテーマが浮上することがある。

7.5.1　トップダウンとボトムアップ

　1つ重要な選択を下さなければならない。それは、トップダウンで行くか、ボトムアップで行くかである。ここまでは、システム全体をリッチピクチャーで示してきたが、もう1つ、おそらくより一般的なアプローチがある。各構成要素のリッチピクチャーを作成して、後で統合するアプローチである。図7.6は、そのメソッドを示している。これは、グローバルなプロジェクト管理で変更のリクエストに対応する際の状況だ。組織の各部に対して別々のリッチピクチャーを描いてから、合体させる。図7.6は、プロジェクトのスポンサーが変更のリクエストを受けた時に開発オフィスで何が起きるかを示している。スポンサーは、コスト担当者にリクエストを出し、そのコスト担当者が、開発管理者にリクエストを送る。開発管理者は、ビジネスアナリストと話し合って、影響の及ぶ開発現場を特定したうえで、その開発現場にリクエストの詳細を送信する。これに対する返信を受けたうえで、開発管理者は、コストをまとめ、コスト担

116 第7章 テーマの特定

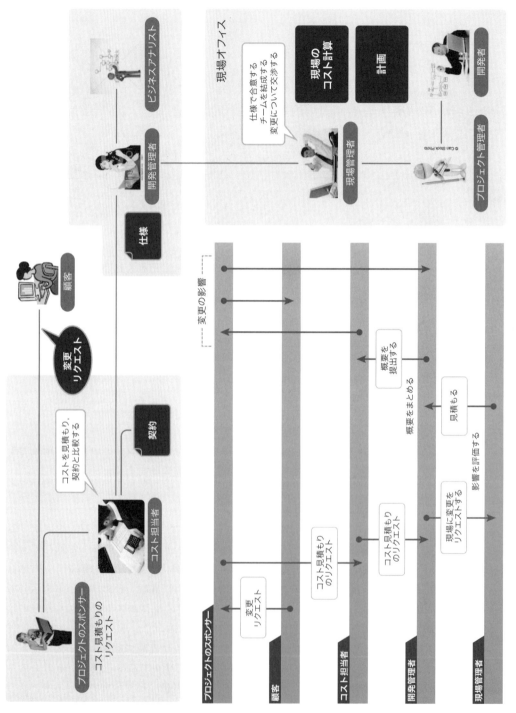

図 7.6 ボトムアップの変更管理の例

当者に送り返す。

これは単純な例だが，実践で使われるテクニックを定義するものであり，事業体が顧客やほかの事業体とのかかわり方を改善する目的で，しばしば顧客対応管理に使われている。

7.6　例 ─ 大都市の生活

都市化が進んでいるのを受けて，大都市の問題は，懸念領域として急速に浮上しつつある。この問題には，いくつもの視点がある。都市の建設または創造，大都市の管理，大都市の生活などである。ただし，「大都市の建設」ではないかもしれない。例えば，大都市の管理というテーマには，エネルギーと水道，社会福祉制度，交通機関，安全な環境の提供などが含まれる。行政にとって有益な視点だ。

図7.7では，例として，大都市の生活に関するテーマをいくつか示した。この図にあ

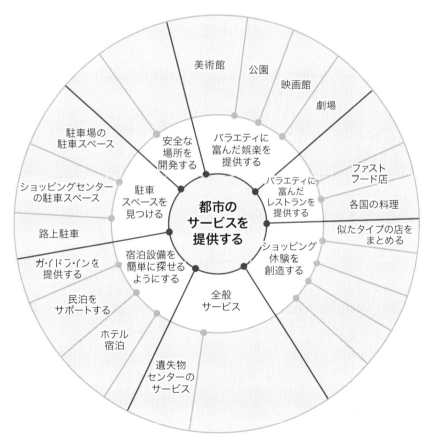

図7.7　都市のサービスのテーマ

るとおり，中央にある主な課題は「サービスを提供する」である。これは，都市生活を向上させるうえで重要なテーマだ。大都市の生活に関するストーリーでは，市民のニーズや，市民が必要とする，または期待するサービスに焦点を当てる。図7.7では，中心を取り巻く花びらの部分に，より良い生活環境を創造するために対応しなければならないテーマが書かれている。それぞれが，別個に取り出して中央に据え，独自の花を作れるようなテーマである。

ソリューションは，これらの花びらの何らかの組み合わせから開発することができ，結果的に複数の専門領域にわたる焦点を持つことになる。花びらに1個ずつ種が込められていて，これを土に植えれば，一緒に芽が出て，より強靭でより興味深い植物が育つと想像してほしい。このような状況では，ハッカソンがしばしば有効である。様々な領域を代表する複数のチームが集まって，互いの成果物を評価する。

中央の課題を取り囲むテーマは，8つに制限することだ。なぜ8個かというと，大きなテーマを特定することに集中し，マイナーな課題を大きなテーマにしてしまわないようにするためである。もちろん，大きなテーマは分解して，それぞれにテーマを持つことができる。例えば，「駐車スペースを見つける」を中央の課題に据えて，そのテーマに「駐車場」や「ショッピングセンター」が提供するサービスを入れたりすることができる。

サービスの提供を取りまとめるのは行政機関であるため，市民の必要とするサービスを行政機関と組み合わせる必要がある。

大きなプロジェクトでは，テーマを定義することがとりわけ重要である。第4章で紹介したスウェーデンのヴェステルボッテン県では，行政と民間業界のコラボレーションを通じてプロジェクトの初期の段階でテーマを開発し，それぞれのテーマに別々のサイクルで対応した。

7.6.1　都市のデータ

都市は，必然的に多数のテーマを有している。旅行，宿泊，ショッピングなどである。これらのストーリーがテーマにつながる。

例えば，「夜遅くに自宅のアパートに帰る安全な方法を探している」というストーリーがあるとしよう。

どのように？　メインストリートを渡って，ショッピングモール沿いの道を渡る。
なぜ？　道を渡る？
そのほうが速いから。

いつ？
たいてい1時以降は危ない。
無分別だと思わないか。

> いいえ，傘を持っている。
>
> **だから何なの？** 傘では護身にならない。

　このように，道を渡っている人のストーリーが多数集まるのであれば，安全に渡れるようにしなければならないかもしれない。ここでのテーマは，安全な場所を探すこととなる。その結果，必要なデータが示される。

7.7　まとめ

　この章では，クリエイティビティを刺激する条件について考察し，デザイナーがどのようにストーリーから出発して，重要なテーマを特定することによって徐々に環境を理解していくかを説明した。こうして特定したテーマは，第8章で対応すべき課題を定義し，さらにソリューションを提案するのに使用する。チームメンバーがテーマについて合意したところで，それをより詳細に見ていくことになる。これには，ペルソナのニーズに対応するシステムをデザインすることが含まれる。また，ステークホルダーの必要とするデータを入手する方法，そのデータを分析する方法も提供しなければならない。さらに，順応性や複雑性といった幅広いフレームワークでテーマを分析していくことになる。これについては，次章で取り上げる。

演　習

7.1　この段階で，ブレインストーミングの経験を積み始めるとよいかもしれない。フリップチャートのような大判の紙を見つけて壁に貼り，付箋を用意しよう。チームメンバーと紙の前に立って，ストーリーを貼り付けていく。自分の住む市が抱えている課題を考え，付箋1枚につきストーリー1個を書き出す。図7.1を参考にして，ストーリーをすばやく貼り付け，関連性を見つけ，テーマに分けていく。この段階ではストーリーを批評しないというガイドラインを忘れないこと。

7.2　都市生活ではなく，自分が詳しいほかのトピックでブレインストーミングをしてみる。例えば，健康増進や肥満解消などが考えられる。

7.3　食品業界の主なテーマを特定する。

7.4　図7.7のテーマを見て，自分自身の経験からテーマをさらに追加することはできるか。

CHAPTER 8

テーマの課題の特定

第**8**章

この章の狙い
- 課題をどのように特定するか
- どこでどのような知識が必要か
- 目の前にあるニーズを超えて対応すべきか
- 視点とセンスメイキング
- 情報システムの視点
- 複雑性の視点
- 順応性の視点

8.0　はじめに

　テーマを特定したら，次のステップは，何をする必要があるかを見極めることである。これには，テーマの課題と問題を特定しなければならない。そこで，テーマとそれに関連する視覚化を検討して，問題を特定することになる。しかし，問題を理解し特定するに当たっては，人の考え方が重要な要因となり，それはしばしばローカルなフレームワークにかかわってくる。人の考え方は，どのような質問を問いかけ，どのようなソリューションを提案するかに影響する。このため，「ソフトウェアを開発する」というテーマを見据えている人は，ソフトウェア開発で直面する現行のローカルな問題を特定し，組織とそのステークホルダーが今の時点で重要だと考えることに重点を置くだろう。第7章で特定したようなこの種のテーマは，ローカルなテーマと呼ばれる。この段階でローカルな基準に照らして提起された課題は，多くの場合，ペルソナで定義されている。そして，システム図やソーシャルネットワーキング図，ペルソナなどの異なる視点から見てみることができる。これらの視点によって，ブレインストーミングで問われる質問が特定され，それがローカルなニーズに対応するソリューションを見つけるための活動となる。

8.1 デザインとは何か

デザインには，2つの意味がある。1つは，動詞としてのデザインで，成果物を生み出すプロセスを指す。もう1つは，名詞としてのデザインで，デザインのプロセスによって生産された人工物を指す。本書では，思考のプロセスを通じてアイデアを徐々に進化させていくことをデザインと見なしていて，その過程にデザイナーの経験や新しい要因が影響して，アイデアが成熟し，デザインの人工物が作られていくと考える。この視点を示したのが，図8.1である。ここでは，デザイナーがローカルな知識を有し，これをローカルなフレームワークと呼んでいる。このフレームワークは，前章で特定したテーマとして表現される。ローカルな環境は，第3章で取り上げた視点によって説明することができる。

デザインの目標は，外部のデザイン評価のフレームワークを使って，人工物を創造すること，あるいはローカルなシステムを変更することである。ここでは，デザインの問題が，主にペルソナ共感マップで定義されたニーズから生じている。単純なタスクを自動化することかもしれないし，組織を流れるプロセスフローを改善することかもしれない。

8.1.1 外部のフレームワークを使用する

複雑な環境では，新しい外部の規準がもたらされ，組織がそれに反応しなければならない。それが問題のリフレーミングと呼ばれていて，多くの場合，リフレーミングはそれ自体がイノベーションだと見なされている。事実，リフレーミングや新しいフレームワークを使用することが，新しいイノベーションにつながるといわれている。この場合のフレームワークとは，経営論の文献などでよく語られるセンスメイキング（意味形成）の概念に通じるところがある。その目標は，デザインの範囲を拡大して，ローカルなフレームワークに対応するだけでなく，外部のフレームワークによる指標という点からデザインの成果物を評価することにある。

このため，図8.1を最も単純に解釈するならば，デザイナーがローカルなフレーム

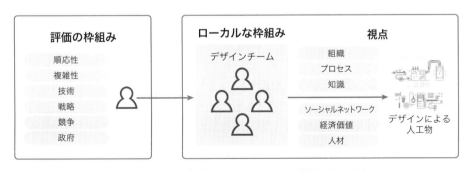

図 8.1　ローカルな文脈のフレームワークに特化したデザイン

ワークの文脈で活動している図ということができる。これにより，ローカルなシステムに変化がもたらされる可能性がある。デザイナーは，外部の評価フレームワークが定義する規準を使用して，ローカルな視点からローカルな変更を加える。

この章では，外部の評価フレームワークという点で，複雑性と順応性に焦点を当てていく。このフレームワークは相互に関連性があり，これを使うことで，今日の組織を取り巻く複雑な環境でより良いデザインの成果物を実現させるのに役立つ。これらの評価のフレームワークで問われる質問には，以下のようなものがある。

- 不測の事態が生じても，供給を維持できるか。
- どのようにして状況を把握し続けるか。
- 新しいチームをすばやく結成することができるか。

この章の以下のセクションでは，これらの付加的なフレームワークを使った規準について詳細に説明する。これらのフレームワーク自体は，円でテーマを表現する図で説明される。フレームワークとは，複数のテーマで構成されるものと見なすことができるためだ。これをデザインのガイドラインとして，デザイナーは，ローカルなフレームワークのテーマを1つずつ検討し，評価のフレームワークに照らしてテーマを評価することができる。

8.1.2 用語解説

この章の以下のセクションを読み進むに当たっては，いくつかの用語を知っておく必要がある。複雑な環境のデザインというのは，それ自体が複合的なプロセスになるため，そのデザインプロセスを理解するために，この章では体系的な構造を使用していく。まずは，以下の用語を正しく理解してもらいたい。

- **ローカルなフレームワーク** — デザインの行われる状況が，テーマとして説明される。1つのフレームワークが，1つのテーマの円となる。テーマの代わりにフレームという語が使われることもある。
- **外部のフレームワーク** — デザインで満たすべき規準を定義する。やはりテーマの円で表現される。
- **ペルソナで浮き彫りにされたギャップを特定する** — ローカルなテーマと外部評価のテーマを比較する。

8.1.3 新しいソリューション

現時点で，事業環境における順応性と複雑性に対応するフレームワークはごくわずかに存在するのみである。しかし，これらのフレームワークが，最近では一般的になりつつある。そうしたフレームワークは，災害復旧などの用途を主としていて，最近では都市のデザインに使われることも増えている。いずれも，デザインがソーシャルイノベー

ションと理解されることの多い社会問題だ（Cipolla & Moura, 2012）。この文脈における順応性と複雑性は，知識共有につながるソーシャルな関係，そして分析的なアプローチよりもむしろテーマを重視するイノベーションに焦点を当てている。

　外部の課題に対応する1つの方法が，センスメイキングのフレームワークを使用して，不測の事態に対応するばかりか，場合によってはそうした事態を予期するためのガイドラインをもたらすこともある。これらのフレームワークは，不測の事態に臨んでどうすれば順応性を高められるかといった，幅広いデザインの課題をデザイナーが特定するうえで役立つ。センスメイキングは，しばしば状況分析の方法と見られている。「それがなぜ起こっているのか」を知ることになるからである。センスメイキングは事業において重要であり，テーマの課題を特定するうえで有効だとされている（Weick, 1995）。センスメイキングでは，多くの場合，フレームワークが提供される。これにより，デザインプロセスで探究的な問いかけをするための方法がもたらされる。複数の専門領域にわたる学際的なチームを作ることは，様々なフレームワークをデザインで確実に考慮するための1つの方法だ。異なるフレームワークを使って思考する人たちをチームに取り込むだけで，ディスカッションの最中に様々な質問が問いかけられるようになる。

　フレームワークは，デザイナーの以下の作業を助ける。

● 新しく生じつつある大きな課題を理解する。
● ガイドラインを使って外部の課題に対応する。
● ガイドラインを使って競合他社や新興市場などのトレンドを理解する。
● 破壊的な状況に直面した際に，対応すべき新しいタイプの顧客やペルソナは誰かを問いかけることに集中する。

　この章では，**複雑性**と**順応性**という2つの重要かつ幅広いフレームワークを見ていく。これらがなぜ重要かというと，組織がますます複合的になっていて，かつ不測の事態に常に直面するようになっているためだ。この2つの要因は，最近になって明確に理解されるようになった。ここでは，課題を特定するためのフレームワークとして提案する。

● 複雑性のフレームワークは，主に環境をモニターして出来事に反応するためのプロセスを開発することを目的としていて，多数の概念をもたらす（Merali, 2006）。
● 順応性のフレームワークは，明確な意図，行動者または役割，時間，文脈をもたらす点が，ここでは重要だ（Duijnhoven & Neef, 2014）。また，基準を要求する側面もある（Kantur & Say, 2012）。
● 情報システムのフレームワークについても，この章で説明する。これは，主にデジタル化や具体的なニーズを満たす情報システムのデザインでよく使われる。

　ほかにも多数のフレームワークが存在し得る。それぞれが，ブレインストーミングで

問うべき質問を特定するためのフレームをもたらす。ビジネスモデルのデザイナーは，それらの質問を自分のテーマに対して問いかけて，そのフレームワークに関連する課題を特定することができる。学際的なチームには，様々な知識領域のメンバーだけでなく，複雑性や順応性といった分野の専門家が加わる可能性もある。これらのフレームワークそれぞれが，個別のブレインストーミングに焦点をもたらす。例えば，システムの視点からは，サプライチェーンのボトルネック，時間がかかりすぎるプロセス，エラーの生じやすいタスクといった点が焦点になるかもしれない。

8.2　課題と問題を特定するためのブレインストーミング

　それではここから先は，ローカルの具体的な問題を解決するだけでなく，外部のフレームワークから生じるテーマの課題を特定することもできる方法としてのブレインストーミングを見ていこう。テーマの課題を特定しようとするクリエイティブなデザインチームは，図 8.2 のようなフレームワークを頼りに前進していくことができる。図 8.2 を見る際は，前章で説明したローカルなテーマはすでにいくつか特定済みであると仮定してほしい。そのうえで，デザインチームが，テーマの課題と問題を特定していく。

　課題というのは通常，ブレインストーミングを通じて特定されたり提起されたりするものだ。しかし，チームが拡大され，外部の評価フレームワークについて詳しいメンバーが含まれていることも多い。デザインチームは，ペルソナ共感マップと外部のフレームワークの両方を使用して，こうした課題を特定することができる。ここでの基本的な考え方は，外部のフレームワークとローカルなテーマを使ってブレインストーミングし，ギャップがあるのであればそれを特定することである。同時に，ブレインストーミングを進めるうちに，チームメンバーが提案を出したり，ギャップに対応するためのアイデアや方法を開発したりする。それらのアイデアは，図 8.2 にあるような新しいキャンバスに記録することができる。また，後掲の表 8.4 のような文書に記録することも可能だ。この文書は，後に事業提案の一部となる。ここで話し合うのは，ギャップに対応するための提案とアイデア，テーマの課題と問題，さらには順応性の欠如や複雑な環境への対応力の欠如といったギャップを見つけるための外部のフレームワークである。

　ここでは，「提案とアイデア」を別のキャンバスに示しているが，実践上は同じキャンバスを使って異なる色で示すこともできる。分け方は，以下のとおりである。

- ローカルなテーマの特定に使用した分類済みのストーリー
- 第 7 章で特定したテーマを記したキャンバスまたは記録
- グローバルな視点を考慮したうえで，テーマの課題に対する提案とアイデアを記録したキャンバス
- 提案とアイデアを分類したうえで，チームメンバーで合意したテーマの課題と問題を記したキャンバスまたは記録

8.2 課題と問題を特定するためのブレインストーミング　125

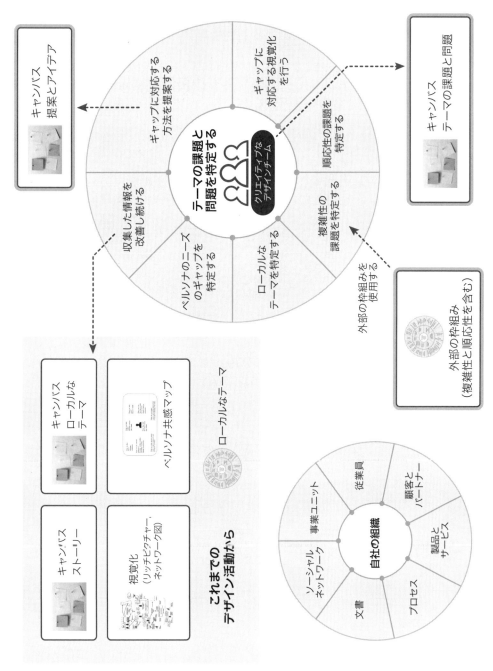

図 8.2　テーマの課題を特定するためにクリエイティブなデザインチームが行うブレインストーミング

テーマの課題を特定するためのブレインストーミング

目標：テーマの課題と問題を特定する。このブレインストーミングでは，以下のことを行う。
ペルソナのニーズと現行のシステムの間に存在するギャップを特定する。これまでに収集した情報に基づいて，この理解を構築していく。

- 収集した情報を，引き続き改善する。
- なぜその状況が存在するかの理由を見つける。多くの場合，これは歴史的な背景を意味する。
- すでに特定されたテーマを見渡して，これまでに記録されたストーリーや改善提案のうちいずれかが，この時点で課題として浮上しつつあるかどうかを検討する。
- ペルソナのニーズと現行のシステムの視点を比較してギャップを特定し，それらを課題として提起する。例えば，システムアナリストと現場管理者の間をつなぐ正式なリンクが存在しない。これは，コミュニケーション上の課題の一部となる可能性がある。
- ペルソナを使用してギャップを特定し，そこからテーマの課題を引き出す。ステークホルダーのペインを和らげ，ゲインを拡大することに集中する。例えば，ドライバーにとってのペインは，駐車スペースを見つけることかもしれない。「5 時から 6 時の間に X 地区で駐車スペースを見つけるのが難しい」というストーリーは，当初はギャップとなるかもしれない。
- そのテーマを発展させる方法について意思決定を下すに当たって，どのようなデータと知識が必要かを問いかける。この場合は，交通量，駐車スペースの数，道路計画などかもしれない。

テーマの課題を特定する。同様の質問を，それぞれのフレームワークに対して繰り返す。

- 例えば，システムの視点からは，システムのフレームワークを使用して，知識の欠如，ソーシャルネットワーキングの不足，組織構造のせいで生じる遅れといった全般的な問題を特定し，それを課題にすることができるかもしれない。
- 外部のフレームワークを考察し，ギャップを特定する。
- 例えば，都市でホテルを見つけようとする際に，ある種のイベントが大きな障害となるかもしれない。
- ここで問うべき質問については，この章の後のセクションで説明する。

キャンバスを整理する：ここでは，ストーリーやギャップを課題やその重要性と組み合わせてキャンバスを作成していくことができる。これらのストーリーをグループにまとめて，**テーマの課題**として記録する。例えば，5 時から 6 時の間の駐車の困難を緩和する方法などである。

課題と問題を特定する：成果物として出来上がるのは，単純にギャップとその潜在的な解決策を書き留めた付箋のグループかもしれない。ただし，表形式のほうが好ましい場合もある。この章の終わりにある表 8.4 のような形式だ。この表では，テーマをそれぞれ列に取り，それがステークホルダーにとってどのような価値をもたらすかを説明している。

1つの進め方としては、ステークホルダーが特定したローカルなフレームワークに含まれているフレームを1つずつ取り出して、それが外部のフレームで特定された課題にどのように対応するかを、質問を問いかけながらブレインストーミングすることだ。

8.2.1 外部のフレームワークから問題を特定する

デザイナーに求められるのは、理論的な性質を持ちながらも実際的な言葉で表現される外部のフレームワークに対応することである。その考え方を、図8.3に示した。ここでは、システムを眺める様々な方法を、いくつかの目で示している。つまり、異なる視点からシステムを見ていることを意味する。そうした視点から、問うべき質問がさらに浮上する。

アイデアやソリューションはしばしば、様々なテーマの各部を組み合わせ、それらを異なる視点から見てみることで生まれる。前述の住宅の例ならば、意思決定を下す際に、外部のデータとフレームワーク、およびローカルの知識の両方を使うことが多いだろう。例えば、様々なエリアの価格トレンドが、物件購入の意思決定に影響する可能性がある。

視点を変えた結果、異なる質問が見つかることは多い。期待していたのとはまったく違ったソリューションを生み出すこともある。Dorstほかは、シドニーの歓楽街、キングスクロスの状況を例にこれを説明した（Dorst et al., 2016）。キングスクロスでは、飲酒が原因の暴力や迷惑行為が起きることがあった。犯罪という視点から見た場合のソリューションは、営業時間を制限することだった。しかし、エンターテインメント地区を創造するという視点から見た時、まったく別の質問が提起された。エンターテインメント地区として見る視点は歴史的なもので、そもそもこのエリアは、かつてエンターテインメント地区だったのだ。

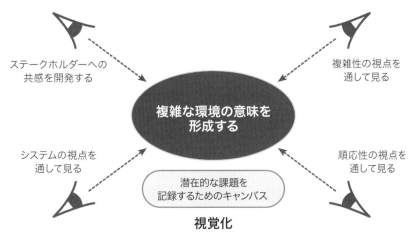

図 8.3　テーマの課題の特定

8.2.2　問題のリフレーミング

「複雑な環境のなかで管理する」や「順応性に優れた組織を作る」といった視点は高次なものであり，場合によっては戦略的なガイドラインに沿って質問を投げかけながら，ストーリーを整理していく必要がある。多くの場合，問題を図8.3のような異なるフレームワークから見ることで，新しいクリエイティブなアイデアが刺激される。例えば，順応性は，災害復旧の最中にあるコミュニティにとって，あるいは激しい競争環境に置かれた事業体にとって重要な課題だ。こうした状況では，学際的なアイデアが価値をもたらす。様々な専門領域のメンバーで構成されたチームは，様々な視点を使って課題を提示することができるだろう。このように様々なフレームワークから問いを投げかけることで，意思決定の質を高めることができる。実践的には，視点によってチェックリストが作られ，ストーリーをフレームに照らして整理することができる。それがソリューションを導き，複雑な環境のニーズにどのように対応するか，順応性の高いシステムをどのように作るかを示せるようになる。また，視覚化は，ここでも重要な役割を果たす。システムに含まれる様々な主体者の間の関係を明確に示すためである。

ここから先のセクションでは，より全般的なテーマである複雑性と順応性について考察していこう。これらのフレームワークは，テーマを示す円の図に加え，フレームに関する質問を使うことで定義できる。

8.3　デジタル化のための情報システムのフレームワーク

情報システムの視点は，情報技術の専門家であればすでに精通した領域だろう。業務情報システムのデザインにおいて，過去様々に用いられてきた。この視点は，オペレーション上の問題に対応するものだと論じることができる。例えば，情報の流れ，インターフェース，技術の選択方法を改善するといった問題である。情報システムのフレームワークをテーマの円で示したのが，図8.4である。これには，プロセスデザインやネットワークのサポートなど，システムデザイナーがよく遭遇するフレームが含まれている。

そして，ブレインストーミングは，図8.4に示されたフレームをガイドラインとして進めていくことができる。例えば，知識に関するフレームを取り出して，1つまたは複数のテーマの知識にかかわる課題を特定することができる。あるいは，テーマを1つ取り出して，表8.1のような異なるフレームから質問を投げかけることもできるだろう。

さらに，ストーリーをフレームワークのテーマに関連付けていくことも可能だ。例えば，あるフレームワークに関係すると思われるストーリーがあれば，それをそのフレームワークに関連付けて，ポジティブかネガティブかの印を付ける。ネガティブが多いフレームは，対応すべき問題を示している。そしてこれが，デザインのテーマとなる。また，「必要なすべての知識を持ち合わせていない」のように，ギャップや課題をシステ

8.3 デジタル化のための情報システムのフレームワーク

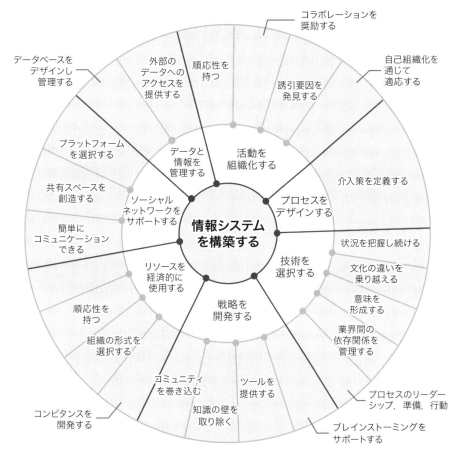

図8.4 情報システムのフレームワーク

表8.1 情報システムのギャップ

フレーム	情報システムにとっての重要性	ギャップを特定するために問うべき質問
プロセスデザイン	ステークホルダー間でベストの情報の流れを実現して，迅速な意思決定を可能にする必要がある。	プロセスのステップが明確に定義されているか。各ステップの役割と責任を特定したか。
知識共有	これは，プロセスデザインを補完する。プロセスの一部として，ステークホルダー間で知識が共有されなければならない。	プロセスのステータスに関する知識がすべての役割に対して提供されているか。そうした知識が迅速に提供されているか。
リーダーシップ，ガバナンス，ソーシャルな構造	このプロセスの責任者は誰か。	異常な結果が出た場合に何をすべきかがステークホルダーに伝わっているか。脅威分析の実験が存在するか。

ムの用語で表現することも重要である。よくあるシステムの課題には、プロセスに問題がある、必要な知識に簡単にアクセスできない、新しいスキルを持った人が必要とされている、などがある。

8.4 複雑性のフレームワーク

複雑性は、昨今の厄介な環境の重要な課題と見られるようになっている。ただし、何年も前から研究は行われており、多数の文献で説明されてきた。その多くは、複雑性を数学的にとらえている。本書では、情報システムの複雑性に関する研究を基本としていく（Merali, 2006）。この研究は、環境変化への反応として生じつつある新しいシステムや自己組織化の学習といった課題に焦点を当てている。これを本書では、図8.5のテーマに整理した。この全般的なスキームにより、デザインのプロセス中に問うべき質問に

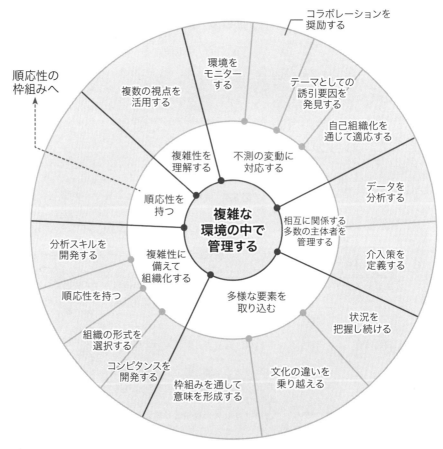

図8.5 複雑性のフレームワーク

ガイドラインがもたらされる。そして，その質問への答えが，複雑性のフレームワークのフレームに貼られる内容となる。

ここでもやはり，ストーリーがフレームに貼られる。ストーリーがない，あるいはネガティブなストーリーばかりになるようであれば，課題があることを意味する。例えば，変更のモニタリングが不十分である，結果についての情報が記録されていない，変化に対応するのに時間がかかる，といった課題が特定できるかもしれない。問うべき質問，すなわちブレインストーミングの例を，表8.2に示す。

- フィードバックをどのように記録し，行動からどのように学習するか。
- ステークホルダーは，知るべきことをすべて知っているか。
- 変化をどれだけ迅速に感知できるか。

表8.2　複雑性のギャップ

フレーム	複雑性にとっての重要性	ギャップを特定するために問うべき質問
自己組織化を通じた適応	不測の出来事をすばやく特定できる。	不測の出来事についての情報が，しかるべき人たちにすばやく伝えられているか。
環境についての知識構築	出来事を予期する。ほかの経験から対処方法を学習する。	異例の出来事とそれにどのように対処したかの記録を付けているか。
リーダーシップ，ガバナンス，ソーシャルな構造	不測の出来事への対応方法を特定できる。	脅威が及んだ際に取るべき行動を，人々が認識しているか。脅威分析の実験が存在するか。
テーマにおける誘引要因の発見	誘引要因は，デザインの核となる何らかの物体や事項を定義する。	注意を払うべき具体的な物体やプロセスがテーマのなかに存在しているか。

8.4.1　学習の重要性

学習は，とみに重要性を高めている。複雑な問題にかかわる際には，自分の理解していないことが多々あるはずだ。もちろん，なかには永遠に予測不可能なこともあるかもしれない。しかし，より構造的な関係を開発できることもある。

8.5　順応性のフレームワーク

順応性は，レジリエンスとも表現され，今や多数の分野で課題として浮上するようになった。多くの場合，災害などの緊急事態の文脈で使われているが，ほかの環境にも応用されることが増えている。例えば，破壊要因に常にさらされている事業体にとって，順応性は非常に重要である。複雑な環境や厄介な環境に置かれたシステムは，異例な出来事や極端な出来事に備えなければならない。順応性とは，変化に耐える能力を意味する。洪水や山火事などの自然災害に対する強さを意味することもあれば，経済の変化や

人生の変化への対応力であることもある。

　災害状況においては，災害対応を司る行政の部局が，責任を負うだけでなく，直接的に対処することが増えている。消防局が消火に当たるだけでなく，コミュニティが何らかの責任を背負って，災害対応の準備をし，資産を守るための予防措置を講じなければならない。

　順応性は，商業的な状況にも関係する。不況や政策変更に対してどれだけ順応できるかを意味する。また，ほかの多くの領域においても重要である。例えば，金融市場の急落に銀行がどう対応できるか，消費者の嗜好の変化に事業体がどう対応できるか，などが考えられる。

　順応性やレジリエンスという言葉の定義は今も確立の途上にあるが，ある一点に焦点が絞られつつあるというのが最新の見方だ。この概念を理解するには，観察すること，すなわち人々が何をもって順応性やレジリエンスと見なすかを把握したうえで，その状態に至るために組織が有さなければならない特徴を定義することができる。典型的な見方としては，以下のようなものが挙げられる。

- 順応性またはレジリエンスとは，単に適応し，出来事に反応し，回復する以上のことを意味する。ビジネスモデルを変化させて，継続的な変化を管理する必要がある。
- サステナビリティ（持続可能性）と同義ではなく，サステナビリティを達成するための条件である。
- 事業体は，革新的な方法ですばやく反応できなければならない。
- 新しい標準を打ち立てている最先端の企業は，順応性を強みとする傾向にある。例えば，高級ファッションブランドの Chanel は，二度の世界大戦を含む長い年月にわたって事業を存続させてきた。
- 複雑性を管理することは，順応性を持つうえで必須の条件だが，それだけでは十分ではない。
- リーン［ムダがないことで，製造工程からムダを排除するトヨタ生産方式が源流となった考え方］な組織が必ずしも順応性に優れているわけではない。

　最近の新しい課題の１つに，変化に反応するという責任が，直接対応を司る主体者だけの責任ではなくなっていることがある。つまり，火事に対応する消防士，景況に対応する中央銀行の官吏，医療事態に対応する医師などだけが責任を背負うわけではない。すべてのステークホルダーが，責任の一部を担わなければならなくなっている。公衆衛生上の危機が起きた時には，治療に当たる医療関係者だけが責任を負うのではなく，感染を食い止めるための行動を取る一般市民も責任を負わなければならない。これを全般的な要件に落とし込むのであれば，コミュニティエンゲージメントということになる。

　最近では，生存競争をくぐりぬけて成功を収め続ける組織の特徴を特定する研究も，盛んに行われている。これらの研究に基づいて，本書では，図8.6のフレームワー

8.5 順応性のフレームワーク

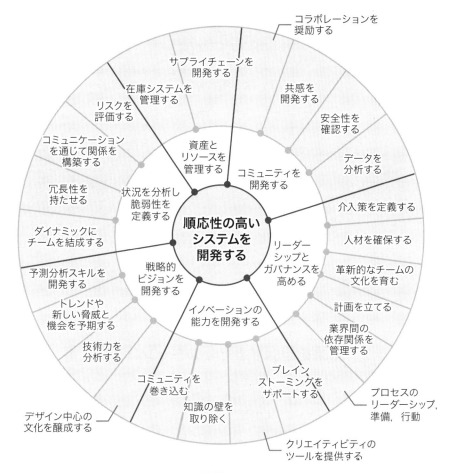

図 8.6 順応性のフレームワーク

クを提案したい．組織内に順応性を開発するためのフレームワークである（Dietch & Corey, 2011; Lee, Vargo, & Seville, 2013）．ガイドラインや問いの例を，表 8.3 に示す．

例えば，特定される課題としては，状況分析の有効性を高める方法を開発する，リソース入手の困難を解消する，コミュニケーションの信頼性を高める，といったことが考えられる．

学習の重要性は，複雑性と順応性の両方で課題となる．複雑性においては，不測の出来事にどう対応するかを学ぶことができる．しかし，これは短期的であって，順応性はより長期的である．つまり，複雑な環境で長期にわたって存続する能力を開発することを意味する．そしてこれは，組織だけでなく，個人にも当てはまる．個人の場合は，自分の行動や心持ちを変えて，刻々と変化する環境に適応していく能力といえるだろう．

もちろん，順応性は，組織的な視点以外からも眺めることができ，個人にも応用することができる．組織的な変化に対する順応性，さらに金融市場の問題に対する順応性

表 8.3 順応性を構成する要因

フレーム	順応性にとっての重要性	ギャップを特定するために問うべき質問
状況分析と脆弱性の定義	破壊要因や競合からの挑戦となり得る要因を特定する。	● 環境をどのようにモニターして脅威を検出するか。 ● 自社の事業に破壊を引き起こし得る要因を知っているか。 ● 競合他社の計画を知っているか。 ● 破壊を引き起こし得る新しい技術は何か。
破壊要因に臨んで革新する能力	これは，上記のほぼ正反対である。	● 競合他社に反応する方法を持ち合わせているか。 ● 幅広い脅威に反応するための様々な要件を策定しているか。 ● 脅威に対応するためのシミュレーションを行っているか。
リーダーシップ，ガバナンス，ソーシャルな構造	対応チームをすばやく組織化する。	● 脅威が及んだ際に取るべき行動を，人々が認識しているか。 ● 脅威分析の実験が存在するか。

は，近年，重要性が高まっている。

8.5.1　結果を記録するためのキャンバスや文書

　表8.4 は，様々なテーマに対して収集できる情報のタイプを示している。各テーマに別個の表を設けることもできるが，当然ながら，キャンバスの大きさ次第である。

　そのうえで，デザインの目標をより詳細な目標に突き詰めることができる。例えば，都市への訪問者は，目的地に近い場所で民泊を利用できるかもしれない。

表 8.4　課題の定義 ― テーマ：宿泊施設へのアクセスを増やす

テーマの課題（主な課題の簡単な説明）	対応の必要なニーズ	対応の必要な問題	問題への対応に必要となるデータと知識	ステークホルダーに提案する価値	テーマの課題における優先順位
課題1：若い旅行者に適した安価な宿泊施設がほとんどない。	若い旅行者向けの安価な宿泊施設を見つける。	若い旅行者向けの比較的安い宿泊施設を見つける。	訪問者に間貸しする意欲のある人々のデータベースを開発する。どこに存在するか。	宿泊施設を探すのにあまり時間がかからなくなる。	目的地に近い宿泊施設
課題2：ビジネス客はビジネス街に近い快適なホテルを必要としている。	ビジネスセンターのあるホテルを見つける。客室内のインターネット接続が重要である。	ビジネス街に近い手頃な価格のホテルを見つける。	ホテルのデータベースにアクセスする。		ビジネス客のほうが多い。

8.5.2　フレームワークからアイデアを引き出す

すべてのテーマをキャンバスに書き出すと，多くの場合，チームメンバーが様々なテーマの要素を組み合わせてソリューションを開発できるようになる。例えば，「行動計画を策定する」や「サポートサービスを提供する」というテーマを見て，チームメンバーが様々な計画の立て方を考え，サポートサービスに落とし込む結果，革新的なソリューションが生まれるかもしれない。この点については，次章で説明する。複数の視点を使うことで，「システムのどこを変えれば知識共有が改善するか」といった，より探究的な質問をすることができるようになる。

8.6　複数のテーマからソリューションを探す

特に大規模な事業体では，同時に複数のデザインテーマに取り組むことがある。たいていは，ある1つのテーマのソリューションに含まれる各部をほかのテーマと合体させて，包括的なソリューションを作ることができる。

8.6.1　問題のリフレーミング

ソーシャルイノベーションの分野では，状況のとらえ方を完全にリフレーミングするのが最近のトレンドになっている。飲酒が問題になった地区をエンターテインメント地区という，かつての位置付けに変えたリフレーミングの例を先に紹介した。これに際しては，過去の歴史についての質問を投げかけたことが，新しいフレームを見つけるのに役立った。リフレーミングの真価を理解しようとするのであれば，グローバルなプロジェクト管理を見るのが一番だろう。

8.6.2　グローバルな管理プロセスのリフレーミング

ローカルな視点では，明確化や変更管理のプロセスを，プロセスの視点からとらえることになる。提案されるソリューションは，多くの場合，「プロセスをもっと効率化する」。これにはしばしば，コーディネーターの役割を新設することが含まれるが，このプロセスに関与する担当者たちのコミュニケーションの負荷を高めてしまう。ならば，協働作業に取り組む1つのチームというフレームから眺めてみてはどうか。すると，情報の流れを最適化するソリューションを考えるのではなく，変更が提案される際にチームがどのように対応するか，といった質問が問われるようになる。リーダーシップをどのように共有すべきだろうか。チームが必要とする技術サポートは何だろうか。

8.7 破壊的な状況に対する順応性

マネジメントにとっての重要な懸念に，テーマを追究した結果として何をすべきかについて予測しなかった結果が導かれることがある。その好例として常に引き合いにされるのが，緊急事態や災害復旧の管理だ。例えば，災害復旧のワークショップで，図8.7や図8.8のようなテーマを参加者が特定したとする。これを受けて，「コミュニティのレジリエンス」が中心的な課題となり，それを取り巻く8つのフレームが浮上した。

そのテーマの1つがコミュニティ構築だったとすれば，「災害に強いコミュニティをどうやって構築するのか」が問われる。そして，このなかに「コミュニケーションを促進する」や「行動計画を策定する」といったテーマが含まれる。これらのテーマは，様々な部局を代表して参加したチームメンバーが有する，ローカルのフレームワークと順応性のフレームワークに関する知識から引き出されている。

図8.8は，災害復旧に関する別のブレインストーミングの成果物を示している。復旧を救援と復興に分けるといった新しい課題が特定されている。であれば，復興とは，以前にあった構造物を再建するだけでなく，災害に強い新しい構造物を建造するチャンスと見ることができる。

この災害復旧に関するワークショップの結果は，救援と再建の区別につながったという点で興味深い。これを受けて，再建は単に元の状態を再現するだけでなく，より革

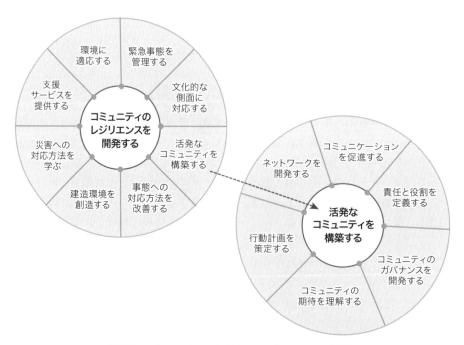

図8.7　コミュニティのレジリエンスについての成果物

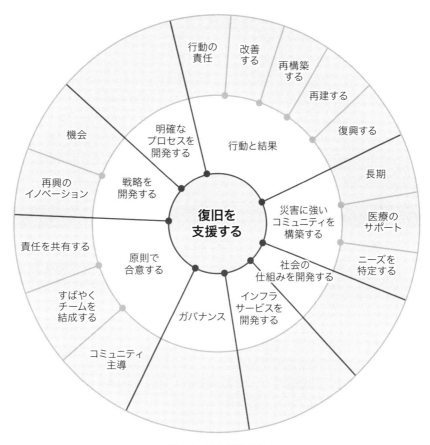

図 8.8　災害復旧活動

新的になって，もっと災害に強い建物を創造することであるべきだと提案された。例えば，洪水で建物が倒壊したのであれば，川から遠い場所に建て直すべきかもしれない。そうすれば，再び洪水が起きても被害を受けなくなるだろう。

8.8　まとめ

　この章では，テーマの重要性をさらに踏み込んで考察し，対応すべき課題を特定するうえでテーマがどのように役立つかを考えた。この章と前章を通じて，現在の環境と対応すべき課題を理解することに集中してきた。また，重要なデザインのメソッドにも言及した。問題のリフレーミングである。そして，複雑性と順応性という2つの重要なフレームを紹介した。ただし，複合的な課題に対応するチームのフレームワークなど，ほかにもフレームは存在する。

　ギャップが見つかることにより，優先順位が確立し，何をすべきかが決定される可

能性がある。これについては次章で見ていくが，具体的には，共同でバリュープロポジション［提供価値：顧客のニーズに対し，他社が提供できず自社に提供可能なものを明確化したもの］を定義して，そこからステークホルダーに価値をもたらす革新的なソリューションへと導いていくことを意味する。

　最後に，チーム構成についての実践的な留意点を紹介したい。チームには，ローカルなフレームワークと外部のフレームワークの両方を持ったメンバーを含めるべきだ。こうしたメンバーが集まってブレインストーミングをしてこそ，複数のフレームワークにまたがる詳細な知識が交換され，新しい洞察やクリエイティブなアイデアの提案が引き出される。

演　習

8.1　どんな組織にもサプライチェーンが存在する。サプライチェーンとは，1つの事業体で生産された物を，それを必要とするほかの事業体へと納品する機構である。サプライチェーンでは，途中で納品に遅れが出るような事態になっても，それに順応できなければならない。そこで，サプライチェーンのフレームワークを開発してみる。図 8.5 から始めて，サプライチェーンに合わせてカスタマイズしてみよう。

8.2　競合の先を行くためのフレームワークを作成する。このフレームワークでは，新しい顧客セグメントの特定や，新しい技術による潜在的な破壊といった課題に対応すべきだ。

CHAPTER

革新的なソリューションの開発

第 **9** 章

この章の狙い
- イノベーションのためのアイデア
- 共同バリュープロポジション
- アイディエーション
- イノベーションの種類
- ソーシャルイノベーション
- ソリューションの創造
- コンセプトマップ
- プロトタイピング

9.0 はじめに

　この章では，クリエイティブなデザインチームが文脈とその課題を与えられた結果，どのように革新的なソリューションを開発してテーマの課題に対応していくかを説明する。この章で説明する活動が，課題や問題を定義したチームに依存しているわけではない。つまり，この段階を別のチームが担当することもできる。例えば，課題が組織の外で特定されたり，コンサルタントによって特定されたりすることもある。テーマの課題が確定したところで，ビジネスデザイナーは，その問題へのソリューションに取り組み始め，その過程で価値を構築するための技術も使用する。ここでのソリューションには，以下のような特徴がある。

- たいていは，新しい方法で問題に対応する革新的なソリューションでなければならない。
- イノベーションとは，画期的なブレークスルーのようなものではなく，新しいアイデアを事業に落とし込むことを意味する。事業体が市場の課題に対応したり，市場の困難に立ち向かったりするための新しい方法である。
- イノベーションをあらかじめ組み込んでおくことはできない。新しい思考とデザイ

ンが必要になるためだ。

- イノベーションによってステークホルダーに価値がもたらされることを従業員に理解してもらうための環境を，マネジメントは作らなければならない。
- 通常，イノベーションは，コラボレーションを通じて様々なアイデアを評価し，潜在的なメリットを探究するような環境をサポートすることで管理されなければならない。
- 革新的なソリューションを開発するために必要な知識を，クリエイティブなデザインチームに確実に持たせることが，リーダーシップの役割である。
- リーダーシップは，新しいアイデアを発想させるためのインスピレーションをもたらすと同時に，実践的な方法でアイデアを評価して価値を見極めることの重要性も強調すべきである。革新的なソリューションは，偶然の産物ではない。新しいソリューションは，継続的かつ広範にわたってマネジメントから奨励されるべきだ。

革新的なソリューションを開発するには，やはりブレインストーミングが欠かせない。ブレインストーミングを通じて，テーマの課題に対応すると同時に技術から付加価値を引き出す方法を考案する。また，ソリューションとは実践的でなければならず，かつステークホルダーを満足させなければならないという2点を忘れてはならない。このため，ほとんどの組織が，以下の2つの大きなステップに従っている。

- まず，共同バリュープロポジションを定義し，その内容で合意すること。共同バリュープロポジションとは，特定された課題に具体的にどのように対応するのか，それによってステークホルダーにどのようにメリットをもたらすかを定義するものだ。
- 共同バリュープロポジションをどうやって実現するかを示す**概念的ソリューション**を開発し，場合によってはプロトタイピングで示す。

9.1　共同バリュープロポジション

デザインのプロセスで共同バリュープロポジションを使用することが増えている。共同バリュープロポジションとは，何をしようとするか，ステークホルダーにどのような価値をもたらすかを正確に定義するものだ。具体的には，以下の役割を果たす。

- デザインの具体的な方向性を示す。
- 恩恵を受けるステークホルダーを定義する。
- 価値創造のためのイノベーションを定義する。
- 最近の傾向としては，従来型のニーズよりも，むしろ感情的なニーズに対応することが増えている。

共同バリュープロポジションは，力強く訴えるものでなければならない。通常は，

「当社のシステムは，〈イノベーション〉によって〈ステークホルダー〉に〈価値〉をもたらす」の形式を取る。

イノベーションとは技術志向のものだと，多くの人が考えている。別の視点から見るならば，モビリティの向上に代表されるような新しい働き方を導入することと考えることもできる。このため，多くの共同バリュープロポジションが，技術の使用を通じて価値を実現することに焦点を当てている。例えば，以下のような表現である。

- 私たちは，アプリケーションをクラウドに移行することによって，新しい顧客にサービスを提供する機会をもたらします。
- 私たちは，ソーシャルメディアをビジネスプロセスに統合することによって，破壊的な事態の生じる状況に反応するための知識を開発します。
- 私たちは，インタラクティブな対話で自社のソーシャルメディアチャネルの体験を豊かにすることによって，顧客対応のコストを削減します。

9.2 概念的ソリューション

共同バリュープロポジションを策定した後，デザイナーが次に開発するのが，**概念的ソリューション**だ。これは，共同バリュープロポジションをどのように実現するかを示すものである。ここでは，以下のことをデザイナーが選択する。

- 開発すべき活動
- 開発すべきプロセス
- 開発すべき製品とサービス
- どのように技術を使用すれば付加価値をもたらせるか

ここでもブレインストーミングが重要である。できるだけ多くのアイデアを試して，ソリューションに到達する必要があるためだ。また，いくつか代替のソリューションが開発され，最終的にそのうちの1つが選ばれることもある。

9.3 イノベーションの種類

新しい技術がビジネスソリューションを導く様子を指して，デジタルクリエイティビティという言葉がよく使われるようになっている。これはおそらく，最もシンプルな種類のイノベーションだろう。具体的には，システムの一部を自動化することを意味する。技術は有効活用すれば，事業体や組織に多大な価値をもたらすことができる。デジタルイノベーションには，主に2通りの経路がある。新しい製品が広く大衆に使われるようになること，および既存の事業を改良する製品や方法が登場することだ。

この段階では，これまでに出したテーマをあらためて簡単に検討し，それぞれのテー

技術によって実現したイノベーション

不良品を削減するための製造プロセスのモニタリング

あるグローバルな製薬会社は，生産のプロセスを吟味することで，多くの問題が発生している場所を特定した。そして，ここに重点を置いて，不良品を大幅に減らし，利益を拡大する方法を考案した。これは明らかに，ムダを減らすことで事業体にとっての価値をもたらしたプロセスのイノベーションといえる。

顧客とのインタラクションの向上

スマートなインターネットのサービスを使って顧客とのインタラクションを削減あるいは排除することは，コスト削減につながるイノベーションといえる。ある保険会社では，顧客がインターネット上で完全に保険プランのオプションを選択できるインターフェースを開発した。このイノベーションは，事業体と顧客の両方に価値をもたらす。事業体は顧客対応のコストを削減し，顧客は自分に都合の良い時間にサービスにアクセスできるようになる。うまく機能するインターフェースを開発するには，広範なプロトタイピングと実験がしばしば必要になる。

人口統計データに基づく販売予測

スーパーの Aldi は，在庫を決定するに当たって，しばしば人口統計データを活用している。また，店舗開発段階で好条件の立地を選択する際にも，データを活用する。これもやはり，事業体と顧客の両方に価値をもたらす。事業体は，必要な品物だけを在庫に抱え，倉庫スペースの必要性を減らすことができる。スーパーの利用客は，必要な品物が必ず見つかるようになる。

マで技術が果たせる潜在的な役割を考えてみるとよいだろう。

9.3.1 デジタルイノベーションの例

イノベーションは，今やどんな事業においても核心を支える要素となっている。事業体が競争力を保つには，イノベーションを起こすことが欠かせない。しかし，そのイノベーションとは多くの場合，「ひらめき」のように突発的なものではなく，事業の進め方，あるいは製品やサービスを徐々に改善するものである。また，クラウドを介してサービスを提供することで，スケーラビリティ［利用者や仕事の増大に適応する能力や度合い］が可能となり，より安価なサービスが提供できるようになる。

9.4　ソリューションの分類

事業や社会の視点に立つと，イノベーションには2つの重要な次元がある。ソリューションの範囲，そしてイノベーションの種類だ（Miller & Miller, 2012）。図9.1は，様々な事業上の課題に対応するために組織内に導入したイノベーションが，新しい業務

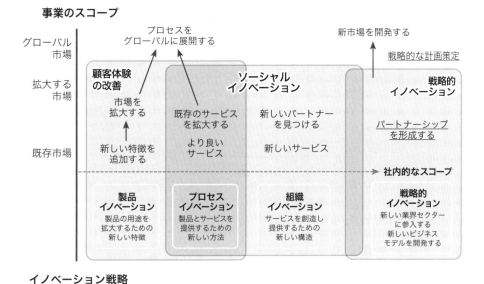

図 9.1　革新的なソリューションの種類

のあり方を導く様子を示している。

この図には，イノベーションの以下の3つの分類が含まれている。

- 製品イノベーションを通じた顧客体験の改善。これはしばしば，市場での地位を維持するために必要とされる。市場に製品を提供するプロセスの改良と組み合わせることも多い。
- 幅広い社会の問題に対応するソーシャルイノベーション。
- 事業体の内部でしばしば用いられる戦略的イノベーション。

事業上のニーズに対応するために，具体的にどの種類のイノベーションを目指すのか。そのイノベーションの種類を，以下のコラムで説明する。

多くの事業体が，いくつものイノベーションを組み合わせている。例えば，新製品のイノベーションはしばしば，顧客とのかかわり方に関する新しい方法を必要とする。PepsiCo 社の Indra Nooyi は，ある取材で自動販売機のような製品を使う際の顧客体験について説明し，製品を実験し学習するなかで新しい要件を特定していった様子を紹介した（Harvard Business Review, September 2015）。ユーザー体験（UX）を分析してユーザーのニーズや個人的な好みを特定することが，ここでは重要だ。そのために，ジャーニーマップをはじめとするデザイン思考のツールやメソッドを使うことができる。PepsiCo 社では，最高デザイン責任者という役職を新設して Mauro Porcini を指名した。これは，この種のメソッドやツールをトップレベルのマネジメントが支持したことを示している。また，すばやくプロトタイピングを行って早期に結果を達成する必要があった。Nooyi は，

144　第 9 章　革新的なソリューションの開発

革新的なソリューションの種類

- **技術的イノベーション** ― 技術がもたらす新しい能力を利用する。
- **製品イノベーション** ― 技術進歩を利用または創造して，新しい機能や特徴をもたらす。これには顧客ベースからのフィードバックが必要となる。
- **プロセスイノベーション** ― 付加的な技術を用いずに業務効率を向上させる。通常は，プロセスに携わる人の参加が必要となる。
- **組織的イノベーション** ― 技術には依存せず，新しいビジネスモデルや新しい業務のあり方を提案する。トップレベルのマネジメントからのサポートが必要となる。
- **ソーシャルイノベーション** ― 大多数の人々に価値をもたらす。たいていは技術を使用し，ソーシャルメディアを介した接続性が欠かせない。
- **サービスイノベーション** ― ステークホルダーのジャーニーをサポートする新しいサービス。
- **カスタマーイノベーション** ― 顧客とのかかわり方に関する新しい方法。
- **知識へのアクセスの向上** ― ビッグデータと分析に重点を置いて，意思決定のための知識をもたらす。
- **接続性の向上** ― 生産的な関係の拡大をシステムがサポートできるよう，方法を提供する。

イノベーションとデザインには違いがあり，ただし密接な関係があると説明している。

9.5　共同バリュープロポジションを開発するためのブレインストーミング

　共同バリュープロポジションは，デザインの成果物がどのようなものであるべきかを正確に定義する目的で，よく使われるようになっている。デザインのスタート地点を明確にするもので，デザインの種類を問わず有効だ。ただし，共同バリュープロポジションの開発は，最も難しいステップの 1 つである。何をするつもりか，誰にメリットをもたらすかを，一文でいい表すことが求められ，それにはブレインストーミングが必要になる。ブレインストーミングのメソッドとしては，図 9.2 のようなものが提案できる。この図でもやはり，クリエイティブなデザインチームが中央に置かれていて，その周りを取り囲んでいるのが，ブレインストーミングに使える可能性のあるトピックだ。デザイナーは，これまでに収集された情報をすべて受け取ったうえで，それらを組み合わせてソリューションを開発し，テーマの課題や問題に対応する。このブレインストーミングでは，集約に重点を置く。共同バリュープロポジションは，テーマの課題や問題に対応するために，これまでのデザイン活動で集めてきたストーリーとペルソナ，そして視覚化の組み合わせと考えることができる。ブレインストーミングを進めながら，ステークホルダーは，共同バリュープロポジションに継続的に修正を加えていく。

9.5 共同バリュープロポジションを開発するためのブレインストーミング 145

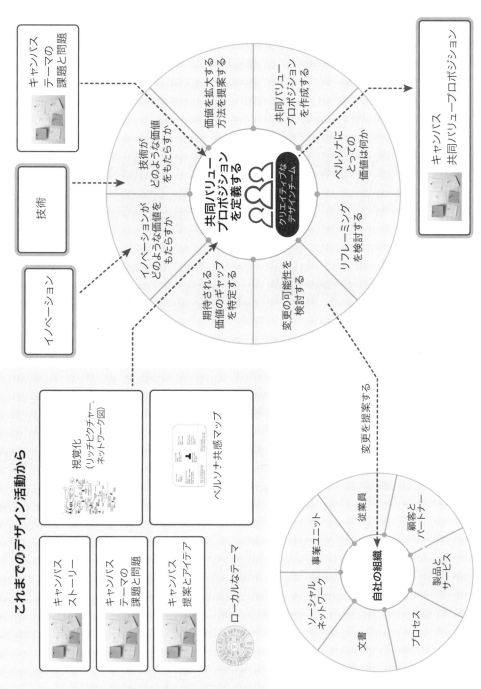

図 9.2 共同バリュープロポジションを開発するためにクリエイティブなデザインチームが行うブレインストーミング

共同バリュープロポジションを開発するためのブレインストーミングでは，以下のことをガイドラインにするとよいだろう。

共同バリュープロポジションは，課題や問題それぞれに対して開発することができる。ほとんどの場合，共同バリュープロポジションは，顧客にとっての価値を創造する方法を基点とする。例えば，顧客の作業を簡単にする，見知らぬ人に対してオンラインでお金を払う際の顧客の不安感を和らげる，などである。

ペルソナから開始して，共同バリュープロポジションを開発する

手始めとして有効な方法が，「〈イノベーションの種類〉を通じて〈テーマの課題〉に対応することにより，ステークホルダーの〈ペイン〉を取り除く」のような文を考えてみることである。

例えば，「主なエリアをバーチャルに歩いてみることのできるサービスを導入することにより，訪問者が適当なエリアの宿泊施設を見つけられるよう支援する」というバリュープロポジションが考えられるかもしれない。

また，旅行関連の情報があまりない都市であれば，次のようなバリュープロポジションを作ることもできる。

「訪問者が観光スポットをすばやく見つけられるようなシステムを開発する」

ステークホルダーのニーズを満たし，具体的な目標を達成することによって，どのようにペインが緩和され，ゲインが実現するかを説明する。

観光客が目的地に近い宿泊施設を簡単に見つけられるようにする。その後，ソリューションをブレインストーミングする。

ここでは，以下の質問を問うことができる。

最大の恩恵を享受するのはどのペルソナか。

何ができるかに重点を置く

最終的に，すべての答えを一文にまとめる。例えば，以下のような表現である。

システムに新しい機能を追加して，プレミアム会員の顧客が必要としている新しいことをできるようにする。

または，

新しいプロセスを導入して，請求処理にかかる時間を短縮する。

その後，図9.2にあるような質問をさらに投げかけることができるかもしれない。これについては，以下に詳細を説明する。

共同バリュープロポジションのためのブレインストーミング

ブレインストーミングで問うべき質問

　最初に取ることのできるアプローチの1つが，どのような種類のイノベーションを実現すればテーマの課題や問題に対応できるかを，問いかけることである。

　イノベーションの種類を1つずつ取り上げて，ステークホルダーそれぞれにどのようにメリットをもたらすか（ペインを緩和し，ゲインをもたらすか）を問う。

　そのイノベーションは，どのように作用するのか。

　どのように価値を創造するのか。

　チームメンバーの意見をキャンバスに貼り，テーマごとにグループ分けする。

　様々な技術を使うことでそのソリューションがどのように向上するかについて，意見を集める。

アイデアを生成するために問うべき質問

　そのテーマにとって関連性の高い視点から質問を投げかける。それぞれのペルソナの視点から各テーマをブレインストーミングし，価値を特定する。これをキャンバスに貼り出して，ディスカッションすることもできる。このディスカッションでは，イノベーションを通じて価値を創造するために使用すべき技術の種類も示唆することができる。テーマはすべて関連性があるため，ほかのテーマの課題に触れることもある。

キャンバスを整理する

　キャンバスを整理して，様々なオプションがどのようにステークホルダーにとっての価値につながるかを見る。これらは，ストーリーとして貼り出すことができる。

成果物を明確化する

　成果物は，表9.1に示したような共同バリュープロポジションとなる。

表9.1　*バリュープロポジションのリスト*

共同バリュープロポジションで対応	提案するテーマと問題	イノベーションの種類（図9.1）	ステークホルダーにとっての価値	技術が追加する価値の概要	成功の測定方法
顧客が簡単に要件を変更できるようにする	変更リクエスト	プロセスを改善する	顧客はすばやく回答を得られる 開発管理者は回答を得るのにあまり時間を費やさなくて済むようになる	変更リクエストのステータスを確認するためのダッシュボードを提供する	変更リクエストがすばやく解決される
仕様を小さなモジュールに分解する	変更の導入にかかる時間を短縮する	革新的なプロセスを通した製品の改善	開発部門の遅れが減少する		説明を求めるリクエストが減る

共同バリュープロポジションは複数開発し，それぞれに異なるオプションの組み合わせを持たせることができる。あらゆるレンズを通して，特定された課題に言及することができるだろう。

優れた共同バリュープロポジションとは，しばしばステークホルダー全員にとって許容可能な価値を特定し，課題やデザインのテーマに対応するものだ。

9.5.1 優れたバリュープロポジションができたかどうか

- 誰に恩恵があるかを特定しているか。
- シンプルかつ強力な内容か。

共同バリュープロポジションは，複雑なものを1つ作成するよりは，シンプルなものを2つ作成して別々のステークホルダーに焦点を当てるほうが望ましい。

9.5.2 グローバルなプロジェクト管理への応用

図9.3は，グローバルなプロジェクト管理の共同バリュープロポジションの例を示している。変更リクエストにすばやく対応することを目指すものである。顧客と開発管理者という2つの役割がペインとゲインを見ていて，デザイナーの利用できるイノベーションの種類や技術の間でどうバランスを取るかを考えている。ここは，図9.1に示したようなオプションを考察して，技術のもたらす利点を検討すべき部分である。ここでもやはり，学際的なチームでブレインストーミングを行う。技術に明るい人，グローバルなプロセス管理に精通した人，あるいは全般にプロセスに詳しい人などを含めることができるだろう。

共同バリュープロポジションは，具体的に何をするか，どこでそれをするかという焦点をデザインにもたらす。物事がどのように行われているかを見る際には，多数のアプローチがある。例えば，次のような点を問うことができるだろう。

- 現行のプロセスをどのように改善できるか，どの技術を利用できるかを考えているだろうか。
- 事業体制を再編して，契約ごとに1つの現場に割り当てるべきだろうか。
- これらの質問それぞれが，代替の共同バリュープロポジションを生み出す可能性がある。

> 共同バリュープロポジションは，簡潔で具体的，かつステークホルダーにとって馴染みのある言葉で表現すべきだ。また，なぜそのソリューションがベストかも含めるとよい。そして，一文にまとめる。

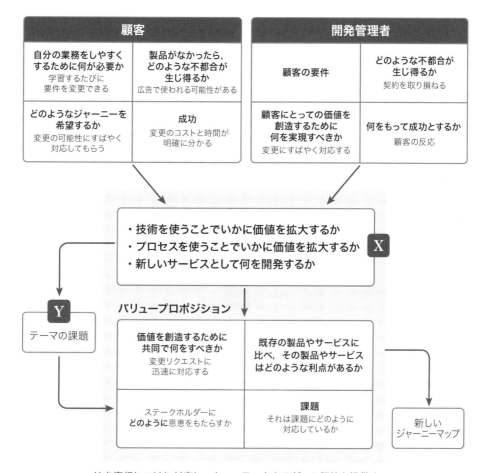

図 9.3　ステークホルダーにとっての価値に合わせて共同バリュープロポジションを開発するためのブレインストーミング

9.6　概念的ソリューションを開発する

　共同バリュープロポジションで合意した後、デザイナーは、概念的ソリューションの開発に着手する。概念的ソリューションの開発もやはり、集約の性質を持つ。デザイナーは、幅広く収集された情報にアクセスすることができ、その各部から機能的なソリューションを組み立てる。このソリューションを導くのが、共同バリュープロポジションである。ここでも再びブレインストーミングを行う。その目的は、共同バリュープロポジションを実現することだ。図9.4に示したブレインストーミングでは、視覚化とプロトタイピングをジャーニーマップやシステム図と組み合わせて、ツールとして使用することが多い。

150　第9章　革新的なソリューションの開発

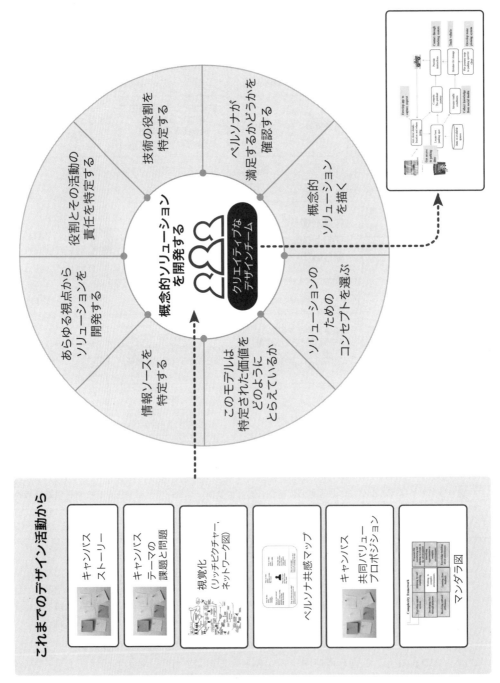

図9.4　ソリューションを開発するためのブレインストーミング

究極的に求められるのは，ソリューションを視覚化することである。この概念的ソリューションの視覚化では，デザイナーにとって意味があり，かつ具体的な形式で実現できるコンセプトを使用する。多くの場合，デザイナーは，ブレインストーミングにとって意味のある自分なりのコンセプトを選ぶことができる。

概念的ソリューションのデザインは，たいていの場合，1つの視点から始まる。1つの始め方としては，ソーシャルネットワーク図を作成して役割の関係を定義する方法が挙げられる。また，システム図を使って活動に焦点を当てるのも，もう1つの始め方だ。例えば，「ドライバーを15分以内に駐車スペースに案内するサービスを開発する」というのが共同バリュープロポジションだとすれば，システムの視点から開始して，図9.5のような概念的ソリューションを開発できるかもしれない。ここでは，どのような活動，どのようなシステムが必要かを最初にブレインストーミングする。これには，

概念的ソリューションのためのブレインストーミング

ブレインストーミングの目的
共同バリュープロポジションを実現するような概念的ソリューションを提案する。考えられるイノベーションを1つずつ検討して，ステークホルダーに価値をもたらすかどうかを考える。

始め方
共同バリュープロポジションに含まれた主な活動から着手することができる。概念的ソリューションのスケッチを描いて，ジャーニーマップのタッチポイントそれぞれにどう影響するか，何が可能かを見る。プロトタイプを図やイラストで示す。テーマそれぞれに対するソリューションのアイデアを，どのように特定できるかを考える。また，ネットワーク図などを使って特定の視点から始めることもできる。

アイデアを生成するために問うべき質問
その活動にどのようなデータが必要か。どのような行動が必要か。その行動をどの役割の人が行うのか。既存の役割をどのように変更すべきか。ここで問う質問はしばしば，共同バリュープロポジションに関係している。また，技術からどのように価値を引き出すかも問う。ここで問う質問として，第6章で紹介した質問を使うこともできる。

キャンバスを整理する
ここでのキャンバスは，1つまたは複数の概念的ソリューションを示す。キャンバスにソリューションを描き，それについての質問をチームメンバーが問いかける。ここでのキャンバスとは，あくまで一般的な用語である。紙に書いたスケッチを使うこともできれば，壁にピンで留めることもできる。

成果物を明確化する
成果物は，1つまたは複数の好ましい概念的モデルとなるだろう。

152　第9章　革新的なソリューションの開発

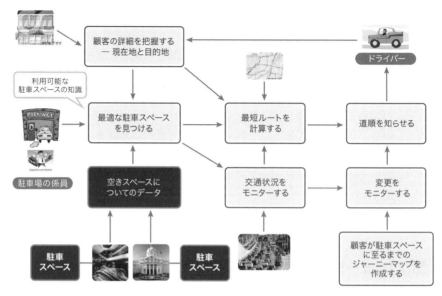

図9.5　概念的ソリューションのスケッチ

図9.5にあるシステム，および「最適な駐車スペースを見つける」や「交通状況をモニターする」といった活動が含まれる。これらの活動は，アプリとして簡単に実現することができる。

ソリューションは，ブレインストーミングの最中にスケッチされ，議論される。複数のソリューションをキャンバスに貼り出し，ステークホルダー全員が見て，意見を出せるようにする。ソリューションを1つずつ順番に検討するのではなく，すべてまとめて検討し，代替案が浮かぶたびに随時修正を加えていくとよいだろう。まずは共同バリュープロポジションを見て，どのメリットを実現し，どのニーズに対応する必要があるかを考える。その後，ソリューションがそれぞれのメリットをどのように提供するかを示していく。

また，図9.5では，ソリューションを異なる視点から検討することも示唆されている。ここでは，ジャーニーマップが有益だ。例えば，顧客のジャーニーのどの時点で価値が実現しているか，価値を実現するために事業体は何をしなければならないか，そのためにどれだけコストがかかるか，といった質問を問うことができる。

9.6.1　ジャーニーマップへの追加

ここでよく使われるツールの1つが，ジャーニーマップである。ジャーニーマップはタッチポイントを特定することから，どこで技術を導入すればソリューションに価値を追加できるかというトピックのブレインストーミングを可能にする効果がある。例えば図9.6のように，空いている駐車スペースについてのメッセージがドライバーに送信さ

9.6 概念的ソリューションを開発する 153

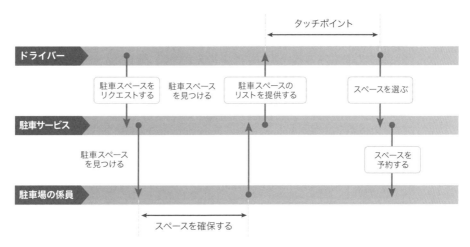

図9.6 駐車スペースを選択する際のジャーニーマップ

れる時に，1つのタッチポイントが存在する。

そこでデザイナーは，複数のソリューションのリッチピクチャーをおおまかに描いて，ブレインストーミングでそれぞれを評価していくことができる。顧客のジャーニーマップから始めるのが，よく使われる方法である。その後，チームメンバーでブレインストーミングを行って，一部のタッチポイントに変更を加えたりする。また，活動をどのように整理するか，それらの活動の際に何の情報が必要かを考えることもできる。

9.6.2　さらに質問してソリューション改良のためのアイデアを引き出す

ソリューションの構成要素を1つずつ検討して，具体的なソリューションを提案し，組み合わせていく。ブレインストーミングの際には，考えられるソリューションをスケッチして，ジャーニーマップやシステム図などの視覚化で示す。このプロセスは，非常にダイナミックだ。ペルソナ共感マップや概念的ソリューションのスケッチを前に置いてディスカッションする必要がある。そして，ブレインストーミングを通じて概念的ソリューションを進化させていく。通常は，スケッチから始まり，それが徐々に正式化されて，ソリューションの文書となる。

ブレインストーミングの間には，「ショッピングセンター，駐車場，路上など，駐車スペースはどこにあるか」といった質問を問いかける。それがやがて，「どんな事業活動が必要になるか」へと発展していくだろう。図9.5では，非常に説得力のある共同バリュープロポジションと思われるものが，実際にはいかに複雑な問題へとつながるかが示されている。これを実現するには，あらゆるショッピングセンターや駐車場から情報を集めなければならず，また交通量も詳細にモニターしなければならないことが分かる。これらの情報を得たうえで，所要時間も計算しなければならない。しかも，駐車ス

ペースを予約するという問題まである。この時点で，これではあまりにも複雑になるため，もっとシンプルなサービスを提供しようということになるかもしれない。監視カメラで撮影した駐車スペースの状況をドライバーに見せて，どこへ行くかは自分で決めてもらうというものがある。

次のような質問も出てくるかもしれない。

「渋滞のなかを運転してくるドライバーのために駐車スペースを取り置いておくことなど，本当にできるのか」
そして，「おそらく無理だろう」という答えが出た場合，今度は次の質問が浮上するかもしれない。「予約料金を払うとしたら，どうなのか」

この問答から新しいビジネスモデルが生まれる可能性もある。ドライバーがサービスにあらかじめ登録して，駐車スペース探しのサービスを有料で受けることに同意するモデルがある。

9.6.3　タッチポイントのさらなる詳細を追加する

ジャーニーマップは，様々な質問を導くのに役立つ。例えば，ドライバーは駐車スペースの可能性をどうやって知るのか。ベストの選択肢をどうやって判断するのか。図9.7で示したタッチポイントを経て，ドライバーは，駐車スペースを選ぶというプロセスを経験する。

9.7　プロトタイピング

プロトタイピングは，ソリューションが機能することを証明するために使用する。理想的には，1つまたは複数のプロトタイプを制作して，代替のアイデアを評価するのが望ましい。プロトタイプでは，提案したデザインが共同バリュープロポジションにどのように対応し，様々なステークホルダーにどのように価値をもたらすかを示す。プロトタイプの目的は，以下のとおりである。

- 提案するシステムが実際に機能して共同バリュープロポジションを実現することを証明する。
- バリュープロポジションを検証する。
- デザイン上の課題がどのように解決されたかを示す。

これに対応するには，以下のようなプロトタイプを使うことができる。

- 一連の事業上のシナリオ。多くの場合，ジャーニーマップで表現する。
- デザインの初期のサンプルや模型。MVP（minimal viable product），すなわち実用最小限の製品。インターフェースの例（例えばモバイル機器などで，ステークホ

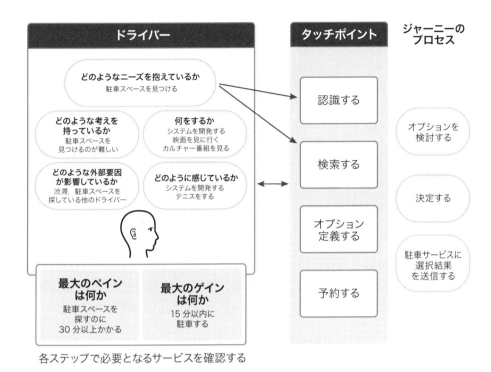

図 9.7　駐車スペースを選ぶ際のタッチポイント

ルダーに対して各タッチポイントで何が表示されるか）。
- 必要になる装置（機能するかどうかは定かでない場合も含む）。様々なステークホルダーに対して各タッチポイントで表示するインターフェース。
- バリュープロポジションの実演。
- 一連のタッチポイント。
- 提案するソリューションの外観を示す視覚的なプレゼン。

プロタイプは，バリュープロポジションを**どのように実現するかを示す**ものでなければならない。例えば，**ステークホルダーのペインとゲインにどのように対応するか**を示すことが重要である。

デザイナーは，好きなメソッドでプロトタイプを制作することができ，実際，プロトタイピングに際してはクリエイティビティを発揮することが奨励されている。提案するソリューションが，バリュープロポジションやステークホルダーのニーズ，およびデザイン思考のほかの側面にどのように統合されているかを，プロトタイプで示すことが重要である。

9.8 デザインとイノベーションを推進する要因

デザインのプロセスは，そもそもどのように始まるのだろうか。

9.8.1 継続的な製品開発

一部の組織では，製品を継続的に改良している。使い勝手を良くして，すべての機能の使い方を簡単に学習できるようにすることで，新しい顧客を開拓している。また，パイロット調査を通じて，徐々に改良を導入することもある。さらには，ユーザーによる実験や拡張を可能にして，実践的に学習できるようにしていることもある。

この種のソリューションは，通常，何らかの制作物を中心としながらも，顧客の視点を重視しており，顧客と組織の関係を改善する。このためしばしば，共同バリュープロポジションは，顧客にとっての感情的な価値をとらえていて，なおも事業にとっての伝統的な価値との間でバランスを保つものとなっている。

そのような例は枚挙に暇がないが，多くはエンジニアリング分野に関係している。例えば，携帯電話の機能やソフトウェア開発の方法などは，その例といえる。

9.8.2 ソーシャルイノベーション

昨今，ソーシャルイノベーションが重視されるようになっている。私たちが構築するシステムは，人と人の関係が刻々と変化していくなかで，それをサポートしなければならないためだ。都市化の流れが，このトレンドを後押しする要因となっている。

9.8.3 ソーシャルイノベーションとは何か

ヘルプを必要とする新たなグループが登場し，その人たちをサポートする方法を見つけなければならないことが増えている。この意味におけるソーシャルイノベーションとは，「**社会に対する新奇なソリューションで，既存のソリューションよりも効果や効率，あるいはサステナビリティや公正さという点で優れ，それによって創造される価値が，私的な個人よりもむしろ社会全体に波及するソリューション**」と説明することができる（Lisetchi & Brancu, 2014）。このようなイノベーションには，恵まれない人々への住宅供給，洪水の被害が発生した後の管理，あるいは最近増えている若者の不完全雇用への対応などが含まれる。こうしたトレンドには，共通の特徴がいくつもある。

ソーシャルイノベーションでは，どんなデザインのメソッドを用いる場合でも，幅広いステークホルダーの社会的なニーズを特定する必要がある。とりわけデザインの初期段階でコミュニティを巻き込む際に，デザイン思考が重要な役割を果たす。そのうえで，ステークホルダーに対して価値を追加するような革新的なプロセスを開発しなければならない。これが，しばしば社会技術的なイノベーションと呼ばれるものである。この種のイノベーションをもたらすには，多くの場合，新しいサービスの開発が必要になる。

ここでのソリューションは，コミュニティのメンバーと組織の間の関係を向上させ，行政と組織の両面にわたることが多い。多数の機関がコラボレーションしてサービスを提供するためのプラットフォームであることも多い。

9.8.4 都市のデザイン

都市化のトレンドについては，すでに説明したとおりである。都市化の結果として，より良い都市，より良い都市サービスへの需要が高まっている。より良いサービスのためのテーマは，第7章で特定したとおりである。もちろん，都市のデザインに関しては，サービス以外の課題も多数ある。EUでは，明日の都市を創造するうえでの課題をまとめた報告書『Cities of Tomorrow』を発行している。この報告書や類似したほかの報告書の狙いは，都市のビジョンを定義することにある。人々の多様性をうまく管理し，環境にやさしい再創生を重視し，住宅，娯楽，交通などのサービスを提供する進歩のモデルを打ち出している。エンジニアリングコンサルティング会社のARUPは，災害に強い都市について広範な研究を行って，そうした街作りのためのフレームワークを打ち出している。また，McKinseyの報告書でも，街作りの方法が定義されている。主な重点は市民へのサービスで，インクルーシブで，かつ環境にやさしい計画とすることを訴えている。都市のデザインを考えるうえでの目標はいくつも存在し，サービスや災害に強い都市が挙げられる。図9.8では，例として，災害に強い街作りのためのテーマを示した。ARUPの報告書を参照している。

図9.8に示したテーマはいずれも，デザインのプロセスで対応することができる。ソリューションはしばしば，特定された課題に対応するうえで必要なサービスを1つまたは複数の機関が提供する。例えば，「コミュニケーションを常に維持する」という課題では，多数の機関が関与して，第4章で説明したような組織構造を確立する必要があるかもしれない。図9.8に盛り込まれたテーマのなかには，これを目標に据えて複数のテーマに分解できるものもあるかもしれない。例えば，サービスを提供するというテーマは，図7.7で論じたとおり，それ自体を目標とすることができる。

社会技術的なイノベーションの例を表9.2に示す。交通インフラのような例のほかに，働き方の変化や教育サービスの提供といった組織的なイノベーションも含まれている。

コミュニティが参加することは，ソーシャルイノベーションにおいて常に最も重要な側面の1つである。災害管理では，コミュニティの状況について情報を収集することが重要になると同時に，コミュニティのメンバーがボランティアとして災害対応や復旧のための活動に参加できるようにすることも欠かせない。同様に，交通システムや医療システムも，コミュニティの参加がなければ成り立たない。

ソーシャルなソフトウェアは，社会的なシステムの多くにおいて重要な役割を果たす。新しい社会的な関係を創造し，社会のエンゲージメントを高められるためだ。また，災害対応においても，ソーシャルなソフトウェアはきわめて重要性が高い。災害管理や危機管理では，その種のソフトウェアが実に貴重なサポートを提供する。

第 9 章 革新的なソリューションの開発

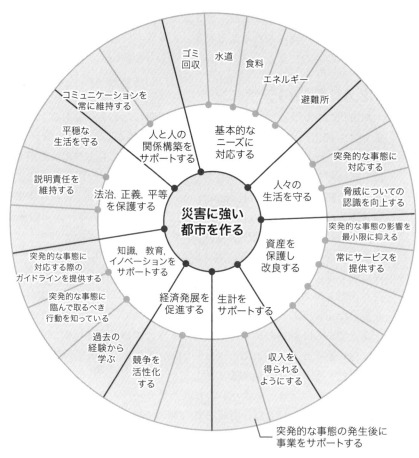

図 9.8 災害に強い都市のテーマ

表 9.2 ソーシャルイノベーションが求められる社会サービスの分類

ソーシャルイノベーションの種類	例	機関のタイプ	主な意思決定事項
交通			
住宅供給	都市プランナー 福祉住宅	建設業者 建築家	様々な種類の住宅を，現地の建築規則の範囲内でどうやって見つけるか
詐欺行為の防止		警察・司法 社会的なサービス	
教育サービス	生徒を魅了するインタラクティブなサービスを開発する	学校 大学 教育研修センター	
リソース提供	製品をすばやく都市や町村に配達する	スーパー	
品質保証	浄水場を提供する		

オーストラリアの山火事に際して関係者や一般市民に情報を提供した Blue Mountains Firewatch and Recovery サイトは，広範な地域に複数の火災が発生するなかで，その情報をすばやく提供し，取るべき行動をアドバイスできることを実証した。Google で検索すれば，ソーシャルメディアでの情報交換の様子が見つかるだろう。この例では，コラボレーションを通じて災害に強い都市を作るうえでコミュニティが果たす重要性が，如実に浮き彫りにされている。

9.8.5　ソーシャルイノベーションで多用されるリフレーミング

　ソーシャルイノベーションでは，革新的なソリューションを特定する目的でリフレーミングがよく使われており，Dorst ほかが多数の例を指摘している（Dorst et al., 2016）。例えば，かつてのエンターテインメント地区で飲酒問題が多発するようになっていた状態を，あらためてエンターテインメント地区にするという提案は，リフレーミングの例である。

9.9　イノベーションの戦略

　多数の組織が，新しい市場や破壊的な状況に対応するために，組織をあげて変化を取り入れようとしている。アジリティに優れたアジャイルな組織になるのが，その目標である。組織全体でこれを実現するには，長いプロセスが必要になる。例えば，Samsung が実践した改革の例が，Harvard Business Review に紹介されている（Harvard Business Review, September 2015）。変化はしばしば，組織的というよりも文化的な性質を持つ。従来型の効率重視の事業慣行から，イノベーション重視の文化へと変わろうとすることである。後者には，失敗を今までよりも容認すること，実験を重視することなど，多数の変化が含まれる。

9.9.1　オープンイノベーション

　オープンイノベーションは，公衆から広くアイデアを慕るために過去何年にもわたって用いられてきた。ここでは，一般市民がイノベーション・バリューチェーンのクリエイティブなチームと見なされる。イノベーション・バリューチェーンのうち一般市民が参加する部分は，ほぼ常にアイデア生成の部分である。多くの場合，組織や事業体の顧客がその参加者となる。例えば，Starbucks は，顧客からの提案をウェブサイト上で募っている。

　イノベーションを仲介するサービスも存在する。これは，組織の顧客に留まらず，特定の問題を解決する方法を知っている人たち，あるいは組織にとって重要なアイデアを持っている人たちを見つけることを意味する。さらに，課題をその解決者に結び付ける紹介サービスを提供している事業体も存在する。例えば，Innocentive 社などが，そうしたサービスを提供している。

9.10 これまでのプロセスのまとめ

　それでは，デザインのプロセスをどこまで前進してきたかをおさらいし，この重要なセクションの後に何が続くかを見てみよう。それを示したのが，図 9.9 である。これまでのところ，状況を分析し，現行のシステムに対する理解を明確化した。また，厄介な環境をよく理解するためのテーマも特定した。さらに，ステークホルダーへの共感を開発して，彼らのニーズを把握した。前章では，テーマそれぞれの課題を特定して，各テーマの目標で合意した。

　共同バリュープロポジションとそれに対するソリューションが切っても切れない関係にあることは，重要である。ブレインストーミングでは，以下のような質問を問うことができる。

- 収集した知識は整理するのが簡単か。
- 必要な知識がすべてインターフェースに含まれているか。
- ユーザーは自分のニーズに合わせてインターフェースを調整できるか。
- ユーザーが新しい機能を追加できるか。

　ここでは，ユーザーが自分のニーズに合わせて簡単にシステムをカスタマイズできる方法を提供することに，やや重点が置かれている。しばしばこれは，ユーザーが独自の

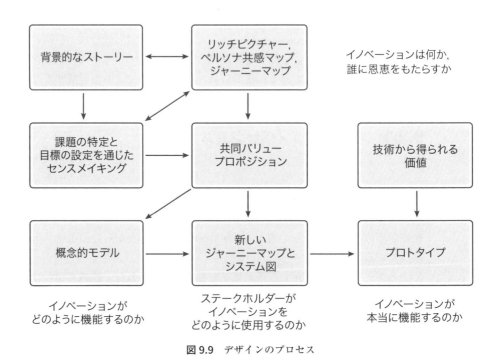

図 9.9 デザインのプロセス

インターフェースを作成できるオプションというかたちで実現する。例えば，ソーシャルネットワーキングのサイトは，多くがこの機能を提供している。共同バリュープロポジションは，製品の改良であることもあれば，新機能であることもある。その新しい機能が何をするかを説明しなければならない。そして，プロトタイプを使って，提案が実際に機能することを示さなければならない。

9.11 イノベーションの壁

イノベーションを阻む壁があることも多々ある。特にプロセスのイノベーションや組織的なイノベーションにはありがちだ。その壁を克服したいなら，イノベーションを秩序だった方法で導入しなければならない。これには，リーダーシップやマネジメントのサポートが必要である。

イノベーションの壁とは，新しいアイデアを実行するのが難しい状況を意味する。この壁が存在する理由は，いくつも考えられる。例えば，新しいシステムの使い方を学習するのが困難なのかもしれない。また，変化を嫌う姿勢やこれまでの地位が失われることへの恐れなど，ソーシャルな性質の理由もあるかもしれない。イノベーションの壁は，イノベーションの対象範囲が広まるにつれ増える傾向にある。

9.11.1 壁の克服方法を管理する

- 新しいシステムを導入し，学習する。
- 影響を受けるステークホルダーに潜在的なメリットを示す。
- 新しいユーザーが革新的なサービスを新しい方法で使えるようにする。

プロトタイピングも，イノベーションの壁を克服する方法となる。ソリューションがどのように役立つかを見せることができるためだ。

9.12 まとめ

この章では，特定されたテーマの課題に対してビジネスソリューションを開発する方法を説明した。その最初のステップが，共同バリュープロポジションを開発することである。共同バリュープロポジションとは，具体的なテーマの問題に対応するために何をするのか，またどのペルソナにとって恩恵があるのかを特定する。共同バリュープロポジションは非常に具体的で，ソリューションの目標となる。次のステップは，概念的ソリューションを開発し，ソリューションを構成する主な要素を説明する。概念的ソリューションを視覚化することにより，デザイナーは代替案を模索して，最も難しい課題を特定できるようになる。そのような困難を克服できることを示すには，プロトタイピングがしばしば使われる。

162 第9章 革新的なソリューションの開発

演 習

9.1 衣料品製造においてデザイナーがデザインを選ぶ際に使うと仮定して，共同バリュープロポジションを開発する。その後，その共同バリュープロポジションを実現するためのソリューションを提案する。

CHAPTER

ビジネスモデルの創造

第**10**章

この章の狙い
- 事業を構成する基本ブロック
- Osterwalder のモデル
- 技術がどこで事業に価値をもたらすか
- 事業ユニットへの割り当て

10.0　はじめに

　概念的ソリューションと，そのソリューションの実現方法を示すプロトタイプを開発した後は，それを商業化して実践に落とし込めるかどうかを見る段階となる。つまり，概念的ソリューションを開発したうえで，ビジネスソリューションを開発することになる。これには，このシステムがどのように機能するかを説明するビジネスモデルを開発する必要がある。

10.1　ビジネスモデルとは何か

　概念的ソリューションは，私たちが「何」をするかを定義するものである。すなわち，共同バリュープロポジションを実現するデザインの可能性を特定する。そして，その可能性を証明するのがプロトタイプだ。プロトタイプは，デザインのアイデアが実際に機能することを示す。ここまで進んだところで，概念的なモデルをビジネスモデルに「どうやって」変えるのかが問題となる。ビジネスモデルとは新しい言葉ではなく，何年も前から使われている。基本的に，グローバルな組織のなかの事業体がどのようにパートナーや顧客とかかわり，マーケティング戦略を展開し，リソースを入手するかを定義するものである。ビジネスモデルが各事業ユニットの目標を定義したり，プロセスの機能を定義したりすることも多い。また，最近では，顧客に価値をもたらすことが重視されるようになっている。例えば，Sinfield ほかは，「会社が収益のあがる製品を開発し，ターゲットとするオーディエンスに提供するためのアプローチのあらゆる側面

164　第 10 章　ビジネスモデルの創造

を含む」のがビジネスモデルだと説明している（Sinfield, Calder, McConnel, & Colson, 2012）。この場合，顧客にとっての価値を創造する方法，プロセス，製品，顧客，および顧客に価値を届けるための方法を，ビジネスモデルは定義する。また，Teece は，ビジネスモデルを次のように定義している。「ビジネスモデルは，顧客へのバリュープロポジションを支える論理，データ，そのほかの証拠を詳述し，またその価値をもたらす事業の現実的な売上高とコストの構造を詳述する。端的にいうならば，事業が顧客に提供するメリットと，そのためにどのように組織化するか，提供する価値の一部をどのように取り込むかを意味する」（Teece, 2010）。

　複雑性は，ビジネスモデルのデザインにさらなる条件をもたらす。複雑性ゆえに，最近では，あらゆるビジネスプロセスでイノベーションを実践することにより，順応性の高い事業をもたらすようなビジネスモデルを開発することが，重視されるようになっている。それを言い表す用語として，**ビジネスモデルイノベーション**がよく使われるようになっている。イノベーションのためのビジネスモデルや，ビジネスモデル内のイノベーションではないことに注意が必要だ。むしろ，事業のあり方そのもののイノベーションを示唆している。共同バリュープロポジションのコンセプトは，ビジネスモデルが取るべき潜在的な新しい方向性を定義する。ビジネスモデルイノベーションを実践するには，「ビジネスモデルの実験を行って，代替の価値創造のアプローチを探究する。しかもそれをすばやく安価に，またできるかぎり思考の実験を通じて行う」必要がある（Sinfield, 2012）。これは，「より良い製品を作るにはどうすればよいか」や「ビジネスプロセスを改善するには新しい技術をどのように使用すべきか」かもしれない。この場合，ビジネスモデルのアイデアは，新たな事業を構成する基本ブロックから成り立っている。その基本ブロックを使うことで実験ができるようになるが，すべてのステークホルダーを満足させるソリューションを開発するには，クリエイティビティも必要である。ここでやはり，視覚化が重要な役割を果たす。視覚的なモデルがあれば，それを見ながらブレインストーミングをして，様々なオプションの可能性を話し合うことができる。

10.1.1　事業を構成する基本ブロックとは

　事業を構成する基本ブロック［ビジネスモデルキャンバスの 9 つのフィールド・視点のこと］というのは，事業の遂行方法を支える要素である。それぞれの要素が，事業の主要な部分を特定する。また，各要素で必要とされる知識を開発するために問うべき質問も特定する。顧客とどのようにかかわるか，どのような活動を策定しなければならないかなどが，これに含まれる。この基本ブロックを集めることで，ビジネスモデルがデザインされる。つまり，事業を構成する基本ブロックを組み合わせた結果として，ビジネスモデルが出来上る。

　事業を構成する基本ブロックを 1 つずつ説明していこうとすれば，問うべき質問が浮上してくるだろう。それが，その構成要素に関係するストーリーとなり，リポジト

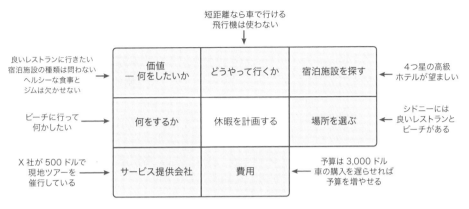

図 10.1　意思決定に至る流れ

リを形成する。これらのストーリーは，その構成要素で何が起きるかを表現するものである。例えば，「パートナー」と呼ばれる基本ブロックでは，パートナーが何をするのか，そのパートナーと自社がどうかかわるのかについての議論が中心となるだろう。これらはしばしば，デザインプロセスの以前の段階でステークホルダーから収集したストーリーから来る。「市場セグメント」という基本ブロックならば，顧客とそのニーズについてのストーリーが多くなるはずだ。ビジネスモデルを創造するには，自社が提供するものを顧客のニーズに合致させる必要がある。どの基本ブロックを選択するかは，事業が何を重視するかによって変わってくる可能性がある。コストを削減する，新しい製品やサービスを開発する，あるいは新しい提携関係を築くといった重点が考えられるだろう。

　ビジネスモデルのデザインは，これまでの段階で特定したテーマとその課題，そして概念的ソリューションに従って進めていく。例えば，図 10.1 は，休暇の計画を立てるというテーマと課題を定義した単純な例である。この図はキャンバスと見ることもでき，これらの課題を導いたストーリーも示している。第 7 章で説明したとおり，ストーリーを旅行者にとっての価値で分類してみると，多数のテーマが生まれる可能性がある。ここでは，休暇を楽しむためにしたいこと，目的地までの交通手段，宿泊施設などの価値が含まれていて，旅行者にとっての価値を考慮したうえでこれらそれぞれを選択しなければならない。

　これらについてディスカッションした後，共同バリュープロポジションを作成するが，それには旅行者の希望を真に表現しているストーリーを選択する。すべてが含まれるわけではないが，ディスカッションを経て，ソリューションは全員にとって許容可能なものとなる。1 つの共同バリュープロポジションは，「移動距離が最小限で，良いレストランとビーチを楽しむことができるロケーションに重点を置く」という内容になるかもしれない。その概念的モデルを示したのが，図 10.2 である。

10.1.2　休暇のための概念的ソリューションの作成

　図 10.2 は，この単純な例で考えられる概念的モデルである。車で目的地へ向かい，複数のアクティビティが楽しめるホテルに滞在する計画が示されている。デザイナーは，このモデルをチェックリストのように使って，旅行者がしたいこと，ホテルの快適さ，レストランの質などを確かめることができる。ここでは視覚化として，ステークホルダーにとって馴染みのある車やホテルなどの絵を使用している。

　概念的ソリューションに関してステークホルダーからの合意が得られれば，デザイナーはさらに前進して，詳細を考えていく。この段階で，事業を構成する基本要素を使ってビジネスモデルを定義していくことになる。

10.1.3　基本ブロックを選択する

　概念的モデルに含まれているコンセプトが，この段階では基本ブロックとなる。ここでしようとしていることにとって，意味のある基本ブロックを選ぶことは重要である。図 10.2 のように休暇を計画するのであれば，「目的地へ行き，目的地から帰る」や「ホテルに滞在する」といった構成要素に分解する意味がある。では，事業という視点から，これにどのように対応できるのだろうか。

　考えられる 1 つの方法は，概念的モデルが定義している「何」をするかを見て，それを「どのように」するかを検討しながら，ビジネスモデルに結び付けることだ。そして，何が重要な課題かを考える。図 10.3 では，重要な課題としてコストのほか，主なアクティビティやパートナーが示されている。ここでの主なアクティビティには，車の運転とアクティビティへの参加が含まれるかもしれない。このため，目的地へ行き目的地から帰るには，往復の交通手段が必要であり，この場合は旅行者が車を選ぶことになる。

　次に，ホテルを探す方法，アクティビティを選ぶ方法を見てみる。これは，物事をどうやって成し遂げるか，すなわちビジネスモデルといえる。

　ここまでは，比較的小さな問題を例にして，事業を構成する基本ブロックという考え方を説明した。ここからは，少し大きな会社を見ることにしよう。事業を構成する基本

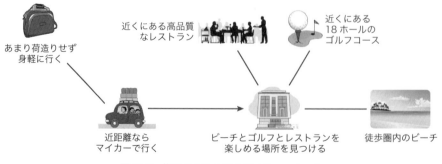

図 10.2　休暇のための概念的ソリューション

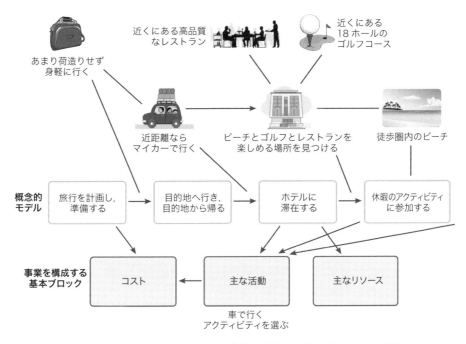

図 10.3 概念的ソリューションから事業を構成する基本ブロックへの発展

ブロックとしてよく用いられているのが，Osterwalder と Pigneur の定義した要素である（Osterwalder & Pigneur, 2010）。この研究では多数の企業を調査して，一定の基本ブロックを定義し，それが広く受け入れられるようになった。Osterwalder は，デザイン思考の考え方を多用していて，そのモデルをキャンバスと位置付けている。実際，このコンセプトをテーマとして使用すると，それに照らしてストーリーを結び付けることができるようになり，視覚化やストーリーボードをうまく補完できる。

10.2 事業を構成する基本ブロック

　一般的な事業を構成する基本ブロックは，Osterwalder によって定義されてきた。これが今では広く受け入れられていて，事業の戦略レベルを定義する際によく使われている。図 10.4 と表 10.1 に示したのが，その基本ブロックである。図 10.4 は，ビジネスモデルを開発する際に対応しなければならない一連のテーマとして，基本ブロックを定義している。ほかの視覚化と同様に，これもブレインストーミングの際に問うべき質問のガイドラインをもたらす。事業を構成する基本ブロックは，実際，デザイナーがストーリーを結び付けていくための視覚化と見ることができる。

　それらのストーリーは，最初は全般的に表現し，後に詳細へ踏み込むべきである。そして，**ソリューションを示唆しない中立な言葉**をできるかぎり保つようにする。

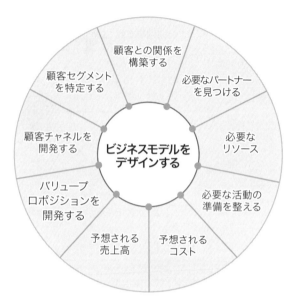

図 10.4　Osterwalder による事業を構成する基本ブロック

また，事業を構成する基本ブロックは，事業に価値をもたらす技術の種類についてもガイドラインをもたらす。

10.3　概念的モデルからビジネスモデルへ

これまでのところ，この章では単純な問題を取り上げてきた。旅行に行ったことがあれば，ほとんどの人にとって馴染みのある問題だろう。しかし，より大きな組織のビジネスモデルをデザインする場合は，もっと多くの作業が必要になる。これもまた，共同バリュープロポジションと概念的モデルから始まる作業である。これらでコンセンサスを確立した後，デザイナーは，ステークホルダーと一緒になって，何をすべきかを定義できるようになる。そして，ビジネスモデルに変換する必要がある。デザイン思考を実践する間に収集したものを眺めて，事業の各部分で何をしなければならないかを記録していく。

このプロセスは，あらかじめ定義されているわけではなく，アルゴリズムで変換できるようなものでもない。事業を構成する基本ブロックに基づいてブレインストーミングする，一連のステップとなる。そのブレインストーミングの間に話し合わなければならない質問の種類を示したのが，表 10.1 である。また，図 10.5 は，事業を構成する基本ブロックを 1 つずつ順番に取り上げて検討するというのが現実的ではなく，すべて同時進行でソリューションを開発しなければならないことを示している。概念的モデルの各構成要素が，事業を構成する基本ブロックに結び付けられている。

表 10.1 Osterwalder による事業を構成する基本ブロックの説明

事業を構成する基本ブロック	説　明	問うべき質問
顧客セグメント	様々な種類の顧客ニーズ 主な顧客は誰か	誰のために価値を創造するか
顧客対応	顧客とどのようにかかわるか 当初は「何」が起きるかに重点を置いた文言やシナリオの説明	どの市場に対応するか 顧客との関係をどのように維持するか カスタマイゼーションへのサポートはあるか 顧客が協調デザインするのか
チャネル	顧客サービスをどのように提供するか	価値をどのように提供するか サービスをどのように提供するか どの技術を使用するか
共同バリュープロポジション	顧客と事業体にとっての価値を定義する	ペルソナに提供する価値は何か
主なパートナー	顧客にとっての価値を実現するための主な活動に，パートナーがどのように関与するか	必要なイノベーションは何か パートナーはどのように主な活動をサポートするか
主な活動	顧客にとっての主な価値を「どのように」実現するかを説明する 顧客にとっての価値を実現するために，必ずしなければならない主なことは何か 共同バリュープロポジションを実現するために必要となる主な活動は何か	サービスを提供するために自社がしなければならないことは何か
主なリソース	主な活動を遂行するために必要なリソースは何か	購入しなければならない技術は何か
コスト構造	満たさなければならない最も重要なコスト	主なリソースのコストは何か
収益構造	各顧客セグメントから期待される売上高	パートナーにいくら払うことになるか
困難	自社ではコントロールできない状況	

- 基本ブロックとそれに関して取るべき行動についての議論の要点を書き出す。
- その基本ブロックに関係するストーリーやシナリオを含める。例えば，主な活動の1つが，製品を特定して改良することかもしれない。
- その基本ブロックについて問うべき質問を列挙する。いくつかの例が表 10.1 に示されている。
- 次に，基本ブロックが互いに整合するかを，シナリオを書きながら確かめ，整合させるには何をする必要があるかを見極める。
- ソリューションは，徐々に形成されてくる。また，一連のストーリーやアイデアから始まることがある。

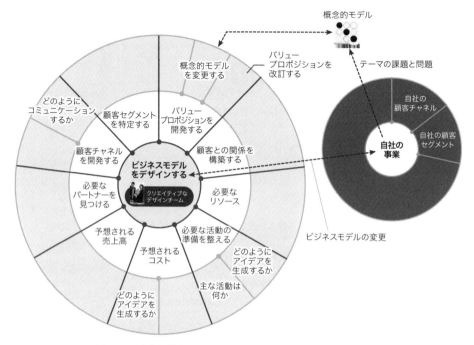

図 10.5 事業を構成する基本ブロックのブレインストーミング

　概念的ソリューションを開発する際に重要だったストーリーを，事業を構成する基本ブロックに当てはめていくと，有益かもしれない。

　どの視覚化にも共通することだが，事業を構成する基本ブロックは，質問を投げかけ，アイデアを生成するためのフレームワークをもたらす。そのうえで，ビジネスモデルの構築へと進む。

10.3.1　焦点1 ― 顧客とどうかかわるかを見ることから始める

　共同バリュープロポジションで合意すると，ビジネスモデルのデザインが始められるようになる。ビジネスモデルのデザインを進めるなかで，先に集めたストーリーを読み直したり，あらためてディスカッションしたりすることになるだろう。こうして，どのようなソリューションが必要か，それをどのように実現するかについての見方を集めていく。どんなデザインでもそうだが，ステークホルダーにとっての価値に常に注目しなければならない。例えば，商店街のためのシステムを開発していて，買い物客にとっての価値を創造しているとしよう。

- （買い物客にとっての価値）― 1回の外出ですべての買い物を済ませたい。
- （顧客対応）― 買い物客が複数の店をすばやく移動して，重い荷物を持たなくても必要な物をすべて購入できるような方法を提供する。

- （主な活動）— 必要なすべての品物の在庫を揃えておく必要がある。
- （パートナー）— 各店舗が，顧客の必要とする時に開店していなければならない。
- （課題）— 店と店の間に距離がある。

次のステップは，主な活動を検討することだ。

10.3.2 焦点 2 — 顧客の求める製品とサービスを創造するのに必要な主な活動を定義する

上記の例では，在庫を確保するベストの方法を考える。ここでは何らかの分析を使うこともできる。例えば，過去の販売数値に基づいて必要な在庫を予測したうえで，デザイン思考に戻ってその配送をどのように手配できるかを考えることができるだろう。データ分析を使って買い物客の情報を各店舗に知らせるのは，各店が出店するショッピングセンターの管理担当者の責任となるかもしれない。

10.3.3 焦点 3 — 必要なリソースと協力パートナーを定義する

表組みを使って，ビジネスモデルのオプションを定義していくことができる。表の各列に事業を構成する基本ブロックを書き出し，その要素にとって関連性の高いストーリーを入れていく。

10.3.4 焦点 4 — システムがどのように機能するのか，誰が実現させるのか：事業を構成する基本ブロックから事業ユニットへ

事業ユニットについては，以下のような可能性が考えられる。

- 事業ユニットがすでに存在しているが，新しいビジネスモデルに合わせて変える必要がある。
- まったく新しい事業を立ち上げる必要がある。
- 新しい事業ユニットやチームを既存の事業に追加する必要がある。

典型的な事業ユニットと事業を構成する基本ブロックとの関係は，表 10.2 のとおりである。

ビジネスモデルを実践するには，基本ブロックにおける行動を事業ユニットに割り当てなければならない。そして，ビジネスシステムの各部にストーリーを割り当てる。どんな事業でも，事業ユニットは複数存在する。事業ユニットには，実際の事業の担当部門だけでなく，顧客，パートナー，行政当局が含まれるかもしれない。様々な基本ブロックからのストーリーを組み合わせて，特定の事業ユニットのプロセスを生み出すことができる。

ここでは，システム図を使うことが有効かもしれない。そうすることで，各事業ユニットが何をしなければならないか，ほかの事業ユニットとどのようにかかわるかを特

表 10.2 事業ユニットへの割り当て

事業を構成する基本ブロック	事業ユニット
顧客チャネル，顧客対応，マーケティング	マーケティング
コスト管理	財務
主な活動	生産
顧客チャネル	営業
経理・会計 顧客対応 IT	カスタマーサービス

定できるだろう。

10.3.5 メリットと競争力をもたらす技術を選択する

　ここまで来たところで，デザインに合った技術をどのように選択するかという問題が浮上するだろう。このため，用途や基本ブロックのタイプによって，ガイドラインを策定することができる（表10.3）。

　ここでは，事業を拡大するためのテーマを定義する必要がある。

表 10.3 新しい技術がもたらす価値

	クラウド	ソーシャルメディア	ビッグデータ	分　析	IoT（モノのインターネット）
	スケーラビリティと共有	オンデマンドのコミュニケーション	多数のソースから取得した関連データへのアクセス	データから有用な知識への変換	環境の認識
顧客チャネル		インタラクティブなソフトウェアを介して顧客への連絡を充実させる	顧客の希望するチャネルを使って効果的に顧客にアクセスする	モデル化を通じて新しいチャネルを特定する	
顧客対応の維持	新しい機能への需要にすばやく対応する	顧客のニーズにすばやく対応できるようになる		顧客の活動を分析する	
主な活動	コンピュータシステムをクラウドに移行する	顧客がどこにいても連絡を維持できる	（潜在）顧客の行動を理解する	意思決定に役立つより良い知識を提供する 新しい機会を特定する	モビリティを向上させ，リソースを必要な場所に移動する
主なパートナー	クラウドプロバイダを利用する	パートナーとの連絡を向上させる	目標に合ったパートナーを見つける	パートナーとの協力方法を特定する	
主なリソース	演算リソースに無限にアクセスする		データマイニングの知識がある専門家にアクセスする	分析スキルを開発する	センサーの知識がある専門家にアクセスする

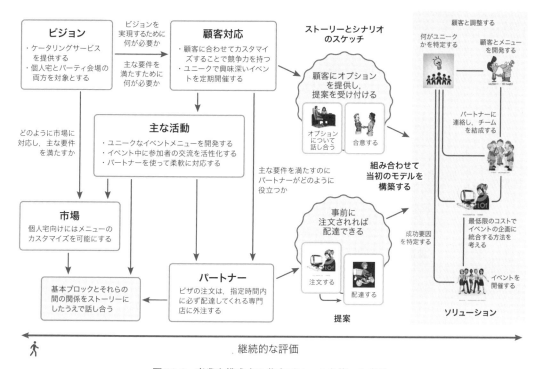

図 10.6 事業を構成する基本ブロックを使った実験

10.3.6 事業を構成する基本ブロックを使ったブレインストーミング

　このプロセス全体にわたってブレインストーミングが行われることは，あらためて強調しておきたい。事業を構成する基本ブロックをキャンバスと考えると，そこから問うべき質問が見えてくる。それを何度もアレンジし直して，許容可能なソリューションを作っていくことが可能である。基本ブロックを定義したことで，理解を開発するための構造はすでに出来上がっている。そこで，基本ブロックを使ってブレインストーミングしながら，優れたソリューションを導いていく。複数の基本ブロックを組み合わせて新しいシナリオを作り，新しいシナリオを実験で試していく様子が，図 10.6 に示されている。

10.4　ビジネスモデルを実践に移す ― 誰が実行するのか

　事業を構成する基本ブロックとは，何が起こっているか，何が望まれているかを，ストーリーを介して説明するものである。それを LEGO ブロックのように様々に組み合わせ，組み立てることでビジネスモデルを構築できるようになるが，ここで必要となるのが，誰が事業活動の担当者となり，その担当者がどのプロセスを実行するかを定義することである。そのためには，ビジネスプロセスを詳細に定義する必要がある（図

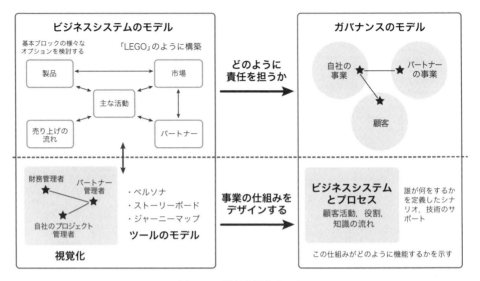

図 10.7　誰が実行するのか

10.7)。

　デザインでは，すべての基本ブロックを1つずつ検討して，そこで何が行われなければならないかを説明する。それに情報とガイドラインをもたらすのが，ストーリーと共同バリュープロポジションだ。

　例えば，次のような点を検討する。

- どのような市場のニーズがストーリーで特定されているか。
- 人々は何を購入しているか。
- 市場のデザインに合わせるために，当社はどんな製品を作るのか。
- その製品を作るために，どのような活動をサポートしなければならないか。
- どのパートナーと協力すべきか。
- コストと収入はどの程度の金額か。

　その後，すべての基本ブロックがうまく整合するビジネスモデルになっていることを確認しなければならない。これには，ジャーニーマップから抽出したシナリオが役立つだろう。

　ビジネスシステムとビジネスプロセスのレベルで使える視覚化には，リッチピクチャーやデータフロー図がある。

　では，ビジネスモデルをどのように作ればよいのか。これを考えるには，標準的な事業を構成する基本ブロックなどというものが存在しないことを，まず認識する必要がある。

10.5 別の例：ピザ店 ── 基本ブロックを使って 方向性を確立する

　デザイン思考は，大きな組織でのみ使えるわけではなく，中小企業にとっても有効である。この章の締めくくりとして，デザインのプロセス全体を示す例を紹介しよう。小規模な事業の例として，地元エリア内で事業を成長させたいと考えているピザ販売店を考える。

10.5.1 アイデア開発 ── 何が起こっているか，顧客が何を望んでいるかを理解する

　第5章で説明したように，最初は様々なステークホルダーからストーリーを集め，それをテーマに整理する作業がある。例えば，地元のパブの常連客が，食事のメニューに不足を感じているとする。

- どうすれば事業を拡大できるか。
  何が起きているかを知る。どんなピザがよく売れているか。どこでよく売れているか。誰が買っているか。
  ピザを買うのは誰か。個人客，地元のパブ，イベントスペース。
- イベントスペースというのは有望だろうか。
  様々なステークホルダーにとって，どのような価値が作られているか。
- これをテーマにまとめることとは。
  皆で話し合って，何をすべきかについてのアイデアを出し，議論するということは。
- 全員を満足させるアイデアはどれか。
  ヘルシーな食事に重点を置くべきか。
  高品質の商品に絞り込むべきか，それとも大衆的な市場を目指すべきか。

10.5.2 テーマと課題を定義する

　質問とストーリーを追いかけていくと，テーマが浮上するだろう。例えば，図10.8のようなテーマが見えてくるかもしれない。これらのテーマにさらに質問を投げかけていくことで，テーマの課題を特定し始める。ピザ販売以外の事業にまで拡大したいのか。もっと幅広い課題に対応し，例えばピザをベースにしたヘルシーなメニューを考えたりする必要があるのか。ビッグデータにアクセスして，表10.1に記載されたような質問に答えるための知識を収集する必要があるのだろうか。

10.5.3 バリュープロポジションを開発する

- ビジョンまたはバリュープロポジション ── 地元のパブと協力して，需要に応じた量販を提供する。商店街の共同サービスを開発する。

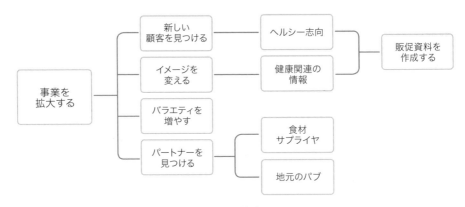

図 10.8　ピザ販売店のテーマ

- **概念的ソリューション** ── 当初の概念的ソリューションとして，図 10.9 のようなものが開発される。地元のパブからの前日注文に応じて量販する。また，ヘルシー志向の消費者という新たな顧客層もターゲットにすることにして，そのためのシェフを新たに雇い入れる。

10.5.4　概念的ビジネスソリューションで合意する

　図 10.9 および表 10.4 のような概念的モデルは，潜在的なビジネスソリューションについて話し合うための基本をもたらす。ビジネスソリューションの一部となる概念的ソリューションに含まれている要素を選び，表 10.4 の太字部分の文言を使用して，ビジネスソリューションのための選択肢について話し合うことができるだろう。例えば，考えられる 1 つのソリューションは，地元のパブに定期的な配達を提供することで，事業

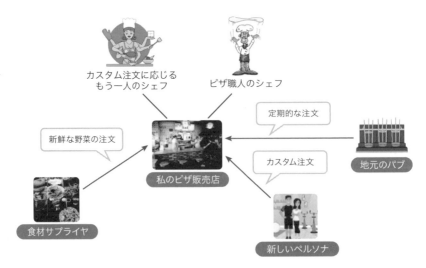

図 10.9　ピザ販売店の概念的ソリューション

表 10.4　ピザ販売店のビジネスモデル提案

事業を構成する基本ブロック	説　明
バリュープロポジション	幅広い市場に対してより多くの選択肢を提供することによって，事業を拡大する
市場	ウェブサイトから注文してくる地元の個人客 **定期的に注文してくるパブ** 個人顧客以外
顧客対応	顧客がピザを注文後，30 分以内に配達する **パブに定期的に配達する**
主な活動	商品の幅を広げる ユニークなメニューを継続的に開発する **すばやく信頼性の高い配達を手配する**
パートナー	地元の配達人 サラダを提供する近くの店 隣町のピザ店と提携関係を持つ **配達業者**
主なリソース	高品質なピザを作れるシェフ 近くに新しい店舗を建設する
顧客チャネル	バイトの配達人を使って，注文に応じて随時配達する **定期的な配達サービス**
考えられるデザインのテーマ	メニューの幅を広げる パブに量販する
課題	食のトレンドが変化するゆえの複雑性 地元エリア以外への配達の手配
成功要因	**市場拡大**

を拡大できるかどうかを見ることかもしれない。すると，信頼性のある定期的な配達サービスが必要になり，配達業者をパートナーにする可能性が出てくる。また，おそらくは，商品の幅を広げなければならないだろう。

10.5.5　ビジネスモデルを開発する

はとんどの組織は，すでにビジネスモデルを有している。このため，ゼロから始めるということはあまりないだろう。そこで，既存のビジネスモデルに加える変更点を特定し，それをどのように導入するかを決めることが必要になる。それを示したのが，図 10.10 の太字部分である。

アイデアを実験するための方法として，事業を構成する基本ブロックが提案されている。例えば，ピザの配達というモデルとビジョンは，現行の市場である個人顧客の間にも存在している。

- その特徴は何か。
  まず，主要な事業を構成する基本ブロックはすでに揃っている。そこで，質問（図 10.10 の太字部分）を問いかけて，新しいビジネスモデルを考えていく。
  基本ブロックを様々に組み合わせてみて，実験を定義する。

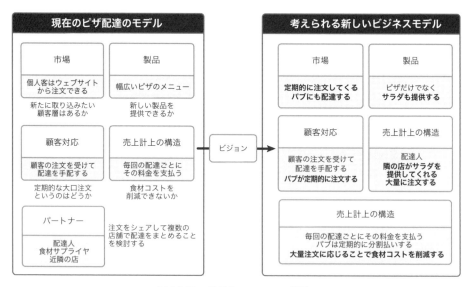

図 10.10　ビジネスモデルの変更

これは，いってみれば舞台のリハーサルのようなものだ。シナリオを作り，モデル化やディスカッションを通じて試していく。そして，ビジネスモデルを机上で洗練化させていく。

例えば，近くの店舗とコンソーシアムのような関係を築いて，ほかの商品を配達することはできるだろうか。大口注文に応えることはできるだろうか。

これらのビジョンを実現するために何ができるのか，それをどのように実現するのかが，ここでの問題となる。

10.5.6　ピザ販売店の新しいビジネスモデルのためのシステムモデル

潜在的なソリューションを特定したところで，次に必要となるのが，様々な視点を盛り込んで図解することである。図 10.11 は，システムの視点からソリューションを示している。この事業に関与するシステムを示していて，それぞれの主な守備範囲と相互の関係性も盛り込まれている。ビジネスシステムには，以下の要素が含まれる。

- 各役割の責任範囲 — 各役割に付けられたテキストボックスで説明されている。
- 役割間の主な関係 — 役割をつなぐ線に付けられたフキダシで説明されている。

このモデルは，デザインの最後のステップではない。新しいアイデアが出るのに伴って形成されていく。最初はラフなスケッチから始め，アイデアが出るたびに付け加えていくことで，現実的なシステムが見えてくるようになる。

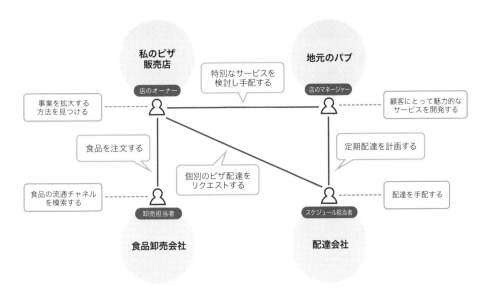

図 10.11　システムの視点から示したソリューション

10.6　ビジネスモデルの評価に使用する特性

　ビジネスシステムは，ビジネスモデルを実践するために開発する。ビジネスモデルが「何を行うか」であるのに対し，ビジネスシステムは「どのように行うか」を示す。

　このため，システムが必要なことを実行するかどうかを確認する必要がある。そして，どんなビジネスモデルにおいても確認しなければならない一般的な特性がいくつかある。

　知識は，どんな事業にとっても重要である。新しい製品が市場で受け入れられることは，新しい知識を提供することといえる。すべての事業ユニットが，それぞれにとって必要な知識にアクセスできるだろうか。

　ソーシャルな**構造**と関係は，知識の流れを維持するために欠かせないため，やはり重要である。役割間の関係において，知識の変化が特定されているだろうか。その変化の影響が考慮されているだろうか。

10.7　まとめ

　この章では，ビジネスモデルについて説明した。事業を構成する基本ブロックという考え方を導入し，それを組み合わせることでどのようにビジネスモデルが作られるかを示した。また，Osterwalderの提唱する事業を構成する基本ブロックについても紹介した。これはすでに実践でよく使われている。さらに，概念的ビジネスソリューションを事業を構成する基本ブロックにどう発展させるか，それをどう実践に落とし込むかも説明した。

演 習

10.1 グローバルなプロジェクト管理組織のビジネスモデルを開発する。図 10.4 で示したモデルを，これにどのように応用できるかを示す。または，休暇の計画に図 10.1 を使用したのと同じやり方で，グローバルなプロジェクト管理に特化したビジネスモデルを開発する。

10.2 この章の最後のセクションで，体系的なデザインのプロセスを小規模な事業に応用する方法を紹介した。ほかの小規模な事業に対して，そのデザインプロセスの活用方法を提案できるだろうか。例えば，特定のオーガニックな作物を栽培している小規模なオーガニック農園を考えてみる。

クリエイティブな組織の管理

CHAPTER 第**11**章

この章の狙い
- クリエイティブな組織をデザインする
- クリエイティビティを奨励する
- 構造は重要なのか
- 成果物を定義する
- 能力レベルを測定する

11.0 はじめに

　本書のテーマは，クリエイティブなアイデアを生成し，それを実践に落とし込むことだ。複雑な環境がもたらす脅威と機会に組織が反応するには，アイデアが欠かせない。そしてアイデアを実践に移すには，デザインのプロセスが欠かせない。本書のこれまでの章では，体系的なデザインのプロセスを組織がサポートしなければならないことを強調してきた。特に，以下の点について考察した。

- 昨今の組織が直面している課題（第1章）
- それらの課題に対応するための新しいデザインのメソッド，特にデザイン思考（第3章）
- 体系的なデザインのプロセス（第5章以降）
- デザインを実践するためのチームのマネジメント（第5章）

　これらの章では，クリエイティブな能力を組織的に開発し，それを糧に革新的な結果を達成することの重要性を論じるとともに，クリエイティビティを促進して革新的なソリューションへと導くための活動を紹介した。ほぼすべての組織が革新のための活動を実践しているが，その多くはインフォーマルで，時として無秩序ですらある。しかし，イノベーションというのは，体系的なデザインのプロセスを経なければならない。すなわち，アイデアを出し，それらのアイデアが今日の技術を活用することで実際に機能するのだと証明し，そして事業の実践に落とし込むことである。事業体がアジリティを持

つには，イノベーション・バリューチェーンをすばやく構築できなければならない。
　では，クリエイティブな実践方法を開発して組織全体に浸透させ，デザイン中心の組織になるには，何をしなければならないのか。組織が開発しなければならない能力とは何か。この章では，イノベーション・バリューチェーンを基本にして，体系的なデザインを組織に組み込んでいく方法を説明していく。特に重点とするのは，ステークホルダーにとっての価値を見据え，その価値を現実にするビジネスモデルへと変えていくことである。これには，いくつもの点に対応しなければならず，例えば，以下のような課題がある。

- ルーチンの業務を特定して，コンピュータに遂行させる。
- パートナーシップを形成して，より良い価値を提供する。
- 競争力を高めるために，イノベーションを重視する。
- ステップを単純化して，プロセスを向上する。
- 大企業内の部署間の垣根を取り払う。

業務を円滑に進めるためのスマートなサービスが求められるのである。

11.1　クリエイティビティを奨励する組織体制

　クリエイティブな組織をデザインするためのフレームワークを，ここで紹介しておきたい。このフレームワークとその主なテーマを示したのが，図 11.1 である。
　以下のようなテーマが含まれている。

- 組織の構造を選択する。
- デザイン中心の文化を醸成する。
- クリエイティブなデザインのプロセスを開発し管理する。
- デザインチームをサポートする。
- マネジメントとリーダーシップを通して支援する。

　これまでの章でこれらの点すべてに言及してきたが，この章では，組織構造を最初に取り上げよう。

11.2　組織構造は重要なのか

　組織構造とそれがイノベーションに及ぼす影響については，すでに盛んに議論されてきた。
　どんな事業体でも，多数のプロセスが同時進行している。

- 階層構造の組織と旗艦体制
- バーチャルな組織

11.2 組織構造は重要なのか　183

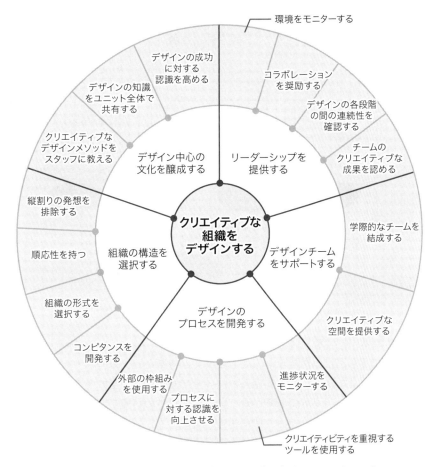

図 11.1　クリエイティブな組織をデザインするためのフレームワーク

- フラクタル型の組織。最近では多くの組織がフラクタル型［図形の全体と部分が自己相似になっている形状］の範疇に収まるが，特に社会的なサービスを提供している組織に多い。

図 11.2 は，クリエイティブなデザインユニットを階層構造の組織にどのように組み込むかを示したモデルである。いくつもの事業ユニットからなる組織構造で，それとは独立した場所にクリエイティブなデザインユニットが置かれている。

クリエイティブなデザインチームは，いくつかの方法で設置することができる。1つは，関連する事業ユニットから人材を集めて，クリエイティブなデザインユニットを結成する方法である。また，コアデザインユニットを設置して，デザインメソッドやデザイン思考ツールの専門ノウハウを集中させることもできる。このコアユニットが，事業ユニットの担当者でなるクリエイティブなデザインユニットをサポートする。つまり，事業上の問題に対応するクリエイティブなデザインチームの一部となる。

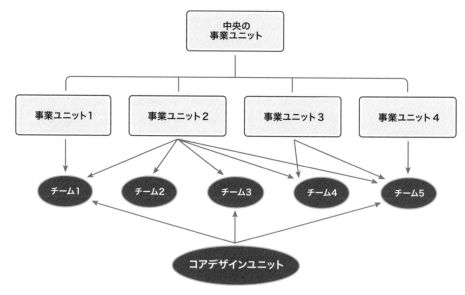

図 11.2　イノベーションチームの構成

11.2.1　文化と構造

　おそらくは，構造よりもむしろ**文化が重要**といえるだろう。必要なのは，デザイン中心の文化である。誰もが優れたアイデアを提案し，それを開発していくべきだ。縦割りの多数の部署として管理されている階層構造の組織が，デザイン中心になるのは容易ではないだろう。ただし，階層構造の組織でも，各ユニットが専門性のハブと見られていて，必要に応じてその専門性を組み合わせてクリエイティブなユニットを構成できるのであれば，それはデザイン中心ということができる。クリエイティブな文化を奨励し創造する 1 つの方法は，現在行われているクリエイティブな活動を特定して，会社としてそれを認識することである。この認識とは，例えば新しく開発された機能を称賛するなどのように，具体的な目標達成にスポットライトを当てることではない。むしろ，それがクリエイティブなプロセスを通じて達成されたのだと明確にすることである。

　これこそが，マネジメントの腕の見せ所でもある。トップマネジメントが部署横断的な活動を奨励し，縦割りの発想を排除し，優れた成果を認め，構造でサポートすることにより，文化を育んでいく。また，クリエイティブなスキルの開発も奨励しなければならない。

11.3　デザインの文化を醸成する

　クリエイティビティは，組織全体にわたって奨励すべきものと見られるようになってきた。しかし，いったいどうすればクリエイティビティを教育できるのだろうか。最近

では，クリエイティビティとは，正しい環境さえあれば後天的に習得できるスキルだという考え方が形成されるようになった。マネジメントは，この過程で重要な役割を果たす。特に重要なイニシアチブの1つが，クリエイティブな成果を認めることである。また，クリエイティブなスキルを開発するためのワークショップを，マネジメントが企画してサポートすることもできる。

　クリエイティブなスキルは，一部の個人が持つ天性の能力ではなく，習得可能なスキルだとする見方が主流化した結果，クリエイティビティのワークショップを開発する組織が増えている。これには，アイデアを生成して発展させるスキルや，チームで取り組むスキルが含まれる。

　そして，そのツールには，ブレインストーミング，テーマ特定のためのマインドマップの作成，視覚化などの方法が含まれている。

11.4　デザインのプロセスを管理する

11.4.1　体系的なデザインのプロセスをどこから始めるべきか

　多くの場合，組織全体がイノベーションの文化を一斉に取り入れるわけではない。Suncorp のように，合併が契機となって起きることはある。しかし，ほとんどの場合は，デザイン思考のメソッドを使用しているデザイン中心のグループが存在している。そのグループが事業価値を創造していることが証明されれば，デザイン思考のメソッドをほかでも取り入れてみようとする動きが出てくるだろう。顧客対応管理の構築から始めて，そのメソッドをほかの分野に広げていくのが，最も簡単かもしれない。ただし，ほかの分野に拡大するのは容易ではないため，トップレベルのマネジメントからのサポートが必要である。

　出発点として以下の2つの領域が適していることが，本書の事例で示唆されている。

- 顧客体験に重点を置いたジャーニーマップを使って顧客対応を改善する。
- 製品改良のための取り組みを共同で進めることにより，関与する人を増やしていく。

　バリューチェーンの間の関係は，能動的に管理しなければならない。以下のような点にも注意すべきだろう。

- 様々な種類の組織構造に含まれるバリューチェーンを調整する。
- 顧客に近いところでデザインの意思決定を下す。
  - バリューチェーンの構造は，組織の構造に整合しているだろうか。
  - バリューチェーンが，組織の重要な課題に対応しているだろうか。
  - バリューチェーンの間で共有するための仕組みや体制があるだろうか。

デザインプロセスのマネジメントというのは，それ自体が複合的なプロセスである。プロジェクトチームを管理するには，成果物や成功と見なされる結果を最初に決めなければならない。イノベーションプロセスの管理方法については，いくつもの案が提案されてきた。プロジェクト管理において，デザインはしばしば，ツールやデザインの制作物が完成した時点で終わりとなる。しかしこれは，デザイン中心の文化に反する。制作物というのは，プロジェクト全体を通じて進化し続けるためだ。それを示したのが，図11.3である。この図では，左から右に向かって時間が流れている。円の大きさは，ツールを使った活動のレベルを示していて，円が大きいほど活動の密度が濃いことを意味する。円の間の矢印は，情報の流れである。そして，各ツールが使われるタイミングも示されている。以下の点に注意してほしい。

- 初期の段階では，ストーリーボードが最も大きな活動となる。
- そのストーリーが次にペルソナやテーマで使われていく様子が，矢印で示されている。
- ストーリーからテーマが進化し，それに続いて，注意の必要なテーマの課題が特定される。
- ツールの成果物は，決して固定化されることがない。ほかのツールから学ぶたびに進化し，それが新しい洞察となっていく。例えば，テーマやバリュープロポジションを開発したりするなかで，さらなる情報を模索するが，それによってストーリーがさらに肉付けされていく。

図11.3は，最終的な帰着点となり得るポイントも示しているが，これは図5.3で説明したダブルダイヤモンドとも重なる部分がある。例えば，分析やテーマはある意味でダブルダイヤモンドのプロセスの「発見」に相当し，テーマの課題で合意することは「定義」の段階に相当する。

11.5 デザインチームの焦点を見つける

クリエイティブなユニットでは，チームが重要な役割を果たす。図5.4を思い出してほしい。第5章では，チームとして成功するための条件として，特にAmabileの提唱する説を紹介した（Amabile, 1997）。しかし，チームが成功するには，ほかに多数の要因が求められる。提案や発言をしたがゆえにそれが逆手に取られて結果的に攻撃されたりすることのない，安全な環境が必要である。

また，クリエイティビティを引き出すために求められるチームの構造を示した研究について，第6章で説明した。

- 共通の価値観を有している —1点でも共通するものがあればよい。
- 暗黙のルールに従う。
- リーダーシップを共有する。

11.5 デザインチームの焦点を見つける 187

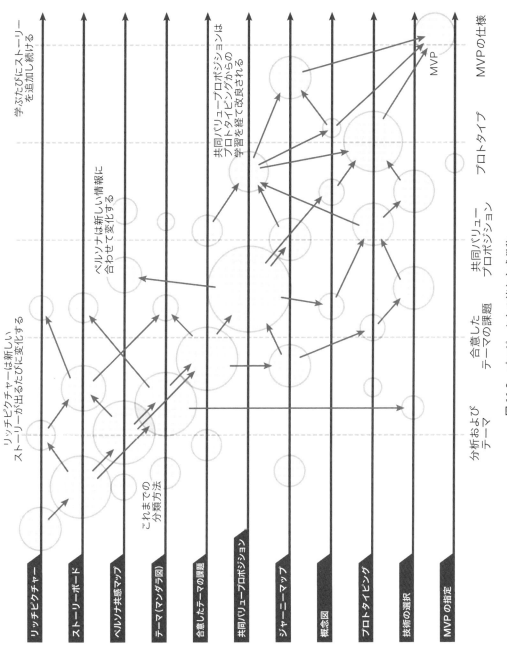

図 11.3 プロジェクトの流れと成果物

188　第 11 章　クリエイティブな組織の管理

● 明確な目標を持つ。

　クリエイティブなデザインユニットは，クリエイティビティを見据え，デザインユニットの目標に関係するアイデアを出す。参加者間の活発なインタラクションを奨励して，システムに課題が生じるつど，それに対応する新しいアイデアを出すよう促す。そのための手段がディスカッションであり，また必要に応じて評価に基づくモデルも使用する。参加者は，たとえどんなに極端なアイデアであっても，コミュニケーションすること，自分の考えを説明することが奨励される。そうしたアイデアは，ほかの人が理解してその影響を評価できるような方法で，明確に説明しなければならない。そして，行動が重視される。人間にとっての価値，すなわち何かを変えることが人の行動にどのように影響するかを考慮したうえで，具体的に何をすべきかを特定する。

11.6　デザインの環境をもたらす

11.6.1　空間とチームワーク

　チームとして働くための場所は，チームの文化を醸成するうえで非常に重要である。これには，ディスカッションができる場所，および付箋を貼るキャンバスやほかの視覚化のための壁が含まれる。これらは，効果的なブレインストーミングとデザインにとって欠かせない。

11.6.2　クリエイティブなデザインチームのためのツールと基本ブロックを選択する

　次に下すべき選択は，どのツールを使用するかである。デザイン思考で使えるツールは多数あり，一般的なものもあればそうでないものもある。しかし，基本的にデザイナーは，物事を様々な方法で視覚化して，それに合ったツールを選ぼうとする傾向にある。使用するツールは，その業務ユニットの目的に整合しているべきだ。様々な環境で様々なツールがどのように使われているかについては，Liedtka, King, Bennet の文献が非常に詳細に説明している (Liedtka, King, & Bennet, 2013)。実のところ，ツールの選び方に関して具体的な規則があるわけではない。とはいえ，実践の場でよく使われ，実際に効果を出しているツールはある。ジャーニーマップ，リッチピクチャー，ソーシャルネットワーク図などである。さらに，特定の状況に当てはまるメソッドやテクニックも多数存在する。たいていのチームには，そうしたツールやメソッドに詳しいメンバーがいて，必要に応じてしばしば実践で活用している。

　バリューチェーンという考え方が確立しているのであれば，ツールを統合すべきである。これは，単純にキャンバスを共有するだけでも達成でき，ソーシャルイノベーションにおいては特に重要性が高い。デザイン思考のメソッドに対する関心は，社会的な事業体の間でも高まっていて，違いがあるとすれば，デザインのサイクルが長いことに

ある。製品開発では，継続的な改良が昨今のトレンドになっているが，社会的な開発では，長期にわたる政策を開発するのがむしろ中心的な活動となる。

11.6.3 基本ブロックを選択する

　事業を構成する基本ブロックが，ビジネスモデル開発の方法として多用されるようになっている。その目的は，基本ブロックを組み合わせてビジネスシステムを構成することにある。この作業は，パズルやゲームに似た作業で，ソリューションでは，その基本ブロックをまとめて組み立てることを重視する。1つ1つの基本ブロックは，何らかの事業上の課題にそれぞれ対応している。しかし，組み合わせてまとめあげると，システムがどのように機能するかが視覚的に示され，異なる視点を持った人たちの考えが整理できるようになるため，コラボレーションを奨励する。

　基本ブロックとは，必ずしも物理的な物体ではなく，社会的な価値やビジョンといった抽象的な用語であることもある。厄介な問題のいくつかの次元を示している可能性もある。Sinfield, Calder, McConnel, Colson の文献では，基本ブロックをテンプレートのようなものと見なしていて，あらゆるデザイン領域で代替のソリューションを生み出すために使えるとしている（Sinfield, Calder, McConnel, & Colson, 2012）。ビジネスモデルは，事業を構成する基本ブロックをまとめあげることで成り立っている。ビジネスモデルを開発しようとする人は，様々な質問を問いかけ，話し合いをしながら，基本ブロックを使って事業を再構成することで，各構成要素が最も良くフィットする方法を探そうとする。つまり，基本ブロックが，質問をするための方法をもたらす。

　また，基本ブロックを使うことで，実験が奨励される。例えば，新しい活動とパートナーを加えてみて，既存の業務にどう整合するかを見てみるなどの実験がある。ビジネスモデルとしてのキャンバスにはすべてのオプションが示されているため，コラボレーションを通じてそれらのオプションをまとめあげることになる。基本ブロックをアレンジし直し，その変化によってどのような影響があるかを話し合う。

　基本ブロックを選択するに際しては，事業を無理なく説明すること，また実験ができるようにすることを考慮すべきである。このため，標準的な基木ブロックを選ぶべきか，それとも具体的なデザインのために特別な基本ブロックを選ぶべきかを検討する必要が生じる。キャンバスに選ぶべき標準的な基本ブロックというのが決まっているわけではないが，主に以下の3つのオプションが考えられるだろう。

　①Osterwalder のモデルのような標準的な基本ブロックを使用する。
　②標準的なキャンバスから始め，適宜修正していく。
　③独自のキャンバスを構築する。

11.6.4 自社の基本ブロックをどのように開発するか

　まずは，自社がどの問題に対応するのかを定義する。

- どの課題に対応しようとしているのか。
- チームにとって重要なことは何か。
- 自然な言葉を使って，学際的なチームをサポートする。

その後，例として3つの基本ブロックを簡単に図解して，考えられる基本ブロックを様々な環境で図解するための基本ガイドラインをもたらすとよいだろう。

11.6.5　社会的なサービス提供のための基本ブロック

ソーシャルイノベーションが，近年注目されている。これを受けて，ソーシャルイノベーションに見られる課題に対応するためのビジネスモデルも登場するようになった。図 11.4 は，社会的なサービス提供に見られるタイプの基本ブロックを示した例である。図 10.4 で示したビジネスモデルとの共通点が多数あることが分かるだろう。ここでは顧客がサービスの受益者に置き換えられていて，寄付者に特化した付加的なテーマが設けられている。しかし，主な活動，パートナー，コスト，売上高などがある点は同じだ。提供するサービス，それらサービスのコスト，そして提供チャネルをとらえたテーマがある。

11.6.6　ポリシー形成のための基本ブロック

政策やポリシー，あるいは戦略は，組織内においても，それ以外の一般的な環境においても，重要な領域として浮上しつつある。ポリシー形成において重要なのは，以下の

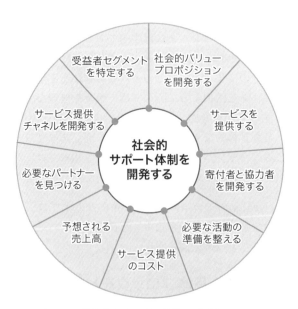

図 11.4　社会的なサービス提供のビジネスモデル

点である。

- 環境を見渡す。
- オプションを考えたうえで，たいていはモデルとして表現する。
- それを意思決定者に提案する。

これを支える活動を示したのが図 11.5 だが，具体的には，ビジョンを開発すること，ステークホルダーにとってのメリットと価値を特定すること，全般的なモデルを構築すること，代替案がもたらす効果を提示することなどが含まれている。

基本ブロックの重点は，ポリシー形成に際しての主な活動である環境の把握，分析，そして意思決定である。

11.6.7　学際的なサポートのための基本ブロック

基本ブロックは，異なる専門領域を集めて製品を協調デザインする際にも使うことができる。その例を示したのが，図 11.6 である。

ここでは，モバイルなコラボレーションをサポートするモバイル機器を開発することを目標としている。これがキャンバスとなって，アイデアの生成と評価を促し，これまでの章で説明してきたようなブレインストーミングを支えるだろう。ここでは，複数のテーマを合わせて，技術設計面と事業面の両方の要件を満たす良い組み合わせを見つけようとする。このため，技術設計と事業という 2 領域から引き出した基本ブロックが，図 11.6 には盛り込まれている。そして，顧客のニーズを把握したうえで，話し合いを

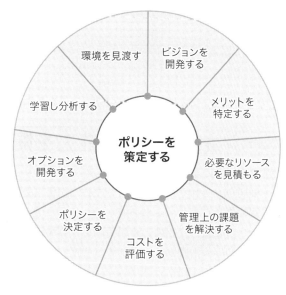

図 11.5　ポリシー形成のためのビジネスモデル

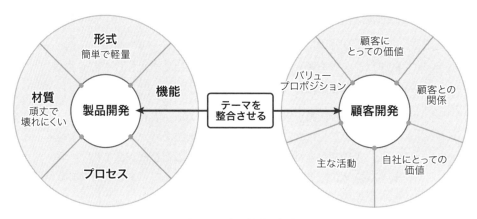

図 11.6　専門領域の統合

経て，モバイル機器のテーマに関する要件を記録していく（表 11.1）。

表 11.1　製品開発のテーマと顧客開発のテーマの整合

事業を構成する基本ブロック	求められること
自社にとっての価値	モバイルコラボレーションの主要プロバイダになる
顧客にとっての価値	軽量なコミュニケーションツールを使う
バリュープロポジション	モバイルコラボレーションをサポートするシンプルな機器を提供する
消費者にとっての価値	モバイル機器を常に携帯したい
主な活動	顧客とコラボレーションして製品をカスタマイズする
形状	小型で手に持つことができる
機能	チャットを含める コラボレーション中にドキュメントを閲覧できる表や図を簡単に新規作成できる
材質	できるかぎりプラスチックを使用する
プロセス	携帯電話のようにスケジュールを設定できる タブレットのようにコラボレーションできる

11.7　イノベーションのための能力を開発する

　　ここで生じる疑問の1つが，**事業体としてのイノベーション能力を評価することは可能か**という疑問かもしれない。デザイン中心の文化を醸成するのにシニアマネジメントの関与が重要であることは，これまでの章で論じたとおりである。PepsiCo 社や Citrix 社をはじめ多数の企業が，そのための活動を主導する特別な役職を社内に設けてきた。文化というからには，活動に時折参加する程度ではなく，継続的な活動を支えるような空間を作る必要がある。また，複数の専門領域にわたるチーム内での建設的なコラボレーションへとつながる視覚化のニーズも強調しておきたい。最近では，何らかの体系

的なアプローチを実践しないかぎり，厄介な環境に対応する革新的なソリューションは見つけられないという理解が，徐々に形成されるようになってきた。コラボレーションとソフトウェア開発に関しては，いくつかの能力レベルが定義されている。

11.7.1　イノベーションの能力レベルに達することは可能か

これらの定義で示された能力レベルを見て，イノベーションのために何ができるかを考えてみよう。図11.1で示したテーマをガイドラインとして使うことができるだろう。これらのテーマは，ガイドラインや取り組みを示唆している。

- スタッフはデザインのメソッドについて教育研修を受けているか。
- クリエイティブな空間が提供されているか。
- 体系的なデザインのプロセスが存在するか。
- クリエイティブな成果が認識されているか。

11.8　まとめ

デザイン中心の文化を醸成するには，事業体のなかでクリエイティビティが基本にならなければならない。問題は，どうやってそれを達成するかである。しばしば最初のステップとなるのが，デザイン思考とはストーリーを収集して付箋に書き出すことだという，多くの人が抱いている理解をくつがえすことだ。デザイン思考はそこで終わるものではなく，実際の価値はもっと後でもたらされる。例えば，テーマを特定することで，優れた意思決定を下すために必要なデータが示されるだろう。共同バリュープロポジションを定義してそれに関連する概念的モデルを作成することで，活動の重点とすべき最大の価値が得られる部分が示されるだろう。次に考えるべき重要な点が，事業体全体にわたる何らかの戦略的な目標を，イノベーションの目標に据えることである。このため，すべてのイノベーションのプロセスを，事業体の全領域にわたってコーディネートする方法を考えなければならない。

CHAPTER

提案と事業計画の策定

第 **12** 章

この章の狙い

- プレゼンを行う
- アイデアとアプローチをどのようにまとめるべきか
- 事業計画をどのように構成すべきか
- どのように組織化すべきか ― 誰が何をするのか

12.0　はじめに

　　デザイナーは，最終的に提案をプレゼンしなければならない。これは口頭のプレゼン
と事業計画の両方の形式を取る可能性がある。組織によってプレゼンの要件は様々であ
る。このため，この章では，深く踏み込むことはせず，一般的なガイドラインと提案を
部分的に紹介するに留めておく。

12.1　ソリューションにたどり着くまでのストーリー

　　プレゼンをする際にしばしば良い方法となるのが，事業計画を策定するためにどのよ
うにアプローチしたかを最初に説明することである。これにより，あなたが必要な情報
をすべて収集し，体系的なアプローチに則ってソリューションを開発したことが伝わ
り，聞き手に信頼性を植え付けることができる。プレゼンの構成は，図 12.1 のとおり
である。

　　ここでは，情報を取得したソースを示し，その情報をどのように活用したかを説明す
る。その際には，視覚化を大いに使用すべきだ。論文を書くよりは，リッチピクチャー
を見せるほうがよい。誰がどのような理由で誰と関係するかを長々と説明するよりは，
ソーシャルネットワーク図を示すほうがよい。

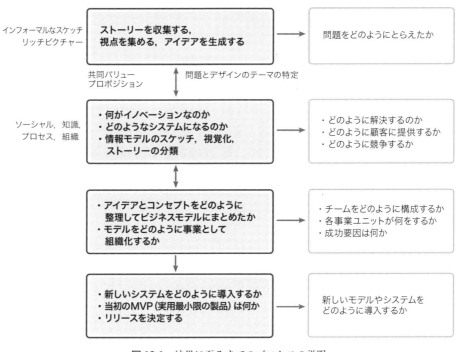

図 12.1　結果に至るまでのプロセスの説明

12.1.1　視覚化を使用する

- プレゼンでは，大量の文章よりも視覚化を使用する。
- そのソリューションから全員がどのように恩恵を受けるかを説明することに重点を置く。
- 基本ブロックに含まれる代替のオプションに言及する。

12.1.2　異なる視点から代替案を説明する

- **組織の視点** ― 各事業ユニットがどのようにインタラクションするか。
- **知識の視点** ― 基本ブロックにどの知識が必要か。その知識をどのようにして入手するか。どこにその知識が存在しているか。必要な場所に知識をもたらすための仕組みをどのように作るか。
- **ソーシャルな視点** ― どの役割がほかの役割とインタラクションしているか。知識の流れを向上させるために，新しいインタラクションが必要か。新しいパートナーが必要か。
- **プロセスの視点** ― 様々なステークホルダーがどのように行動するか。システムのなかでどのようなジャーニーをたどるか。

ジャーニーを向上させる方法を検討する。例えば，ジャーニーのすべてのステップが

本当に必要なのか。新しい知識にアクセスできれば，ジャーニーが向上するのか。これらの視点は，概念的なレンズと見ることもできる。

12.2 事業提案の構成

報告書を構成するには，第3章で説明した方法を使うことができる。まずは，各セクションに付箋を作って，報告書に盛り込みたい内容をすべて書き出すこと（図12.2）。その後，付箋を順番に並べて，報告書を読む可能性がある人たちからフィードバックをもらう。

12.3 提案の評価

提案の内容は，継続的に評価すべきである。評価は多くの要因からなるが，究極的には，これからする提案が自社や顧客にとってどのような価値をもたらすかを見極めることが評価の目的だ。とはいえ，自社の製品を使ってもらえるかどうかは顧客の判断にかかっているため，何よりも重要なのは顧客にとっての価値と考えるべきだろう。ここでの評価とは，多くの場合，コスト対効果の分析である。

では，事業上の価値をどのように説明できるのだろうか。従来型のシステムにおける価値は，たいていが事業のコストを削減し，顧客へのサービスを向上させることだった。銀行のATMが好例である。事業体にとっての価値は，取引処理のコストを削減することにある。預金を引き出そうとする顧客に，窓口で対応する必要がなくなる。顧客

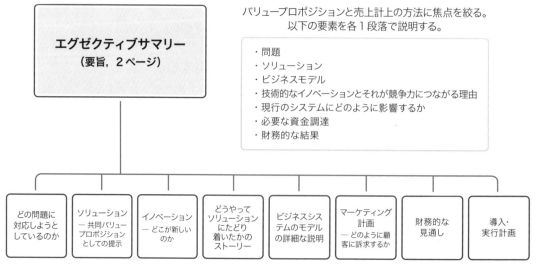

図12.2　事業計画の構成要素

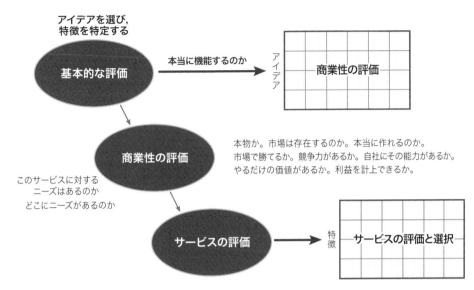

図 12.3　評価のステップ

にしてみれば，24 時間いつでも引き出せるという利点がある。

　しかし最近では，消費者の力がますます強くなっている。これまで使ってきたものをもっと改良してほしい，新しくて実用的でエキサイティングな改良を加えてほしいと考える人が増えている。この結果，単にコスト対効果の分析以上の評価が求められている。潜在顧客に価値と見なされるサービスを提供することも重要だ。評価は，多数のステップを経て行われることも多い。そのプロセスを示したのが，図 12.3 である。

12.3.1　基本特徴の評価

　ここでは，システムがあらゆる事業環境で機能するかどうかを評価する。この評価を行う 1 つの方法は，その特徴の組み合わせがすべてのユーザーのストーリーに対応しているかどうか，基本要件を満たしているかどうかを見ることである。例えば，必要な知識を明示的または暗示的な知識として，すべてユーザーに提供しているか，ユーザー間のコラボレーションを維持するシステムになっているか，などの問いを投げかけていくことになる。この評価に際しては，ストーリーを参照すべきである。そして，技術的な評価では，以下のような点をとらえる。

- 収集した知識
- 役割の責任が明確か
- 情報の流れが明確か
- コーディネーションがサポートされているか
- 蓄積された情報によって学習が促されるか

12.3.2　商業性の評価

Harvard Business Review で紹介された「RWW スクリーニング」を使って，リスク評価表を作成する。詳細は，以下の文献を参照してほしい。

Day, G. (2007)："Is It Real? Can We Win? Is It Worth Doing?: Managing Risk and Reward in an Innovation Portfolio" *Harvard Business Review*, December 2007.（https://hbr.org/2007/12/is-it-real-can-we-win-is-it-worth-doing-managing-risk-and-reward-in-an-innovation-portfolio）
　日本語訳：『「リスク・マトリックス」「RWW スクリーニング」で取り組む「大文字のイノベーション」も必要である』，「ダイヤモンド　ハーバード・ビジネス・レビュー誌 2008 年 9 月号』，ダイヤモンド社

この評価では，商業性の規準に則ってアイデアを比較する。

- 製品コンセプトが明確か。
- 製品やサービスに競争力があるか。
- 製品の市場はどこにあるか。
- 経済的に構築できるか。
- この分野の専門ノウハウを持ちたいと思うか。

12.3.3　狩野モデルの評価 ― エキサイティングなアイデアか

狩野モデルは，3 つの特性をすべてまとめる。

- **当たり前品質要素**：絶対要件ともいえる。コラボレーションを前提とするシステムでは，通常，新しい知識やサポートをもたらすかどうかがこれに含まれる。[充足していると当たり前と受けとられ，不充足であれば不満を引きおこす品質要素]
- **一元的品質要素**：製品に商業的な競争力をもたらす要因。例えば，類似した製品よりも値段が安いのか。[充足していると満足を引きおこし，不充足であれば不満を引きおこす品質要素]
- **魅力的品質要素**：現行の市販製品との違い。くだけた言葉でいうなら「すごいね」といわれるようなものかどうか。[充足していると満足を引きおこし，不充足であっても仕方ないと受けとられる品質要素]

これらの要素を評価したうえで，製品が要素をどれだけ充足しているか，また顧客にどれだけの満足感をもたらす可能性があるかに基づいて，図 12.4 のようなモデルで示す。

12.3.4　SWOT 分析

SWOT 分析は，ソリューションを追求すべきかどうかを決める際のもう 1 つの体系的なアプローチである（図 12.5）。

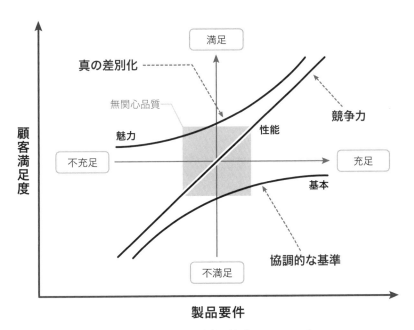

図 12.4 狩野モデルの評価（出典：Wikipedia）

図 12.5 SWOT 分析

　SWOT の「S」である Strength（強み）には，時間をかけて蓄積してきた専門能力やノウハウ，および市場での地位を強化できる潜在性などが含まれる。

　「W」の Weakness（弱み）は，業務のあり方かもしれない。例えば，組織間のコラボレーションが存在しないことなどである。この弱みが特定されたのであれば，顧客に

対してもっとソーシャルなアプローチを取ることが示唆されるかもしれない。

「O」のOpportunity（機会）は，サービスに対して急に需要が生じた場合に新しいサービスをすばやく提供するためのノウハウとインフラを持っていることを意味する。

そして「T」のThreat（脅威）は，競合他社がすでに類似した製品で定評を確立しているなどの状況を指す。また，需要縮小につながる景況の変化が予測される場合も，脅威となる。

12.4 まとめ

この章では，成果物を提案する方法を簡単に紹介した。ソリューションに至るためにたどったプロセスを説明して，聞き手に信頼感を植え付けることが，まず1つの方法となる。さらに，実用化に先がけてソリューションを評価するための方法もいくつか紹介した。

参考文献

Amabile, T. M. (1997). Motivating creativity in organizations. *California Management Review, 40* (1), 39—59.

訳注) Amabile, T. M, & Mueller, J. S. (2008) Studying Creativity, Its Processes, and Its Antecedents: An Exploration of the Componential Theory of Creativity. In Zhou, J. and Shalley, C. E., Eds., Handbook of Organizational Creativity, Lawrence Erlbaum Associates, New York, 33—64.

Beckman, S. L., & Barry, M. (2007). Innovation as a learning process. *California Management Review, 50* (1), 25—56.

Bridge, C. (2012). Citizen centric service in the Australian department of human services: The department's experience in engaging the community in codesign of government service delivery and developments in E-government services. *Australian Journal of Public Administration, 71* (2), 167—177.

British Design Council. *A study of the design process.* 出典：http://www.designcouncil.org. uk/sites/default/files/asset/document/ElevenLessons_Design_Council%20(2).pdf. および *Innovate UK: Design in innovation Strategy 2015—2019.*

訳注) https://www.gov.uk/government/publications/design-in-innovation-strategy-2015-to-2020

Cipolla, C., & Moura, H. (2012). Social innovation in Brazil through design strategy. *Design Management Journal, 6,* 40—50.

Courage, C. (2013). *Reweaving corporate DNA: Building a culture of design thinking.* 出典・https://www.managementexchange.com/story/reweaving-corporate-dna-building-culture-design-thinking-citrix

Dentoni, D., Hospes, O., & Ross, R. P. (2012). Managing wicked problems in agribusiness: The role of multi-stakeholder engagements in value creation. *International Food and Agribusiness Management Review, 15,* 1—12.Special Issue B, 2012.

Dietch, E. A., & Corey, C. M. (2011). Predicting long-term business recovery after Hurricane Katrina. *Management Research Review, 34* (3), 311—324.

Dong, J. Q., & Wu, W. (2015). Business value of social media technologies. *Journal of Strategic Information Systems, 24,* 113—127.

Dorst, K. (2011). The core of 'design thinking' and its application. *Design Studies, 32* (6), 521—532.

Dorst, K., Kaldor, L., Klippan, L., & Watson, R. (2016). *Designing for the common good.* Amsterdam: BIS Publishers.

Duijnhoven, H., & Neef, M. (2014). Framing resilience: From a model-based approach to a management process. *Procedia Economics and Finance, 18* (2014), 425—430.

European Union Regional Policy (2011, October). *Cities of tomorrow.* citie-softomorrow.final.

pdf.

注) https://ec.europa.eu/regional_policy/sources/docgener/studies/pdf/
citiesoftomorrow/citiesoftomorrow_final.pdf

Forsgren, O., Johansson, T., Albinsson, L., Hartman, T., & Gustafsson, T. (2014). Vasterbotten Innovation loop: A knowledge generator for public-private innovation for growth. *2014 Pre-ECIS Workshop "Rethinking Information Systems in the Public Sector: Bridging Academia and Public service"*, held in Tel Aviv, Israel, 8 June 2014, and sponsored by AIS SIG eGovernment.

Gulati, R., Puranam, P., & Tushman, M. (2013). Meta-organizational design: Rethinking design in inter-organizational and community contexts. Special issues on strategy and the design of organizational architecture. *Strategic Management Journal, 33* (6), 571—586.

Hansen, R., & Birkinshaw, J. (2007). The innovation value chain. *Harvard Business Review, 85*(6), 121—135.

邦訳)「アイデアの開発，変換，普及を管理する：イノベーション・バリューチェーン」 ダイヤモンド　ハーバード・ビジネス・レビュー誌，2007 年 12 月号

Kantur, D., & Say, A. I. (2012). Organizational resilience: A conceptual framework. *Journal of Management and Organization, 18* (6), 762—773.

Kathuria, A., Andrade Rojas, M., Saldanha, T., & Khuntia, J. (2014). Extent versus range of service digitization: Implications for firm performance. *Proceedings AMCIS* 2014.

Kolko, J. (2015). Design thinking comes of age. *Harvard Business Review, 93*(9), 66—71.

邦訳)「デザインの原則を組織に負うようする – シンプルさと人間らしさをもたらすツール」ダイヤモンド　ハーバード・ビジネス・レビュー誌，2016 年 4 月号

Lee, A. V., Vargo, J., & Seville, E. (2013). Developing a tool to measure and compare organizations' resilience. *Natural Hazards Review, 14*, 29—41.

Liedtka, J. (2014). Innovative ways companies are using design thinking. *Strategy and Leadership, 42* (2014), 4—45.

Liedtka, J., King, A., & Bennet, K. (2013). *Solving problems with design thinking.* New York, NY: Columbia Business School.

Lisetchi, L., & Brancu, L. (2014). The entrepreneurship concept as a subject of social innovation. *Social and Behavioural Science, 124*, 87—92.

Martin, R. L. (2009). *The design of business: Why Design Thinking is the Next Competitive Advantage.* Harvard Business Review Press.

Merali, Y. (2006). Complexity and information systems: The emergent domain. *Journal of Information Technology, 21* (4), 216—228.

Miller, L., & Miller, R. (2012). Classifying innovation. *International Journal of Innovation and Technology Management, 9* (1), 1250004-1-25004-18.

Mrowka, P., & Pindelski, M. (2011). Dispersion of leadership in global organizations applying new types of organizational structure. *Intellectual Economics, 5* (3), 477—491.

Nooyi, I. (2015). How Inra Nooyi turned design thinking into strategy. Spotlight Interview. *Harvard Business Review, 93* (9), 80—85.

邦訳)「ペプシコ：戦略にユーザー体験を」ダイヤモンド　ハーバード・ビジネス・レビュー誌，2016 年 4 月号

Osterwalder, A., & Pigneur, Y. (2010). *Business model generation*. Hoboken, NJ: John Wiley and Sons.

Paniagua, J., & Bolufer, S. (2013). Business Performance and social media: Love or hate. *Proceedings 3rd. Conference of the International Network of Business and Management Journals*, Lisbon.

Paniagua, J., & Sapena, J. (2014). Business performance and social media: Love or hate. *Business Horizons, 57*, 719—728.
　　邦訳）『ビジネスモデル・ジェネレーション　ビジネスモデル設計書』，翔泳社，2012

Porter, M. E. (1985). *Completive advantage: Creating and sustaining superior performance*. New York, NY: Free Press.
　　邦訳）『競争優位の戦略―いかに高業績を持続させるか』，ダイヤモンド社，1985

Sinfield, J. V., Calder, E., McConnel, B., & Colson, S. (2012). How to identify new business models. *MIT Sloan Management Review, 53* (2), 84—92.

Teece, D. J. (2010). Business models, business strategy and innovation. *Long Range Planning, 43*, 172—194.

Weick, K. E. (1965). *Sensemaking in organizations*. Thousand Oaks, CA: Sage.
　　邦訳）『センスメーキング イン オーガニゼーションズ』，文眞堂，2001

Wilson, H. J. (2011). What's your social media strategy.*Harvard Business Review, 89* (7,8), 21—25.

Yee, J., Jefferies, E., & Tan, L. (2012). *Design transitions*. Amsterdam: BIS Publishers.

監訳者あとがき

　本書は，Igor Hawryszkiewycz（イゴール・ハリシキヴィッチ）による "DESIGNING CREATIVE ORGANIZATIONS: Tools, Processes and Practice" Emerald Group Pub Ltd, 2016 の全邦訳です。

Igor Hawryszkiewycz 博士の紹介

　Igor Hawryszkiewycz 博士は，オーストラリアのシドニー工科大学（University of Technology, Sydney）の情報・システム・モデリング学部（School of Information, Systems and Modelling）のコンピュータサイエンス学科（Computer Sciences）の教授を務めています。当初の専門は，ビジネスシステムのためのデザインメソッドの開発でした。そこでは，データベースと情報システムをデザインするメソッドを開発した後，コミュニティ環境のコラボレーティブなシステムのデザインおよびチームのクリエイティビティを構築する方法の研究に従事してきました。

　この分野において，これまでに発表してきた研究論文は 300 件近く，執筆した教科書は 6 冊あり，そのうち 1 冊は第 2 版（"Database Analysis and Design" Science Research Associates, Chicago, 1984, 1991(2nd)，未邦訳），もう 1 冊は第 5 版（"Introduction to Systems Analysis and Design" Prentice-Hall, Sydney, 1987, 2nd(1990), 3rd(1994), 4th(1998), 5th(2001)，未邦訳）に達しています。そのほかにも「ナレッジマネジメント」の領域における世界的な教科書の 1 つとして著名な "Knowledge Management: Organizing Knowledge Based Enterprises" Palgrave, 2009（未邦訳，図 a.1）があります。

　Igor 博士は，これらの研究をバックグラウンドとしながら，コミュニティのためのシステムデザインに関する学術・研究機関や行政・企業での講義を行うことや，各種のコースやカリキュラムの開発にも数多く携わってきました。特に，ビジネスシステムのデザインに関するコースでは，スタジオのような環境のなかでコラボレーティブな視覚化ツールを使用した指導によって，クリエイティビティを高めて革新的な成果を出すことや，イノベーションのプロセスをテーマに，そのプロセスを組織のデザイン目標に合わせて調整する方法など，常に研究結果を様々な分野で応用することに主眼を置いた活動を続けています。

　そして，現在の Igor 博士の研究テーマの中核は「デザイン思考」です。「デザイン思考」については，ビジネスにおけるデザイン思考の効用をまとめた書籍 "Design Thinking for Business: A Handbook for Design Thinking in Wicked Systems" Vivid

図 a.1 "Knowledge Management: Organizing Knowledge Based Enterprises" Palgrave, 2009

図 a.2 "Design Thinking for Business: A Handbook for Design Thinking in Wicked Systems (Kindle Edition)" Vivid Publishing, 2013

Publishing, 2013（未邦訳，図 a.2）などもあります。そのなかで特に注力しているのは，複雑な環境に置かれた学際的なチームのコラボレーションの際に「デザイン思考」を用いることで，組織のクリエイティビティを高めるための方法の研究です。この研究の一環として，大都市や災害管理，脆弱なコミュニティのサポートなど，複雑な環境にあるコミュニティにおいての革新的なサービス開発の際に，求められるクリエイティビティを奨励するためのデザインプロセスを研究・開発しており，その数多くの研究と実践の成果こそが，本書の誕生へとつながっています。そして，本書は上記のような数多くの重要な研究と実績を持つIgor博士の初の邦訳書でもあるのです。

「デザインマネジメントシリーズ」における本書の位置付け

　さて，本書は「デザインマネジメントシリーズ」としては第2弾の位置付けにあります。この「デザインマネジメントシリーズ」では，本書に続く第3弾までの3冊を「ファンダメンタル・トリロジー（基礎三部作）」と称して，「デザインマネジメント」にかかわる世界の大学教科書を取り上げていくことを計画しています。その基礎を構成する三部作のうちの第2弾にあたる本書は，「実践編」としての観点からデザインマネジメントの「メソッド（方法）」に照準を当てることにしました。

　そもそも「デザインマネジメント」を含むマネジメント領域における取り組みや実践は，その発展や進化が日々激しい競争が繰り広げられるビジネスの世界での事象ということもあって，教育のための教科書にまとめることが難しいテーマであるといえるでしょう。実際に，スマートフォン普及によるアプリーケーションやウェブサービスの急成長を背景とした市場や，それらの市場で活動を繰り広げるインターネット・プラットフォーマーやデジタルトランスフォーメーションのプラットフォーマーたちの組織展開やマネジメントアプローチの激変について，その活動の実態をビジネスにかかわる実務書や研究レポートで確認することができたとしても，なかなか教科書としてまとまるまでには至っていません。

　こういった背景にあって，シリーズ第1弾の『デザインマネジメント原論 ― デザイン経営のための実践ハンドブック』（原書タイトル："Design Management - the Essential Handbook"）のイギリスや本書のオーストラリアの研究者たちの間では，この激変するビジネス領域のテーマを研究領域のなかにしっかりとおさめて，体系的に基礎を学ぶことができていることが分かりました。そのうえで，世の中に向けて数多くの実践者を輩出するといった好循環も成立しているのです。

　そこで，本書では「デザインマネジメント」のなかでも，様々な問題に対する取り組み方に当たる「メソッド（方法）」を研究分野としてとらえ，その進め方を体系化することに焦点を当てています。日本語版の副題であり，原書のタイトルでもある「ツール，プロセス，プラクティス」は，まさにその取り組みの「メソッド（ツールとプロセス）」と「実践例（プラクティス）」です。ただし，大学で教えるテキストといった制約から，実践例においては世界の最先端でのケースや企業の事例などではなく，一般的なトピックスが多くなっています。そのことから，本書ではメソッドの基礎を固めることに注力し，現状を反映した実践例については「デザインマネジメントシリーズ」の4冊目以降で準備している，米国を中心とした実践事例の書籍群と照合しながら探求していただきたいと考えています（図a.3）。本書を基盤に置きながら，ビジネスや行政の領域での実践に際してのプロセスやツールに応用することや，様々なケースを分析していく際の参照枠として活用されることをお勧めいたします。

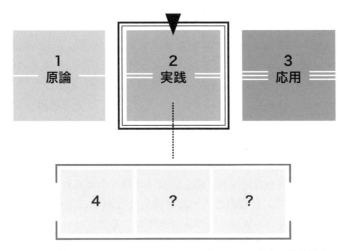

図 a.3 「デザインマネジメントシリーズ」のなかの本書の位置付け

マネジメント領域における研究方法論

　そもそも，「デザインマネジメント」を含むマネジメント領域を大学や研究機関などにおける研究テーマとして確立していく際，イギリスを中心とした学術領域では，研究対象が激変するなかで研究方法そのものを正当化するうえでの「研究方法論（Research Methodology）」が重要となります。

　とりわけ，このマネジメント領域では，研究方法論における「哲学や考え方」に当たる「存在論や認識論」としての立場の選択が必須です[1]。この研究方法論の定義には，研究プロセスを「存在論＋認識論＋研究方法論＋研究方法＋データ」としてとらえる考え方[2]や，研究方法論そのものを「存在論＋認識論＋リサーチクエスチョン＋リサーチデザイン＋手法をロジカルにつなぐもの」としてとらえる考え方[3]などがあります。

　ここでいう「存在論」とは「研究対象がどんな存在であるか（真理の所在がどこにあるか）」ということで，「認識論」とは「どのようにしたら研究対象を知ることができるか（帰納法・演繹法・仮説推論など）」ということを指します。これらを支える考え方には，「存在論」においては「客観主義」や「構成主義」，「認識論」においては「実証主義」や「解釈主義」，「批判的実在論」などがあります。そして，この基盤のうえに研究における調査手法としての「定量的手法（客観性）」と「定性的手法（主観性）」とがあって，私たちが対象とするマネジメントの諸事への研究アプローチ（事例研究，実験，横断的研究など）につながることになるのです。

　そして，デザインマネジメント領域においても研究テーマとして確立するうえでは，その研究方法論としての立ち位置が問われることになり，その立ち位置からの最適な研究アプローチを取る必要に迫られることになります。

メソドロジーとしてのデザインマネジメント

　そのようななかで，こういった一連の研究方法論のあり方に着目して学習していくうちに，この「研究方法論」のとらえ方そのものが，デザインマネジメントの中核にある「メソッド（方法）」を探求していくうえにおいても重要な視点をもたらしてくれるのではないか，と考えるようになりました。例えば，本書で解説する「問題設定」と「プロセスとツール」に，研究方法論の哲学・考え方に当たる「存在論・認識論」を加えることで，あらたに「メソドロジーとしてのデザインマネジメント」を定義できるのではないでしょうか（図 a.4）。

　ここでは，デザインマネジメントのメソッド（方法）が，デザイン行為の際に用いられるプロセス（手順）やツール（手法）のことを指すのに対し，メソドロジー（方法論）とはメソッド（手順やツール）そのものを研究することを指しています。このメソッドの部分に着目すると，デザインマネジメントでは，定性的な手法に重点を置きながらも，定量的な手法と定性的な手法を組み合わせて，諸問題の解決に向けて実践していることが分かります。

　そして，「問題設定」については，本書の第1章で解説する「厄介な問題（wicked problem）」と第3章で「デザイン思考」をビジネスモデルに応用する最初の提案をした Roger L. Martin（Design of Business: Why Design Thinking is the Next Competitive Advantage）を参照して解説する「厄介な問題とセンスメイキング（意味形成）」とが該当します。加えて，認識論のアプローチでは，「帰納法」や「演繹法」よりも「仮説推論や遡行推論[4]」といった，事象の発見と問題の構造とを仮説・仮定を立てて経験的な試行を繰り返しながら，問題の構造と解決法を考察していくプロセスを採用していることから，デザインマネジメントでは「批判的実在論」を採用していることになるのです。

　こういった「存在論・認識論」といった哲学・考え方の観点と差違に着目してデザイ

デザインマネジメントのメソドロジーの定義仮説

図 a.4　デザインマネジメントのメソドロジーの定義仮説

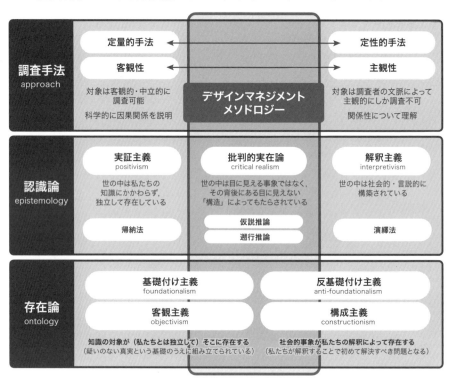

図 a.5　社会科学における方法論としてのデザインマネジメントのメソドロジー

ンマネジメントを説明していく試みは，いわば「実証主義」のロジックが大勢を占める現在の日本のビジネスや行政の関係者のとらえ方やアプローチに対して，デザインマネジメントの効用や効果を論理的にも説得できるメソドロジーへと昇華できる可能性を引き上げることにつながるのではないでしょうか（図 a.5）。こういった観点からも，本書が最新のデザインマネジメントにおけるメッソド研究の一助となることを強く期待しています。

本書におけるメソッド

さて，本書が紹介するメソッド（方法）そのものに着目してみましょう（図 a.4 の方程式の「プロセス」と「ツール」の部分）。そもそも「デザインマネジメントシリーズ」の第 1 弾である『デザインマネジメント原論 — デザイン経営のための実践ハンドブック』では，このプロセスとツールについて，主にイギリスのデザインカウンシルの「ダブルダイヤモンド」[5]におけるプロセスと代表的なツール，そしてデザイン思考とマーケティング分野とを融合したプロセスとツールを紹介しました（図 a.6）[6]。本書では「デザイン思考」のプロセス（Hasso Plattner メソッド）を主軸に置きながら，第

図 a.6　「新製品開発」におけるマーケティングのプロセスとデザイン思考のプロセス

1弾の書籍と同様に「ダブルダイヤモンド」（第5章の図5.3「ダブルダイヤモンドのメソッド」）を紹介した後に，ビジネスに応用するためのプロセスとツールを紹介していきます。

　このプロセスとツールを象徴的に表現したものが，第3章の図3.5「デザイン思考のツールの使用」と，第11章の図11.3「プロジェクトの流れと成果物」とになります。これらの内容を，第1弾の書籍におけるデザイン思考とマーケティング分野とを融合したプロセスとツールとして図示したもののフォーマットにアップデートした図が，図a.7，図a.8です。図a.7（参考：本書の図3.5）では，ツールの成果物が各工程に影響を与えている様子を表しており，図a.8（参考：本書の図11.3）では，ツールの成果物が各工程で変化していく様子と，成果物と成果物とが連動している様子とが表現されています。

　これらの図解は，実際のビジネスの現場でプロセスとツールを使いながら問題解決を実践する，監訳者の現場での実態をとてもよく反映しています。このデザインプロセスにおける各成果物そのものが，各プロセスのなかでの工程の結果であると同時に，次の

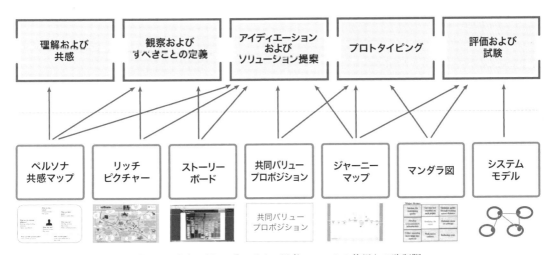

図 a.7　本書の図3.5「デザイン思考のツールの使用」の改訂版

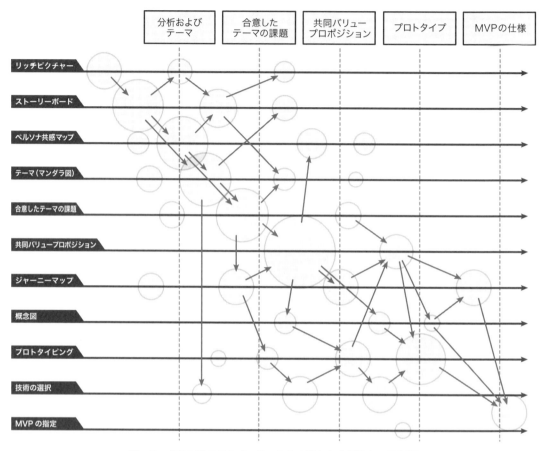

図 a.8　本書の図 11.3「プロジェクトの流れと成果物」の改訂版

諸工程にも影響を与えながら最終的には MVP（Minimum Viable Product：顧客に価値を提供することのできる最小限の成果物）としてのソリューションへと結びついていくのです。

　なお，本書で使用されるツールのなかには，デザインマネジメントやデザイン思考におけるプロセス内のツールとしては，あまり耳にしないものがいくつか存在しています。その代表的なものに「リッチピクチャー」，「蓮の花チャート（マンダラ図）」，「共同バリュープロポジション」，「概念図」などがあります。「リッチピクチャー」とは，問題に関連する人とその関係を各自の感じている状況として1枚の絵にする技法のことで，「状況構造化図」とも呼ばれています。「概念図」とは，概念的ソリューション（第9章）や概念的ビジネスソリューション（第10章）を具体的に図示したモデル図を指しています（なお，「マンダラ図」と「共同バリュープロポジション」については，この後で補足します）。

本書を読むための補助線

ここで，本書をより深く理解しながら読み進めていくためのいくつかの補助線としての解説を加えていきます。まず，本書で使われているツール群のなかから，「蓮の花チャート（マンダラ図）」，「共同バリュープロポジション」，「ペルソナ共感マップ」を，そして，事業性評価の手法である「RWW スクリーニング」について補足します。

まず，「蓮の花チャート（Lotus Flower Blossom，マンダラ図）」は，日本では「マンダラート」として知られているアイデア発想法に通じるものです。「マンダラート」は，仏教の世界観を表した曼荼羅のように，中央から放射線状に広がるマスの合計 81 個を埋めていく作業によって，アイデアを整理して思考を深めることができます（図 a.9）[7]。

次に，「共同バリュープロポジション」は，「バリュープロポジション」を多数のス

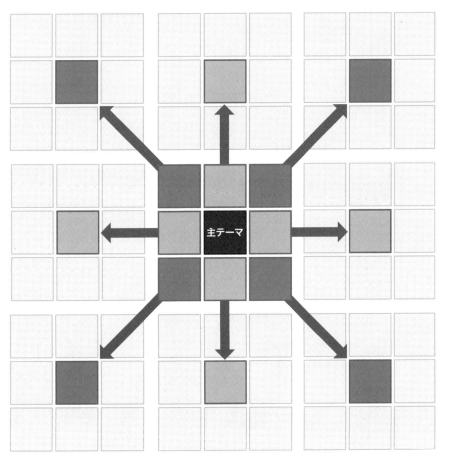

図 a.9　マンダラート
（今泉浩晃著『創造性を高めるメモ学入門』，日本実業出版社，1987 を基に作図）

テークホルダーで創り出していくアプローチを指した著者独自の言い回しになっています。この「バリュープロポジション」における具体的なフレームワーク図としては，ビジネスモデルキャンバス（図a.10）の「提供価値（VP）」と「顧客セグメント（CS）」との項目の関係性を表した「バリュープロポジションキャンバス」（図a.11）[8] が代表的な図となり，右側の顧客情報と左側のバリュープロポジションを構成する要素とを可視化してバランスを取ることによって，顧客のニーズに合致したバリュープロポジション（価値提案）ができるものなのです（図a.12，参考：前掲書）。

また，「ペルソナ共感マップ」は，デザインマネジメントやデザイン思考の代表的な

ビジネスモデルキャンバス

図 a.10　ビジネスモデルキャンバス（The Business Model Ontology, Alexander Osterwalder）

バリュープロポジションキャンバス

図 a.11　バリュープロポジションキャンバス（Value Proposition Design, Alexander Osterwalder）

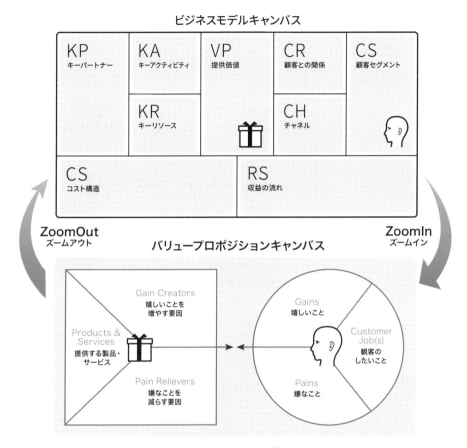

図 a.12　ビジネスモデルキャンバスとバリュープロポジションキャンバスとの関係（Alexander Osterwalder）

　ツールである「ペルソナ手法」と，「共感マッピング」（図 a.13）[9]とを合成した，やはり著者独自の言い回しとなっています。この「ペルソナ共感マップ」は，通常の「対象となる商品，サービスなどから仮想の人物（ペルソナ）を想定し，その仮想人物に沿ったシナリオを作成する人間中心設計技法」（参考：Wikipedia「ペルソナ手法」）としての側面と，その詳細なペルソナ像からポイントを絞って簡素化した「簡易ペルソナ手法」の一種である「共感マッピング」の要素とを持っています。なお，「共感マッピング」は，先の「バリュープロポジション」のフレームワーク図における「顧客セグメント（CS）」としても，そのまま活用されています。

　そして，第 12 章の 12.3.2「商業性の評価」として紹介されている「RWW スクリーニング」について，本書でも紹介されている「ダイヤモンド　ハーバード・ビジネス・レビュー誌」からの抜粋で補完します。そもそも「RWW スクリーニング」の「RWW」とは「Real（現実的か），Win（勝てるか），Work it（やるだけの価値があるか）」の略で，イノベーションのコンセプト，新製品とその潜在市場，自社と競合他社とのケイパ

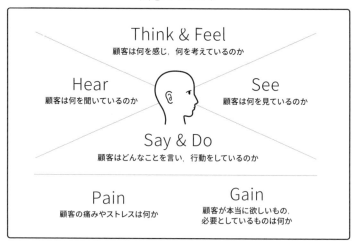

図 a.13　共感マッピング（Gamestorming, Dave Gray）

ビリティに関する一連の質問に基づいて進められるものです（図 a.14）[10]。この手法自体は，1980 年以降に米国の大企業によって利用が進み，特に 3M では 1,500 以上のプロジェクトを RWW スクリーニングで評価して成果をあげてきています。なお，第 12 章「提案と事業計画の策定」は，そもそもメソッド採用を判断するための提案と，メソッド採用を経て行ってきたこと自体の評価に触れた，いわばメソッド前後で行うべき「メタメソッド」に位置付けられるものです。コンパクトにまとめられた短い章ではありますが，メソッド導入前後の「計画」と「評価」の工程に触れた大事な箇所として確認すべきでしょう。

図 a.14　RWW スクリーニング
(「ダイヤモンド　ハーバード・ビジネス・レビュー誌，2008 年 9 月号」，ダイヤモンド社を基に作図)

謝　辞

　なお，本シリーズの第1弾（『デザインマネジメント原論 ― デザイン経営のための実践ハンドブック（原書タイトル："Design Management - The Essential Handbook)』では各所から数多くの激励と賛同の声を頂戴いたしました。その声を受けることによって，シリーズ第2弾である本書の出版を実現することができたといっても過言ではありません。

　前著同様，このプロジェクトでは，世界的な「デザインマネジメントの潮流」に遅れをとってしまっている日本の「デザインマネジメント」の実践分野と教育分野に対し，企業や政府・自治体における実践と大学における教育とを加速度的に進めるための一助となることを強く目指しています。特に，実践面のメソッド（方法：プロセスとツール）に焦点を当てた本書をきっかけに，企業内の研修や行政や自治体における教育プログラムへの貢献はもとより，大学生や大学教育にかかわる教師やカリキュラム関係者の方々の一助となることを切望しています。

　そして，本書の出版に際しては，数多くの皆さんのご支援を頂戴しました。まず，デザインマネジメントシリーズのプロジェクトへの賛同とともに本書の編集の労を取ってくださった東京電機大学出版局の吉田拓歩さん，「Designs for Transformation」を掲げて活動をともにするソシオメディア株式会社のスタッフの皆さん，とりわけ，上野学さん，土屋一樹さん，高橋真里さん，目黒翔太さん，田附克巳さんには大変お世話になりました。そして，第1弾に続いて全体を通じて多大なご尽力をくださった鈴木智草さん，嵯峨園子さん，石田麻衣子さんに心から感謝いたします。

　2019年8月吉日

　　　　　　　　　　　　　ソシオメディア株式会社　代表取締役　篠原 稔和

参考文献

[1]　須田敏子 著『マネジメント研究への招待 ― 研究方法の種類と選択』，中央経済社，2019

[2]　Jonathan Grix, The Foundations of Research (3rd ed), Pulgrave, 2018

[3]　野村康 著『社会科学の考え方 ― 認識論，リサーチ・デザイン，手法』，名古屋大学出版会，2017

[4]　野中郁次郎・紺野登 共著『知識創造の方法論 ― ナレッジワーカーの作法』，東洋経済新報社，2003

[5]　Design Council, The Design Process: What is the Double Diamond, https://www.designcouncil.org.uk/news-opinion/design-process-what-double-diamond

[6]　社団法人 行政情報システム研究所「行政におけるデザイン思考の推進に向けた人材育成に関する調査研究」， https://www.iais.or.jp/reports/labreport/20190331/designthinking2018/

[7] 今泉浩晃 著『創造性を高めるメモ学入門』, 日本実業出版社, 1987

[8] アレックス・オスターワルダー他 著『バリュー・プロポジション・デザイン — 顧客が欲しがる製品やサービスを創る』, 翔泳社, 2015

[9] Dave Gray 他 著『ゲームストーミング — 会議, チーム, プロジェクトを成功へと導く87 のゲーム』, オライリージャパン, 2011

[10] ダイヤモンド ハーバード・ビジネス・レビュー誌, 2008 年 9 月号, ダイヤモンド社

索　引

[D]

d.school 49

[E]

ESN 55

[H]

Hasso Plattner メソッド 49, 212

[I]

IoT 26, 35

[M]

MVP 154, 212

[R]

RWW スクリーニング 198, 215

[S]

SWOT 分析 198

[U]

UX 62, 143

[あ]

アイディエーション 139

アジリティ v

アブダクション 20

アプリケーション 26

イギリスのデザインカウンシル 73

位置情報技術 26

イノベーション 139

イノベーション・バリューチェーン 82, 83

意味形成 121

エスノグラフィー調査 49, 104

エンゲージメント 16

エンタープライズ・ソーシャルネットワーク図 55

横断的なデザインのコラボレーション 69

オープンイノベーション 159

[か]

解釈主義 208

ガイドライン 123

概念図 212

概念的ソリューション 149

概念モデル iv

学際的なアプローチ 43

学術的なタスクグループ 74

カスタマーイノベーション 144

仮説推論 20

狩野モデル 198

技術的イノベーション 144

客観主義 208

キャンバス 48

共感マッピング 215

協調デザイン 19

共通言語 47

協働的なチーム iii

協働でデザイン 19
共同（で）バリュープロポジション
................................vii, 138, 139, 140, 144, 213

クラウド ....vi, 28
クリエイティビティ ....v, 182
クリティカル・シンキング vi
グローバルな環境 1
グローバルなチーム管理................................63

ゲイン 60
研究方法論 208

構成主義 208
構造化システム分析...42
顧客体験 20
コデザイン 19
コミュニティ 31
コラボレーション 43
コンセプト 65
コンセプトマップ 139
コンピタンス 6

[さ]
最高デザイン責任者 20, 143
サイロ 45
サービスイノベーション 144

視覚化 5, 44, 45
事業を構成する基本ブロック 164
システム図 47, 52
実証主義 209
社会的な関係 21
社会的な組織 11
ジャーニーマップ ....v, vii, 47, 60
順応性 123, 131
状況構造化図 211
人工物 121

ステークホルダー ....v, 15, 97
ストーリー 60, 99
ストーリーテリング vii
ストーリーボード 3, 99

製品イノベーション 144
センスメイキング 18, 121
戦略デザイン 69

組織的イノベーション 144
組織のクリエイティビティ 206
ソーシャルイノベーション 51, 139, 144, 156
ソーシャルな環境 90
ソーシャルネットワーク図 55
ソーシャルメディア ....vi, 30
存在論 208

[た]
体系的なデザインプロセス 72
ダブルダイヤモンド 73, 88, 210
短期的な中断 4

長期的な破壊 4

ツール 44

定性的手法 208
定量的手法 208
デザイン思考 ....iii, 43, 205
デザインチーム 88
デザインのビジネスモデル v
デザインプロセス v
デジタルイノベーション 70, 142
デジタル化 70
デジタル事業 71
データアナリティクス 34
データマイニング 32

テーマ	106	ペイン	60
テーマの定義	vii	ペルソナ共感マップ	vii, 40, 47, 51, 57, 214
		ペルソナ手法	215

[な]

認識論 208

[ま]

マネジメント vi
マンダラ図 108, 213
マンダラート 213

[は]

破壊的な技術 20
蓮の花チャート 108, 213
ハッカソン 118
バリュープロポジション iv
バリュープロポジションキャンバス 214
煩雑なシステム 3

ビジネスシステム 2
ビジネスデザイナー 139
ビジネスモデル iv
ビジネスモデルイノベーション 164
ビジネスモデルキャンバス 214
ビジネスモデルデザイン 3
ビジネスモデルの破壊 1
ビッグデータ ......vi, 32
批判的実在論 208, 209

ファシリテーター 114
複雑性 123, 130
複雑なシステム 3
フラクタル型の組織 75
プラットフォーム 79
ブレインストーミング ......iv, 3, 44, 92
フレーム 18
プロセスイノベーション 144
プロトタイピング 51, 139, 154
分析的なメソッド 42, 41

メソッド 207
メソドロジー 209
メタメソッド 216

モバイル機器 28
モビリティ 28, 36
問題設定 209
問題のリフレーミング 137

[や]

厄介な問題 1, 13, 209

ユーザー体験 62, 143
ユーザビリティ 70
豊かな体験 17

[ら]

リーダーシップ vi
リッチピクチャー 1, 5, 212
リフレーミング 121
リフレーム 18
リーン 132

ローカルな文脈 57

●著者略歴

イゴール・ハリシキヴィッチ（Igor Hawryszkiewycz）

オーストラリア・シドニー工科大学における工学・情報学の学部でコンピュータサイエンスからシステムやマネジメント，リーダーシップにかかわる研究活動を行う。イゴール博士は，MIT（マチューセッツ工科大学）のコンピュータサイエンスにて博士号を取得した後，キャンベラ大学を経て，現在のシドニー工科大学に在席している。これまで，ビジネスシステムのためのデザインメソッドの開発に従事し，データベースと情報システムをデザインするメソッド，コミュニティ環境のコラボレーティブなシステムのデザイン，およびチームのクリエイティビティを構築する方法などを開発。同分野に関する研究論文は300件近くに及び，執筆した教科書も6冊を数える。現在の研究課題は，デザイン思考を基本として，複雑な環境に置かれた学際的なチームのコラボレーションにおいてデザイン思考を用いることで組織のクリエイティビティを高める方法に主軸を置いている。

●監訳者紹介

篠原 稔和（しのはら としかず）

ソシオメディア株式会社の代表取締役，およびNPO法人 人間中心設計推進機構（HCD-Net）の理事長を務めている。これまでに「情報デザイン」や「ユーザーエクスペリエンス」にかかわる数多くの著書や翻訳書を紹介しながら，大企業・中小企業から政府・自治体に至るまでの実務におけるソリューション活動に従事。現在，「デザインマネジメント」や「HCDのマネジメント」にかかわる諸テーマを中心に，各種の調査・研究活動やコンサルティング活動，教育活動に注力している。また，「デザインマネジメント」の重要性を多角的に探求するための「デザインマネジメントシリーズ」を展開中。

●訳者紹介

ソシオメディア株式会社

2001年創業の「Designs for Transformation」を標榜するデザイン・コンサルティング会社。現在，「デザインマネジメント」を扱う「エクスペリエンス ストラテジー」をはじめ，「デザイン リサーチ」，「ヒューマン インターフェース」といった3つのテーマを柱にソリューション活動を行っている。また，海外文献の紹介から国内外の識者・実践者を招聘したイベント開催まで，幅広く活動を展開している。最近では，「調査」と「デザイン・開発」との溝を埋めるオリジナル・アプローチである「オブジェクトベースUI」が注目を集めている。

https://www.sociomedia.co.jp

【デザインマネジメントシリーズ】

実践デザインマネジメント　創造的な組織デザインのためのツール・プロセス・プラクティス

2019 年 10 月 25 日　第 1 版 1 刷発行　　　　　　　　　ISBN 978-4-501-63200-7 C3034

著　者　イゴール・ハリシキヴィッチ
監訳者　篠原稔和
訳　者　ソシオメディア株式会社
　　　　©Shinohara Toshikazu, Sociomedia, Inc. 2019

発行所　学校法人 東京電機大学　　　　〒120-8551　東京都足立区千住旭町 5 番
　　　　東京電機大学出版局　　　　　　Tel. 03-5284-5386（営業）03-5284-5385（編集）
　　　　　　　　　　　　　　　　　　　Fax. 03-5284-5387　　振替口座 00160-5-71715
　　　　　　　　　　　　　　　　　　　https://www.tdupress.jp/

JCOPY ＜（社）出版者著作権管理機構 委託出版物＞
本書の全部または一部を無断で複写複製（コピーおよび電子化を含む）することは，著作権法
上での例外を除いて禁じられています。本書からの複製を希望される場合は，そのつど事前に，
（社）出版者著作権管理機構の許諾を得てください。また，本書を代行業者等の第三者に依頼し
てスキャンやデジタル化をすることはたとえ個人や家庭内での利用であっても，いっさい認め
られておりません。
［連絡先］Tel. 03-5244-5088，Fax. 03-5244-5089，E-mail: info@jcopy.or.jp

制作：(株)チューリング　　印刷：(株)ルナテック　　製本：誠製本(株)
装丁：鎌田正志
落丁・乱丁本はお取り替えいたします。　　　　　　　　　　　　　　　Printed in Japan